詐称と詐欺の大百科

THE ULTIMATE BOOK OF IMPOSTORS

IAN GRAHAM

イアン・グレイアム
松田和也✣訳

青土社

詐欺と詐称の大百科

目次

3

偽りの相続人たち

9　その他の詐称者たち　325

詐欺と詐称の大百科

北アイルランド、ベルファストのオルモー・ロード公立図書館に。そこで私は読書への愛を学んだ。

生きる……自らを、あるいは他人を

若い頃、私は怪奇小説のファンだった。特にお気に入りはアドビ・ジェイムズの『オハイオの愛の彫刻』。たった七頁の小品で、一人の芸術品蒐集家が、たまたま見たこともないような素晴らしい彫刻に出くわす——横たわる三人の裸婦だ。これは何としても手に入れなければならなかった。彼の呈示する金額はどんどん跳ね上がったが、頑固な彫刻家は首を縦に振らない。最終的に蒐集家は何とか彫刻家を欺して、その驚くべき作品を諦めさせる。だがそれを手に入れる前に、彫刻家は事件に巻き込まれ、家に警察が来てしまう。そこで警官は恐るべき発見をする。その結末は……

ネタバレ注意！
もしもこの小説を未読なら、
そして結末を知りたくないなら、
今すぐ読むのを止めること！

……その芸術家は彫刻家ではなく、剥製師だったのだ！

この物語をきっかけに、私は人間はその見かけ通りの存在ではないのかも知れないという考えに取り憑かれ、それから数十年経って本書を書いた。間違われたアイデンティティ、あるいは意図的に偽造したアイデンティティというものはフィクションの中ではありふれているが、わざわざ偽りの詐称者を想い描く必要は無い。現実というものは何にせよ事欠かないものなのだ。この歴史には、他人になりすました人間の事例が溢れ返っている。ほとんどの場合、彼らの多くの、そしてさまざまな動機は、僅か四つ、四つの「E」に要約できる。

羨望（Envy）、エゴ（Ego）、逃亡（Escape）、そしてスパイ行為（Espionage）である。

他者の富や社会的地位への羨望のために、多くの詐称者は王国や貴族の後継者を自称した。そして、特に過去においては、誰かが本当にこの伯爵だとかあの公爵だとか、あるいは王家の王子だと知る方法があっただろうか？　正しい証明書と堂々とした振舞い、そして達者な口と自信満々の態度があれば、詐称者と言えどもほとんどの人には本物と見分けがつかないのだ。加えてマキャヴェリ流の黒幕、実力者の後ろ盾があれば、勝てる。というか、少なくとも勝てる見込みはある。だが信じさせるのに失敗した詐称者の多くは、剣によって、あるいは無慈悲な処刑人の手によって最期を迎えた。一三世紀、ある女が、「ノルウェーの乙女」と呼ばれるノルウェー王エーリック二世の娘マルグレーテになりすましたが、詐称者であることが暴露されると、彼女自身は火刑台で焼かれ、その夫は斬首刑となった！

富に対する羨望それ自体が犯罪者を駆り立て、彼らは偽アイデンティティを用いて大金や価値のある物品をせしめる。ほとんどは偽アイデンティティをただひとつしか持たないが、中には連続的詐称者と言うべき者がいて、彼らはその時々の必要に合わせて、ひとつのアイデンティティから別のアイデンティティへ、シームレスに移行する。

空想家は自分のエゴを拡大し、今の自分よりも興味深い、ワクワクするような、あるいはエキゾティックな生活を送ろうとする。彼らは注目と賞賛を求める。このグループには、偽パイロット、偽スパイ、戦争の偽英雄などがいる。その偽アイデンティティが世の尊敬と賞賛を集めるのだ。

社会的な移動が限られている場合には、他人になりすますことによって、生まれた社会階層の限界から逃れようとする人々がいる。また、その時代の社会的拘束を逃れるために性別を偽る者もいる。これは通常、女性が男性になることが多い。過去何世紀かの間、兵士や船員になりたいと望む女性は、男を装うしかなかったのだ。中にはそうやって何年も発覚せずに務めた者もいる。そして言うまでもなく、犯罪者が処罰を免れる最も手近で簡単なやり方は、偽アイデンティティを採用することだ。

中には完全に合法的に偽アイデンティティを獲得する者もいる。秘密調査に従事している警察官や、諜報部のエージェントが、監視やスパイのための組織に侵入したりする場合だ。諜報エージェントは時に、何年もの間、偽アイデンティティで生きることもある。こうして法の執行や国防のために情報を集めるのだ。

偽アイデンティティを求める理由は他にもある。一握りのプロのエンターテイナーは見事なステージ上の仮面を創り出し、私生活でもそんなふうに違いないと人々に思わせる。そこで彼らのファンは、死後にそのエンターテイナーの私生活の真実が暴露されると大いに落ち込むことになるわけだ。

ほとんどの場合、詐称者が採用する偽アイデンティティは虚構の人物のものだ。だが時には実在する人のアイデンティティを、当人の生死に関わらず、盗むこともある。実在する人間のアイデンティティを盗むことには固有の利点がある——実在する人間には実際の生活史があり、疑問を抱く者もそれが事実であることは認めざるを得ない。とはいえ、ひとつ明らかに不利な点は、当人が生きている場合、本人が現れて詐称が発覚する危険があるということだ。これを避けるためのひとつの方法は、故人のアイデンティティを盗むことである。これはフレデリック・フォーサイスの小説『ジャッカルの日』の暗殺者が出生証明書を取得するのに使った手で、彼は死んだ少年の名前でパスポートを作る。だが無論、わざわざその詐称者を調べる手間さえ惜しまなければ、当人は既に死んでいることが判明する。このやり方を真似た二人の現実の詐称者は、身元調査によって当人が何年も前に死んでいることが判って、発覚してしまった！

今日では、詐称など事実上不可能だと思われるかも知れない。今は写真付き身分証明書があり、オンラインのクレジット・チェックがあり、公的な証明書や免許があり、指紋とDNAのデータベースまである時代である。だが、このようなアイデンティティ書類の存在自体が、実際には詐称者を突き止めるのをより困難にしている可能性もあるのだ。公的証明書を上手く偽造すれば、それはしばしば額面通りに信用され、他のチェックは為されずに終る。偽パイロットや偽医者は、偽の書類を使って手ぬるい当局を欺き続けているのである。

「詐称者」の辞書的な定義は明確である——詐称者とは、詐欺やペテンのために偽アイデンティティを採用する者のことだ。だが時に現実はそれほど明快ではない。兵役を誇張する者は詐称者か？　多分そうではない。だが、自分のものではない軍服や勲章などを身に着けるとなると、その者が偽アイデンティティを採用していようがいまいが、話は別だ。軍と退役軍人会は、嘘の軍服を着る詐称者を厳しく追及している。

自分は全然そんなことは無いのに、勝手に第三者から詐称者の烙印を捺されてしまった、というようなことはあり得ないと思われるかも知れないが、実は十分あり得ることだ。もしもパートナーが、突然あなたのことを全く見知らぬ人だと主張し始めたとしたら、その人は「カプグラ症候群」と呼ばれる病気かもしれない。友人や親戚がそっくりな別人と入れ替わったと信じ込むという厄介な病気だ。まるで映画の『ボディ・スナッチャー／恐怖の街』の世界だが、これは現実である。そのきっかけとなるのは神経系の障害や脳の損傷であると言われている。

ちょっと考えただけなら、詐称者なんぞ、全員が批難されるべきだと思われるだろう——詰まるところ奴らは単に詐欺師に泥棒にペテン師どもであって、同情の余地など一片もないと。だが彼らの物語を読むと、中には理解と同情を寄せてもいい者だっているのである。ただ、性別や人種などのせいで社会から拒まれる中で何とか暮らしていくために、偽アイデンティティを採用せざるをえなかった人々だ。例えば「マタ・ハリ」という名を聞くと、スパイや売春やエロティックなダンスのイメージが浮かぶ。だがマタ・ハリがあの人生を選んだのはかなりの逆境と困難を生き延びるためであり、普通の女性ならそれに押し潰されていたかも知れないのだ。彼女は人生で直面した全てのものを克服し、単に生き延びたのみならず、一時的には成功までした——一九〇〇年代初頭に女性が独力で成し遂げた達成としては、稀に見る快挙である。チーフ・バッファロー・チャイルド・ロング・ランスは、ネイティヴ・アメリカンとしての過去の物語を捏造し、それによって拒まれていた社会に受け入れられた。マーヴィン・ヒューイットは高い評価を受けている科学者という偽アイデンティティを幾つか採用したが、それによって自ら物理学を講ずるという野心を満たしたのみならず、どこからどう見てもその講義は立派なものであった。これらは確かに人々を欺きはしたが、特に害にはなっていない詐称者のほんの一例である。
当然ながら、本書に登場する全ての詐称者たちは、必然的に敗者である。何故なら全員、詐称者であることが発覚しているからだ。こうして露見して曝された詐称者たちの存在に対して、一体どの程度の者が最期まで隠しおおせることに成功したのかは判らない。

自問して戴きたい……

あなたはあなたのパートナーや友人や同僚が、本当にあなたの思っている人だと確信できますか？

できるんですか？

本当に？

1 連続的犯罪者たち

ほとんどの詐称者はただひとつの偽アイデンティティで満足しているが、中にはひとつのアイデンティティから次へ、そしてまた次へ、さらに次へと移行を繰り返し、名前と職業を頻々と変える者も少数ながらいる。露見の危険が迫ると、降参したり身を潜めたりするのではなく、また別の偽アイデンティティを持つ他人として生まれ変わるのだ。これらの連続的犯罪者の中には、多数のアイデンティティを創り出して詐欺に使う者もいる。新しいアイデンティティになる度に、法の追求をギリギリで止め、そして次の精算日まで持ちこたえる。そうこうする内に移行の日が来て、過去のアイデンティティは忘却の彼方、また新たな別の自己を創るのである。あるいはまた、単に他人になりすまして周囲の人を馬鹿にすることを楽しんでいるような者もいる。

連続的犯罪者の一部は、それぞれの偽アイデンティティを入念に調査し、より人々の信頼を高めようとする。中でも最も有名なのはフランク・アバグネイルで、医者という役割を徹底的に調査し、馴染となった病院から仕事を依頼されたほどだった。彼はまた弁護士や社会学の教授としても働いていた。医者になりすましていた時には、一人の患者も診ることはなかったが、同様の連続的犯罪者であるフェルディナンド・デマラは実際に患者を診ていた。軍医になりすましていたが、医師免許の類は全く無く、ただ医学書を頼りに歯を抜いたり、負傷者に外科手術を施していたのだ。デマラの他の偽アイデンティティには、修道僧、心理学者、教師、そして刑務所長というものまであった。

マイケル・セイボは、三〇年以上の間に一〇〇以上の偽アイデンティティを持ったという。例えばパイロットや将校などで、それによって一千万ドルを稼いだ。スティーヴン・スピルバーグが『キャッチ・ミー・イフ・ユー・キャン』を計画していた時、セイボはプロットの基盤の第一候補に挙げられたと言われている。だがセイボは指名手配を受けていたので参加できず、映画はフランク・アバクネイルの人生を基にすることとなった。

近年における最も異常な事例としては、クラーク・ロックフェラーという名で知られていた男の話がある。彼が娘と共に行方不明になると、合衆国では国を挙げての追跡捜査が行なわれた。彼が何者であれ、とりあえずクラーク・ロックフェラーでないことだけは確かである。

妻にさえ正体を知られていなかった男

クラーク・ロックフェラーが自分の娘を誘拐したかどで逮捕された時、彼の妻は警官に異常な質問をした――

「で、この人は、一体誰なんですか?」。

サンドラ・ボスは、かの、ロックフェラー家の一員だというクラーク・ロックフェラーなる人物と出会い、恋に落ちた。当時、ロックフェラーはニューヨーク在住。彼女は野心あるマネジメント・コンサルタントで、ハーヴァード・ビジネススクールの卒業生だった。二人は一九九五年に結婚した。娘のリーが二〇〇一年に生まれたが、サンドラはどんどん不幸になっていった。曰く、夫は変ってしまったという――当初とは打って変わって、喧嘩腰で口汚く、支配的な男になったのだ。もはや、結婚した頃とは別人だった。当時、彼らはニューハンプシャー州コーニッシュという小さな街に住んでいた。ロックフェラーは住民と不和を起して以来、地元と敵対するようになった。二〇〇六年、彼は嫌々ながらボストンに移ることを承諾したので、サンドラは新しい職場に近くなり、家庭で長く過ごせるようになったが、状況は好転しなかった。遂に彼女は家を出ることにした。両者は共に娘の親権を申立てた。

離婚手続きの間、サンドラの父は思い出した。そう言えばかつてロックフェラーは自分の母親の名前はメアリ・ロバーツだと言っていたのに、いつの間にか母親は元子役のアン・カーターだと主張するようになっていたのだ。そこでカーターに会ってみたが、彼女はクラーク・ロックフェラーという人物とは何の関係も無い、と否定した。サンドラは薄々、彼がその主張通りの人間ではないのではないかと疑い始め、私立探偵を雇って夫の身を洗わせた。探偵は、一九九四年以前のクラーク・ロックフェラーの記録が存在しないということを突き止めたが、その真の正体まで辿り着くことはできなかった。探偵がこれに挑んでいたちょうどその時、「ロックフェラー」は百万ドルで親権の申し立てを取り下げると言ってきて、最終的には八〇万ドルで話が纏まった。サンドラはリーを連れてロンドンに移り、年に三回の監視付きの面会を許可した。

面会に監視付きという条件を付けたのは、彼が娘を誘拐するのではないかと恐れたからだ。そして、二〇〇八年七月二七日、ボストン訪問中に、まさに彼女の恐れは現実となった。ボストンの街路を、リーを連れて歩いていた「ロックフェラー」は突如、彼女の身柄を攫《さら》って待たせてあったクルマに詰め込み、そのまま逃走してしまったのだ。後をつけていたソーシャルワーカーの監視人には止める間もなかった。幾つか通りを過ぎたところで彼はタクシーに乗り換え、それからまた別のクルマに乗り換えた。警察が到着した時には、既に彼は遥か彼方に去った後だった。警察は周辺を捜索したが、痕跡さえなかった。当局は彼の生活歴を洗うために通常のデータベースを検索したが、何も出て来なかった。ただ、クラーク・ロックフェラーには社会保障番号がなく、運転免許もなく、クレジットカードもなく、納税記録やパスポートもないということが判明しただけだった。ロックフェラー家にも問い合わせたが、そんな人物は聞いたこともないとけんもほろろだった。彼の友人たちを当たってもみたが、彼は今後の行き先について、各人に別々の計画を話しており、しかもその全てが嘘だった。彼の失踪は入念な計画に基づくものだったのだ。彼の行方について、警察は見当すら付かなかった。いや、そもそも彼が誰なのかさえも。

ＦＢＩによって写真が公開されると、ウィスコンシン、カリフォルニア、ボストン、ニューヨークで彼を知る人が警察に名乗り出て、彼はクリストファー・チチェスターでありクラーク・ロックフェラーでもあると証言した。またコネティカットのとある人物からは、彼がクリストファー・クローというＴＶプロデューサーだという情報が得られた。そうこうする内に、遂に彼の居場所が分かった。バルティモアの住人たちが、最近引越してきたチップ・スミスなる人物こそ指名手配の男に違いないと通報してきたのだ。数時間の内にエージェントたちが彼の家を監視下に置いた。彼らの狙いは、リーを逃亡の際の人質として利用させないことにあった。彼らは彼に電話を掛け、近くのマリーナに停泊中の彼のボートは浸水して沈んだと言って彼を誘い出した。これを聞いて家から出て来た彼は即座に逮捕された。リーは家の中で無傷で保護された。

友人の家から採取された指紋によって彼のアイデンティティの謎の一端が解明された。この指紋は、クリスティアン・カール・ゲルハルトシュライターなる人物のものだった。その正体はドイツにいる兄弟アレクサンデルによって確認された。彼は一九六一年に西ドイツのジークスドルフに生まれ、ベルゲン近郊で育った。一九七八年に観光ビザで渡米。それからどうにかしてウィスコンシン大学スティーヴンスポイント校に潜り込んだ。数ヶ月後、彼はウィスコンシン大学ミルウォーキー校に移った。その頃には既に合衆国への永住を決意しており、そのための確かな方法はアメリカ人と結婚することだった。一九八一年、彼はエイミー・ジャニーン・ジャーシルドと結婚、これによってグリーンカードを取得した。結婚の翌日に彼女を棄て、そのすぐ後に大学も辞めた。次に彼はカリフォルニアに現れ、そこで名を変えた。彼は既に本名を縮めてクリス・ガーハートと名乗っていたが、もっとドイツっぽくない感じの名前が欲しいと思い、クリストファー・マウントバッテン・チチェスターという名を選んでサン・マリノに家を建てた。すると、彼は一九七九年にＩＲＡの過激派に殺された英王室の一員であるルイス・マウントバッテン卿の関係者だという噂が広まった。

ゲルハルトシュライターの裁判は二〇〇九年五月に始まった。弁護人は、罪状の全てを認めたが、精神病を主張した。娘を失ったことで気が狂ったと言うのだ。その娘によるテレパシーでの連絡を受けて、助けてくれと言われたと彼は証言している、と弁護人は主張した。弁護側の専門家の証人は、彼は人格障害だと証言した。検察側は彼が人格障害であることを認めたが、それでもなお責任能力はあると主張した。逮捕を逃れるために立てていた巧妙な誘拐計画こそがその証拠であり、ゆえに彼は狂人ではなく、犯人であるとした。ゲルハルトシュライターは証拠を提出できなかった。陪審は一二日後に退いた。六月一二日、この件に関して一週間の話し合いの後、陪審は誘拐と強襲で彼を有罪としたが、警察に偽名を名乗った件に関しては無罪とした。彼は誘拐罪で四年から五年、その他に強襲で二年から三年の服役の判決を受けた——誘拐の際にリーの監視人であるソーシャルワーカーを地面に突き倒し、流血と脳震盪を起させていたのだ。

不吉な展開

ゲルハルトシュライターが投獄中、その物語はさらに不吉な展開を見せる。逮捕された時、彼は一九八〇年代の謎の夫婦蒸発事件との関連も追及されていた。一九九四年、カリフォルニア州サン・マリノの地主がプールを作るために裏庭を掘ったところ、人間の頭蓋骨が発見されたのである。さらなる調査で、残りの骨格も出て来た。二〇一〇年、この遺骨は土地所有者の息子であるジョナサン・ソフスのものと判った。ソフスは二七歳のコンピュータ・エンジニアで、妻のリンダは一九八五年に失踪していた。彼女の行方は杳として知れず、死亡したと推定された。ソフスは頭部に三つの強度の打撃を受けて殺されており、頭蓋骨は砕けていた。その損傷は酷く、再現のためにハワイの国防施設に送らなければならないほどだった。凶器となったのは野球のバットのようなものらしかった。身体は切断され、断片はビニールで包まれてファイバーグラスの箱に入れられていた。

一九八〇年代初頭、件の家はゲストハウスだった。ソフスが失踪した時期に逗留していた客の一人が、クリストファー・チチェスターという男だった。警察は後に、ソフス失踪と時を同じくしてチチェスターがチェーンソーを借りていたという事実を突き止めた。一九八〇年代後半、彼はコネティカットにいて、クリストファー・クローとして生活していた。クローは軽トラックに乗っていた時、警察に止められたことがあった。彼らはその男が何者か、全く知らなかった。暫くして全米自動車局は、そのトラックは実際には行方不明のジョナサン・ソフスのものであるということを突き止めたが、その時には既にクローとトラックは姿を消した後だった。彼はそのトラックを売却しようとしたが、買い手が怪しんで、警察を呼んだ。だが彼はまたしても逃げ延びることに成功した。彼は頭髪を染め、髭を生やして変装した。ゲルハルトシュライターはウィスコンシン大学ミルウォーキー校に一九八〇―八一年まで在籍しており、ジョナサン・ソフスの頭蓋骨はウィスコンシン大学ミルウォーキー校のロゴの描かれた鞄に入っていたが、そのロゴが使われていたのは一九七九年から一九八二年まで。今や警察は、クリストファー・チチェスターとクリストファー・クローとクリスティアン・ゲルハルトシュライターが同一人物であることを知った。二〇一一年三月一五日、裁判官はゲルハルトシュライターをジョナサン・ソフス殺害の罪で裁判に掛けるべきと裁定した。

その裁判は二〇一三年三月にロスアンジェルスで始まったが、ゲルハルトシュライターの弁護人は、その二八年前の殺人事件は古くて無関係な、そして依然として謎のままのものだと決めつけた。何故ならその事件と依頼人は何の関係もないからだ。彼はゲルハルトシュライターが詐欺師であることは認めたが、だからといって人殺しではない。おそらく行方不明となっているソフスの妻、がっしりした身長六フィート、体重二〇〇ポンドの女が夫を撲殺したのだろう、と彼は言った。検察側と弁護側は三週間にわたって質問を重ね、証人に反対尋問を行なった。ゲルハルトシュライター自身は何も証拠を出さなかった。

陪審は四月一〇日に退き、僅か六時間でゲルハルトシュライターを第一級殺人罪で有罪とした。彼は二七年以上の終身刑となった。現在でも彼は、唯ひとつの別名を持っている。それは、「囚人二八〇〇四五八号」！

躓いたランナー

ほとんどの詐称者は、注目を浴びることを避ける。彼らはしばしば周囲の全ての人に溶け込み、自分を不可視化しようとする。だが中には傑出した才能を持つ詐称者がいて、そのために彼はあまりにも目立ちすぎ、最終的には彼を破滅へ追いやったのである。

アレクシ・インドリス・サンタナはトラックの花形選手だった。彼が走ると、追いつける者は誰もない。プリンストン大学は特にこの若きアスリートに喜んでいた。彼は最高の長距離ランナーの一人になる潜在力を秘めていた。そうこうするうち、一人のイェール大学の学生が、一九九一年のアイヴィ・リーグ陸上競技会で気づいた、彼は数年前にカリフォルニア州パロ・アルトの高校でジェイ・ミッチェル・ハンツマンと呼ばれていた生徒だと。パロ・アルトでも、彼はその境遇のゆえに忘れがたい生徒だった。両親をボリヴィアの自動車事故で失い、しかも傑出したランナーでもあったのだ。

サンタナおよびハンツマンは、その本名をジェイムズ・ホーグと言った。一九五九年に産まれ、カンザス・シティで育った。ワイオミング大学に通ったが、中退。一九八〇年、テキサス大学に移ったが、またしても中退。一九八五年、名前をジェイ・ハンツマンと変えて、パロ・アルトの高校に入った。彼は自分は一六歳だと主張したが、それにしては老けて見えるなあと校長は考えた。校長は正しかった。ホーグは実際には同級生よりも一〇歳も年上だったのだ。この謎のランナーの身元調査をしてみたところ、ジェイ・ハンツマンなる人間の痕跡は彼が産まれたと主張するサン・ディエゴにしか残されていなかったが、この人物は幼くして世を去っていた。嘘の発覚に気づいたホーグは、突然学校を辞めて姿を消した。

彼はコロラド州ヴェイルでクロス・カントリーのトレーニング・キャンプのコーチの職を得た。雇い主には、スタンフォード大学で生物工学の学位を得たと言っていた。しかもそこで教授として働いていたという。そしてここでも、彼の驚くべき走行能力が注目を集めた。そして彼に気づいた一人のランナーが、スタッフに彼の正体を暴露した。スタンフォードに問い合わせてみると、ホーグの主張は嘘だと判った。この事実を突きつけられた彼はまたしても逃亡した。その後暫くして、一見無関係な事件が起きた。カリフォルニア州サン・マルコの自転車屋が荒らされ、二万ドル相等の自転車のフレームやツール類が盗まれたのだ。この店のオーナーはデイヴ・テッシュで、彼はヴェイルのトレーニング・キャンプで働いていた時にホーグと出逢った。そしてホーグはしばらくの間、このテッシュの店で働いていた。数ヶ月後、ユタ州のサイクリストが警察に行って、テッシュの名前の入ったレンチを持ったホーグを見たことを明かした。それは盗まれたツール類の一つだった。警察はホーグを追い詰め、逮捕した。ホーグのロッカーを捜査すると、中にはテッシュのツール類とバイクのフレームがあった。ホーグは窃盗罪で有罪となり、服役一年から五年の判決を下された。一〇ヶ月ほど服役して一九八九年に釈放された彼は、仮釈放の身でありながらそのまま姿を消した。彼は逃亡者として逮捕状を出された。

ホーグは、今度はサンタナの名で一九八八年にプリンストン大学に入学を許可されていたが、実際の入学は一年猶予して貰わねばならなかった。と言うのも、自転車窃盗で投獄中だったからである。当然ながら、プリンストンには獄中にいることは伝えなかった。スイスの母親が重病に倒れたので、病床で看病しなければならないと言い訳したのだ。プリンストンは一二〇〇人の学生を募集し、一四〇〇〇通の願書を受け取ったが、中でも彼の願書は特別だった。というのも、彼には高校の卒業証書がなく、ユタ州のレイジー・T・ランチでカウボーイをしながら完全に独学で勉強したというのである。願書に同封された新聞の切り抜きと競技の結果は、プリンストンの陸上コーチ、ラリー・エリスの目を惹いた。エリスはサンタナを獲得することに熱心で、チケットを送ってプリンストンに彼を招いた。大学のランナーたちはトラックの彼を見て、その実力は本物であり、是非彼らのチームに欲しいと考えた。

彼は入学のための面接を受け、特に科学と歴史の知識の深さと広さで入試委員を驚かせた。こうして彼は合格した。一九八九年に授業に参加すると、彼は大して勉強もしていないのに良い成績を取るので、他の学生たちから一目置かれるようになった。彼の成績はトップクラスだったが、自分の過去についてはほとんど何も話さなかった。彼は謎の人物であり続けた。

写真嫌いのアスリート

そのアスリートとしての能力自体は間違いのないものだったが、彼はしばしばトラックから姿を消した。練習では凄いパフォーマンスを見せるのに、試合となると謎の怪我で欠場するのである。特に多くのファンやレポーターを惹き付ける大きな大会では、それが顕著だった。最終的にイェールのランナーが彼の正体に気づき、そうと判ったプリンストンは素速く動いた。サンタナは地質学の授業中に呼び出され、逮捕されたのである。手錠を掛けられて刑事たちに連れていかれる彼を見た同級生たちは凍てついた。さらにショックだったのは、彼が常々主張していた二〇歳ではなかったことだ。実年齢は三二歳だったのである。さらに彼はユタ州から指名手配まで受けていた。裁判で、彼は大学に対する詐欺行為で三万ドルに上る損害を与えたとして有罪となった。九ヶ月の服役に、一〇〇時間の地域奉仕、五年間の保護観察。さらに損害賠償として二万ドルの支払を命じられた。

釈放後、彼はさらに別の偽アイデンティティを使って、ハーヴァード大学の博物館の守衛の職を得た。数ヶ月後、展示されていた幾つかの宝石が安い偽物と入れ替わっていることに職員が気づいた。ホーグは逮捕され、被害額五万ドルに上る窃盗罪に問われた。その後、彼は一九九六年にまたしてもプリンストンの周りをうろついているところを逮捕された。その行為は仮釈放の条件違反に当たるものだったのである。この件で再び投獄。数年後、彼はその人生を題材にした映画『コン・マン』に協力し、この映画は二〇〇二年に公開されたが、当時の彼はコロラドに住んでいた。二〇〇七年、コロラド州テルライドの自宅を警察が捜索し、またしても彼は法廷に戻ってきた。彼が借りていた近所の貯蔵用ロッカーの中から七千点、時価一〇〇万ドルを越える盗品が発見されたのだ。それは彼が修理工として働いていた家から盗み出されたものだった。さらにその後、アリゾナ州トゥーソンで逮捕された時には、もうひとつの偽アイデンティティを用意していたらしい。今度は医者だった。彼は一つの窃盗を認める代わりに、刑罰を一〇年以内の服役とするという取引を受け入れた。

結局のところ、ジェイムズ・ホーグは最期にどうなったかって？　さあ、どうかな！

カメレオンの物語

ほとんどの人は自然に子供を守ろうとする。子供が困っていると、疑うよりも手助けをしてしまう。「ザ・カメレオン」と渾名されたフランスの連続的犯罪者は、この単純な観察を何度も何度も利用した。

二〇〇五年六月八日、南西フランスのポーにあるジャン・モネ校の学長が、学生の一人を呼びにやった。少年がやって来ると、警官がこの一五歳の少年を捉え、手錠を掛けた。

この少年、フランシスコ・エルナンデス・フェルナンデスは、近くの街オルセーズで一人で彷徨いているところを通報され、発見された。彼は親戚の虐待から逃げてきたと証言した。家族は全員自動車事故で死に、スペインでその親戚と暮らしていたのだという。少年は地元の養護施設に入れられた。学校に通い始めると、彼はたちまち人気者となった。憶えが速く、進んで他人を手伝う子だったからである。

その後、学校管理者が校長に、たまたま自分の見たＴＶ番組の話をした。連続的犯罪者フレデリック・ブールダンの話で、彼は一九九〇年代に合衆国で並外れた詐欺をやってのけた人物だった。そして彼女は、そのブールダンはあの人気者の生徒、フランシスコ・エルナンデス・フェルナンデスに驚く程似ていた、と指摘した。校長が調べてみると、ブールダンの写真は実際、あまりにもフェルナンデスに似ていたので、警察に連絡したのである。一五歳のフェルナンデスは実際には三一歳の連続的犯罪者、ブールダンだったのだ。彼は長年の間、子供を演じながら、ヨーロッパ中の子供の学校、病院、孤児院、擁護院などを転々としていた。その動機は、安らげる家と愛する家族が欲しいという欲求だった。

ブールダンは一九七四年、フランス人の母とアルジェリア人の父の下にパリに生まれたが、この父はパートナーの妊娠も知らぬまま行方をくらましていた。彼の最初の家庭生活は滅茶滅茶だった。少年ブールダンは、酷い状況を誤魔化すためにエキゾティックな物語を作り出したと言う。例えば父親がいないのは、その正体が秘密捜査官だからだ。教師たちは、彼を空想的で芸術的と評した。だがやがて彼の振舞いは支離滅裂となり、時には犯罪にまで及ぶようになった。彼は既に一二歳で少年院に収容されたが、そこを脱走し、最初の偽アイデンティティを作る。どこか知らないところに突然現れ、病気か記憶喪失の振りをすれば、そこの病院か養護施設で世話してもらえるだろう、と思いついたのだ。発覚しそうになれば、別のところに行って同じ手を使えば良いじゃないか。

バークレーの逃亡

一九九七年、詐称者と発覚する寸前に、彼はこれまでで最も大胆でリスキーな仮面を被った。スペインのリナレス養護院にいた時、二三歳のブールダンは十代であることを証明しろと言われ、自分は十代だ、何なら指紋を採って警察に調べて貰えと啖呵を切り、そして奇想天外な計画を思いついたのである。ヴァージニア州アレクサンドラの〈行方不明者および搾取された子どもたちのためのセンター〉に電話し、養護施設の管理者を偽って、この地区で発見された子供がどうもアメリカ人らしい、と告げた。それから自分の特徴を述べ、この特徴に合う行方不明者の詳細は判るかと訊ねた。おそらくそれらしいと思われた少年の名はニコラス・バークレーで、この少年はテキサス州サン・アントニオで三年前、一三歳の時に行方不明になっていた。ブールダンはこのバークレーに関するあらゆる情報を訊ね、情報は正式に彼宛にファクスさせた。その少年の写真を見た彼は、こいつになりすませると考えた。彼は〈行方不明者センター〉に電話して、スペインで発見された少年は実際にバークレーだったと報告した。それから、スペインの警官になりすまして、この件を担当しているサン・アントニオの刑事に電話し、センターから仕入れた情報を駆使して、バークレーが発見されたと信じ込ませた。彼は幼児性愛者によって誘拐され、ヨーロッパに連れてこられたというバークレーの物語をでっち上げた。

バークレーの家族はアメリカからブールダンに電話して、行方不明だったニコラス・バークレーが生きて発見されたと信じ込んだ。バークレーの姉がスペインまで彼を迎えに来ることとなった。こうなったら露見は必至だと覚悟を決めた彼だったが、意に反して彼女は彼を行方不明の弟だと信じ込んだ。そこで彼はその家族に関するあらゆることを学びに掛った。家族の写真を見て、過去の出来事の話を注意深く聴いた。こうして彼は遂に本当の家族を手に入れた。彼は「姉」のケアリー、その夫、十代の息子と共に暮らすことになった。家族は裕福ではなかった。住いはトレーラーハウスで、ブールダンはその床で寝起きした。彼は学校に通い始め、そしていつものように上手くやった。

それから、この奇蹟のようなニコラス・バークレー事件の話がＴＶの人気番組『ハード・コピー』で取り上げられることになった。番組はバークレーに起った出来事と、その証拠を欲しがった。そこで彼らは私立探偵を雇った。この探偵がカメラクルーを引き連れてニコラス・バークレーにインタヴューするためにトレーラーハウスに辿り着くと、驚いたことに、バークレーはすっかりインタヴュー録画の準備を整えていた。自信満々なバークレーの演技とは裏腹に、探偵は疑問を抱いた。彼は賢明にも、カメラマンに少年の耳をクローズアップするよう助言した。耳の形は指紋と同様に本人確認の手段となる。バークレーの耳の画像と行方不明の少年の写真を比較した結果、両者の耳は適合しなかった。この少年の正体が何であれ、彼はニコラス・バークレーではなかったのだ。

少年の目の色もまた違っていた。本物のニコラス・バークレーは碧い目だったが、ブールダンは茶色だった。ブールダンは既にこのことに気づいていて、目は誘拐犯の手で薬品によって色を変えられたのだと主張していた。探偵は眼科医に照会し、そんなことは不可能であると聞き出した。彼は判明したことを警察に提出した。一方、ブールダンの方もバークレー家の中で他人に成りすまして生活するプレッシャーに耐えられなくなってきていた。彼は授業をさぼって停学となり、スピード違反で逮捕された。さらに自らの顔を剃刀で切りつけた彼は、遂に精神病院に入れられた。

暴露

その頃には、ＦＢＩもニコラス・バークレーに目をつけていた。スペインから合衆国に到着した際に面会したエージェントは、この時既に彼を疑っていた。ブールダンはニコラス・バークレーの写真に合せて髪を漂白していたのだが、エージェントが面会した時点で、その黒い根元が見えていたのだ。ブールダンと面会した精神科医は、いわゆる誘拐の話を聞いて、この少年はフランス人かスペイン人だと思われるが、絶対にアメリカ人ではないと言った。彼は外国のスパイ、あるいはテロリストではないかという恐れから、情報はＣＩＡにまで届けられることとなった。指紋が採取され、インターポールがこれを調べて、ヨーロッパでの犯罪記録と照合した。すると記録があったのである。その結果が返ってくる前に、彼は私立探偵にフレデリック・ブールダンであることを打ち明けた。彼は逮捕され、偽証罪と偽造書類所有の罪で裁判に掛けられた。一九九八年九月九日、彼は六年の服役を命じられた。判決の最期で、彼はフランスに移送されることになり、そこで普通の生活を再開した。彼は八年前に行方不明となったレオ・バリーという少年になりすました。そして二〇〇四年には、同年三月のマドリード爆弾事件で母親を失ったルーベン・サンチェス・エスピノーザというティーンエイジャーになりすましているのが発覚し、スペインから追放された。どうも彼は、ただ黙ってフレデリック・ブールダンで居続けるということができなかったようである。

その後二〇〇六年、彼の人生は驚くべき、劇的な転回を遂げる。テレビの番組で彼を見た少女が彼の物語にいたく感動し、彼の行方を突き止めて会ったのである。一年後に二人は結婚、彼は普通の仕事に就くことになった。その直後に妻は娘を産み、そしておきまりのようにその後さらに二人の子供が生まれた。ブールダンは遂に、生まれてからずっと渇望していた自分の家族を持つことができたのだ。しかも他人を演じる詐称者としてではなく、本物の自分自身として。

退屈のない男

一九六〇年八月二七日、ニューヨーク州ヨンカーズのダンウッディ・モーテルに、二人の男が入って行った。抜き身の銃を手にして。彼らは六九歳の夜勤のボーイがカネを出すだろうと期待していたが、意に反してボーイは金庫を床に投げ捨て、フロントデスクを飛び越えて二人のガンマンに跳び掛った。この驚くべき勇敢な行動で、ボーイは命を落すこととなった。

この夜勤のボーイはスタンリー・クリフォード・ウェイマンと呼ばれていたが、それは本名ではなかった。彼は一八九〇年一一月二五日、スタンリー・ジェイコブ・ワインバーグとしてブルックリンに生まれた。一九〇九年に高校を卒業した時、彼は外交官と医者と弁護士になりたいという野望を抱いていた──三つ全部である！　しかしそうはならなかった。高校を出た彼は、就職して生計を立てねばならなかったのだ。彼は小さな不動産会社の社員になったが、数ヶ月後、事業拡大の方針を提案して断られ、退社してしまった。次にカメラ屋に勤めたが、一ヶ月働いたのに、店主は彼が給料に見合うようなことを何もしていないと理屈をつけて支払を渋り、馘首《くび》にしてしまった！　辞める時、彼は給料代わりに高価なカメラを失敬していった。これがおそらく彼の初の犯罪である。だがその後のスタンリー・ジェイコブ・ワインバーグの多彩な人生を彩るさまざまな犯罪、有罪判決、アイデンティティは数多に及び、容易には整理しきれないほどである。

一連の底辺仕事をこなしていて、このままではひとかどの人間になるという夢は完全に絶たれたことを知る。そこで彼は別人になることにした。もっと希望の持てる別人に。こうして彼はまず、北アフリカの国の新任合衆国総領事になることに決めた。ホテル・セント・ジョージで自分自身のための壮行会を行ない、たくさんの有力者を招いた。印刷された招待状に欺された人々が何十人も集まった。その夜は上手く行った。高官の一部は、今まさに旅立ちを控えた新外交官に、その新たな地位の幸運を祈るスピーチまでさせられた。ウェイマンはその夜の請求書を父親に送った！　そのすぐ後、カメラの窃盗の件で警察が彼を捕えた。その結果、彼は初めて法廷に出廷するが、彼の出廷はその後、何度も何度も繰り返されることになる。彼は執行猶予を受け、保護観察処分となった。ついこの間まで外交官になって、というか少なくともその振りをして浮かれていたのに、両親と同居する羽目となった彼は大いに落ち込んだ。医者の助言で、父は彼を療養所に連れて行き、そこで彼は六ヶ月を過した。ウェイマンはそこでの生活を幸福だったと記している。多分心理療法医たちから注目を集めたためだろう。

療養所を出ると、ブルックリンの〈デイリー・イーグル〉紙の記者の職を得た。全ては上手く行っていたのだが、保護観察の報告書を警察に提出するのを止めてしまったためにまたもや逮捕され、法廷に戻された。裁判官は彼をエルマイラ矯正施設に送った。そこで酷い鬱状態となった彼は病院に移送された。不運なことに、そこを退院した彼を新聞社は門前払いし、さらに仮釈放違反でエルマイラに戻された。またしても病院で暫く過した後、彼は退院し、そしてまたしても仮釈放に違反した。軽罪を犯し、その後仮釈放に違反するというのがウェイマンの人生の基本パターンなのだ。その後二年間は何とか平穏無事に過したが、今度は就職申込書に議員の署名を偽造した事で有罪となった。

次なる冒険のために、彼はルーマニア総領事にしてルーマニア軍少佐のイーサン・アレン・ワインバーグになることにした。ルーマニアの総領事ともなれば、合衆国海軍の戦艦の視察くらいのことはしておかなくてはと考えた彼は、合衆国海軍省へ電話して、何と了解を取り付けてしまった！　約束の日、彼はランチに乗り込み、ハドソン川の米艦ワイオミング号に連れて行かれた。このツアーの最期に、彼は将校たちを招いてタイムズ・スクエアのアストール・ホテルで豪華な晩餐会を行なった。予約をする時、彼はホテルに、請求書はワシントンのルーマニア領事館に送るよう命じた。

晩餐会が行なわれた日、ホテルは宣伝のためにニューヨーク・タイムズにこの晩餐会のことを報せた。新聞を見た刑事らは、たちまちこの主宰者の名前に気づいた。連邦捜査員が晩餐会に押しかけ、招かれた客人たちは、総領事が手錠を嵌められて連行される光景でもてなされる結果となった。

一年後に釈放されると、今度は即座にロワイヤル・サン・シルという奇天烈《きてれつ》な名前のフランスの海軍士官となった。そしてサン・シルの名で、彼は一連の高級晩餐会に出席した。次に彼は合衆国海軍の提督となり、公式視察会に参加した。今回の舞台はブルックリン造兵廠である。海軍提督に化けた罪で暫く刑務所に入った後、今度はペルーのリマに現れ、医師にして公衆衛生の専門家としてアメリカの会社に務めた。それが会社に露見すると、会社は彼をニューヨークに呼び戻して馘首にした。

一九二一年七月、アフガニスタンのファティマ王女が合衆国を訪れ、ハーディング大統領に会いたいと発言した。だがこの願いが叶えられる見込みはほとんど無かった。何故なら合衆国は、英国の要求で、独立したばかりのアフガニスタンとの接触を避けていたからである。英国はアフガニスタンが他の世界の強国と外交関係を結ぶ前に、条約を締結してしまいたいと考えていたのだ。

この話を聞きつけたウェイマンはこれをチャンスと見た。ファティマ王女が大統領に会いたいなら、俺がその願いを叶えてやろう。彼はウォールドルフ・アストリア・ホテルの彼女のスウィート・ルームに、国務省海軍連絡将校ロドニー・スターリング・ワイマンを名乗って押しかけ、ハーディング大統領との面会を手配しましょうと申し出た。実際には、国務省海軍連絡将校などという役職は存在しなかったのだが、そんなことを知る人間も、わざわざ調べようとする酔狂な者も一人もいなかった。こうして驚くべきことに、彼は王女と国務長官チャールズ・エヴァンズ・ヒューズの面会の手配に成功し、そして一九二一年七月二六日、ハーディング大統領自身の面会まで決まってしまった。だが最終的に国務省はこれが詐欺であることに気づき、特別捜査員に依頼して、この詐欺の背後にいる人物を洗わせた。その人物の名はロドニー・スターリング・ワイマンだと判ったので、ニューヨーク警察に依頼して彼を逮捕させることにした。当然ながらワイマンなる人物は存在しなかったが、手掛かりが手掛かりを呼んで、遂にスタンリー・ジェイコブ・ワインバーグの家が突き止められた。彼は海軍将校を騙ったとしてさらに二年の刑を科せられた。

釈放された彼はしばらくは真面目にやっていたが、長くは続かなかった。首尾良く会計係の職を得たものの、六週間後に謎の失踪。その後、会社には「合衆国海軍大佐スターリング・C・ワイマン」からの請求書が届くようになった。言うまでもなく、正体はウェイマンである。数ヶ月後、彼は合衆国を訪問中のウィーンの医師アドルフ・ローレンツ博士の個人秘書になっていた。ローレンツ博士と彼の新人秘書クリフォード・ウェイマン博士の写真が新聞に載ると、ファティマ王女の息子の一人がウェイマンの正体を見破り、当局に警告した。彼は逮捕され、アトランタ刑務所に収容された。そこにいる間に法律を学んだ彼は、本当に司法試験に合格してしまい、ジョージア州の弁護士となった。ある意味で彼は、外交官と医者と弁護士になるという子供の頃の夢を全部叶えたのである。

一九二六年八月二三日、有名な映画スターでセックス・シンボルのルドルフ・ヴァレンティノが腹膜炎で死んだ。既婚者であったヴァレンティノの愛人で、女優のポーラ・ネグリは悲嘆に暮れていた。ウェイマンは彼女を助けようと決意した。ヴァレンティノの友人の医者であるスターリング・ワイマン博士を名乗り、彼はニューヨークのアンバサダー・ホテルの彼女のスウィートを訊ねた。「ルディ」はくれぐれも彼女のことを頼むと言っていましたよ、などと言いつつ、彼はボランティアで彼女が完全に回復するまで付き従いましょうと申し出た。彼女はウェイマンに隣接する部屋を与えた。ネグリが、アッパー・ブロードウェイのキャンベルズ・フュネラル・チャーチに粛然と安置されていたヴァレンティノの遺体に対面に行く時、ウェイマンは建物の外に群れを成していた熱烈な映画ファンたちの間を縫って、彼女をエスコートした。彼はさらに新聞各社にプレス声明を出し、その結果、ワイマン博士の正体は長年にわたって新聞ネタを提供してきたスタンリー・クリフォード・ウェイマンであることが発覚してしまった。ネグリは彼の詐称が判明しても文句一つ言わず、彼こそこれまで私が出逢った中でも最高の医者です、と証言した。

彼には隠遁している重要人物に取り入る特殊能力がある。ニューヨークの〈イヴニング・グラフィック〉紙の編集者エミール・ゴヴローは、彼のこの能力に白羽の矢を立てた。この時、ゴヴローはニューヨークを訪問中のルーマニアの女王マリーのインタヴューを採りたいと考えていた。彼女はアンバサダー・ホテルに籠って報道陣をシャットアウトしていたのだが、そこでゴヴローはウェイマンに、彼女のインタヴューを取って来てくれるよう依頼した。当然ながら彼が断ろうはずもなかった。いかにも政府高官らしいスマートな出立で、彼は女王のために確保されていたエレベーターを警護するシークレット・サービスのエージェントに名刺を渡し、そしてすんなり通り抜けてしまった。彼の服装、自信満々の態度、そして国務次官の名刺が、彼を本物だと信じ込ませてしまったのだ。

女王のスウィート・ルームに入り込んだ彼は、何かお困りのことはありませんかと尋ねた。彼女は彼をホテルの関係者だと思い込んだ。彼は彼女に媚び諂いつつ、アメリカという国、アメリカの男、アメリカの女、ヘアスタイリスト、ファッション、等々について彼女がどう思っているか、ありとあらゆる質問をした。彼女は彼とのお喋りを楽しんだ。かくしてゴヴローは女王のインタヴューを入手した。

ネグリ事件をきっかけに、新聞社はウェイマンに関する分厚いファイルを洗い直し、詐称者としての彼の経歴を記事にして書き立てた。そして彼は一九二八年に再び新聞ネタとなった。「ブレーメン・フライヤーズ」をニューヨークに招く歓迎イベントに不法侵入したのだ。ブレーメン・フライヤーズというのは、ちょうどその頃、世界で初めて東から西へ大西洋を横断してニューヨークに辿り着いた三人の男たちである。式典の最中、合衆国ヴォランティア航空部のスタンリー・ワイマン大佐が乱入して場を乗っ取ってしまった。彼は男たちを歓迎するスピーチをして、彼らをワシントンDCに連れて行くために待機させていた列車までエスコートした。イベント会場にいたレポーターやカメラマンの中には、このワイマンがポーラ・ネグリの医師を装っていた男と同一人物であることを見抜き、さらに彼を記事にした者もいた。だが今回は警察に動きは何もなかった。多分途方に暮れたためだろう。何しろイベント会場の警官たち自身がスタンリー・ワイマン大佐に何の疑問も抱かず、寧ろ彼が「フライヤーズ」を列車にエスコートする手伝いまでしていたからである。

彼は依然として定期的に保護観察身分の条件を満たしていることを報告していたが、一九三〇年二月に突如、それを止めてしまう。その結果として逮捕され、一七ヶ月間シンシン刑務所に送られた。また一九三二年にも、同じ理由でシンシン刑務所で一〇ヶ月を過した。彼は何とか一九三五年までは職に就いていたが、そこで記者に捕まり、またしても記事にされた。彼は雇い主を悪評から守るために辞職、生活は悪化した。後に一九三五年、彼は放浪罪で捕えられ、労役所に四ヶ月間収容された。

ウェイマンはそれから八年間、真面目に何ごともなく過した。だが一九四三年、彼は極めて深刻なトラブルに首を突っ込む。第二次世界大戦の最中、精神病を装えば徴兵検査で弾かれることを徴兵忌避者に教えた、という容疑でＦＢＩに逮捕されてしまったのだ。義務兵役法違反の罪に問われ、有罪を宣告。五三歳にして、彼は最大三五年の服役と、罰金七万ドルの危機に直面したのだ。だが結局、判決は七年の服役と一万七千五百ドルの罰金で片付いた。そして最終的に、彼が刑務所で過したのは五年間だった。

その後、スタンリー・クリフォード・ウェイマンとして、彼は国連のロバート・アーウィン・ニュース・エージェンシーの記者の仕事を得、さらにニューヨークのラジオ局ＷＦＤＲ－ＦＭで、国連に関するラジオ番組も作った。その仕事ぶりは非常に優秀だった。だが好事魔多し。国連のタイ代表団が彼の仕事ぶりに非常に感銘を受け、広報担当者として働くよう要請してきたことがきっかけで、彼の偽名が露見してしまう。タイの広報担当には外国のための仕事も含まれていたので、ＦＢＩの検査の対象となったのだ。こうしてこれまでの膨大な犯罪歴が明らかとなった結果、彼はタイ代表団との仕事を棒に振ったのみならず、ニュース・エージェンシーの仕事まで失うこととなった。

一九五四年、彼はまたしても法廷にいた。今回は、詐欺によって八千ドル以上の住宅ローンを得たというものだ。彼は有罪判決を受け、一八ヶ月間投獄されることとなった。釈放された彼は、レストランの接客係となり、客の間で大人気を博した。暫く後、彼は店主に過去の有罪判決を告白したが、それでも店主は彼を店に置いてくれた。だがその後、彼はその店を辞めて、ダンウッディ・モーテルの夜勤のボーイの仕事に就いた。大統領や王女とも付き合いのあった男が、最期に見出した安らぎの場に、二人の武装強盗が侵入したのである。そしてその時、彼は人生最大の勇気を見せた。ガンマンたちに突撃した時、彼は腹と頭を撃たれた。強盗は現金二〇〇ドルを奪ったが、金庫の中の大金は取れなかった。それはカウンターの後ろの床の上に、鍵をかけたままで見つかった。

ウェイマンはかつてこう言ったという。「一人の人間の人生は退屈なものだ……私はいくつもの人生を生きた。だから退屈なんてしたことは無い」。

教育衝動

詐称者はしばしば、衝動に駆られる人間である。彼らを駆り立てる抑えがたい欲望は、通常はカネを盗みたいとか、自分が実際よりも偉いと信じさせたい、などである。だがとある詐称者を突き動かしていた衝動は、「教えたい」という異常なものだった。

マーヴィン・ヒューイットは科学、数学、電子工学に魅了されていた。公共図書館でそれらに関する幅広い本を渉猟読破し、その知識は級友や教師たちさえ遙かに凌駕するほどだった。授業が退屈すぎて、一七歳の時に卒業証書もなく学校を去る。彼は数学と物理学を勉強したいという燃えるような情熱を持っていたが、資格がないために大学へ行くことができず、労働者として働く以外に道は無かった。第二次世界大戦中、通信隊の倉庫係として働いていた時、彼は陸軍士官学校が教師を募集しているという話を聞いた。彼は偽造した学歴によってこの職を得た。最初は神経質だったが、彼はすぐにこの新しい仕事に馴染んだ。

終戦で学校が閉じられると、新たな地位が必要となった。そこで彼は人生初の偽アイデンティティを身につけた。大学の便覧に目を通し、響きの良い名前に目を付けた。その人物は空気力学者だった。新しい名前と信用証明書で、ヒューイットはとある飛行機工場に空気力学者の職を得た。仕事は容易だったが、彼の偽名が問題だと判明した。調査が足りなかったのだ。彼が名前を拝借した人物はその世界では極めて有名で、ヒューイットが詐称者であると発覚するのは時間の問題となった。数週間後、彼は工場を去った。

彼はあちこちの大学に電話して、物理の教師は要らないかと訊ねた。するとフィラデルフィア薬学科学カレッジに空きがあった。詳細を訊ねられた彼は、用意しておいた新しいアイデンティティを紹介した。今度はジュリアス・アシュキンと名乗った。アシュキンは本物の科学者で、ロス・アラモスとアルゴンヌ国立研究所で仕事をして、ロチェスター大学で教職に就こうとしていた。一方、ヒューイットはアシュキンとして働き始め、微積分学、代数学、三角法を教えた。仕事は容易だった。彼はそれを楽しみ、彼のクラスは良い成績を叩き出した。

ところが家族がとある悲劇に巻き込まれ、そのために彼の正体がほとんど露見しそうになった。警官である父親がクルマ泥棒に射殺されたのだ。新聞社は死んだ警官の写真を欲しがった。だが、家族は彼がアシュキンという名前で働いているのを知らず、雇い主は彼の本名がヒューイットであることを知らなかった。このふたつを使い分けるのはどんどん困難になっていった。どちらかの名前の写真があれば、彼が詐称者であることは発覚してしまうだろう。彼は仕事を休み、カメラや記者から身を隠すようになった。そしてフィラデルフィアへの逃亡を企て、ガールフレンドであるエステルに正体を明かした。それでも彼女は彼のことが好きで、二人は間もなく結婚した。シカゴでのハネムーンの後、二人はミネソタに行き、そこでヒューイットは、依然としてアシュキンを名乗りながら、教員養成大学に職を得た。だがすぐに自分の教えている単純な科目に退屈し始め、大学で教える方がもっとやりがいがあると考えた。依然としてアシュキンの仮面を被ったまま、彼はセントルイス大学の物理学部に雇われ、そこで核物理学と高等数学を教えた。

その間、本物のジュリアス・アシュキンは自分の偽者がいることなど露ほども知らず、自らの研究に勤しんでいた。ヒューイットは、同僚の学者に話を合わせるために、常に学術雑誌に目を通し、アシュキンの論文を探し続けた。とある研究論文には、彼がロチェスター大学にいると書かれていた。本物のアシュキンはまだそこで働いていたのだ。ヒューイットは、その論文の元になった仕事は彼がロチェスターにいたころのものなんだ、と言って誤魔化した。そして本物のアシュキンの友人たちが近くのワシントン大学のイベントに出たという話を聞いて、彼はどこか別のところへ移るのがベストだと考えた。ユタ大学の職員は、著名なジュリアス・アシュキンと契約できてラッキーだと信じた。彼らは彼の信用証明書を調べ、過去に彼や本物のアシュキンのいた研究所や大学に電話した。何の問題もなさそうだった。奇妙にも、彼らは何故かロチェスターにだけは電話しなかった。もしそこに電話していれば、ヒューイットの正体は直ちに発覚していただろう。ユタ大学は彼を正教授として雇った。今や彼は、本物のアシュキンよりも高い地位を得たのだ！

それから、あり得ないような偶然で彼はピンチに陥った。ユタ大学の職員の一人が、ロチェスターのアシュキンを知っていると言ったのだ。ヒューイットは覚悟を決めたが、その女性はアシュキンとは電話で話しただけで、直接本人は知らないということが判った。まさに危機一髪だったが、さらなる危機がそのすぐ後に起った。

奇妙な転回

何と、ヒューイットのところに本物のアシュキンから手紙が来たのである。曰く、私は何者かが自分の名を騙っているのを知っていますが、もうそんなことは止めて欲しいのですと。だがその後が奇妙だった。私はあなたの詐称を暴露しようとは考えていません。むしろあなたが実際に理論物理学で成し遂げた業績は素晴らしいものです。ですから自力で今の状況から抜け出す時間を与えましょう、と彼は提案したのである。どうすべきか考え倦ねていた時、ヒューイットは学長に呼ばれた。曰く、ロチェスター大学から匿名の手紙が来て、ユタのアシュキンは偽者だと言っているのだが、と。最初は否定したヒューイットだったが、遂に観念し、事実を話した。ユタ大学は悪い世評を恐れ、彼にユタ大学に留まって、その間に彼が持っていると称していた学位を実際に取る、という選択肢を呈示した。彼らは彼なら間違いなくその資格を取ると信じていた。また別の選択肢として、同僚たちに彼がしでかしたことが知れ渡るのは確実であったので、他の大学へ移ってそこで学位を取るという手もあった。だが結局のところ、彼は逃亡し、母の住むフィラデルフィアを目指した。

有名なハーヴァードの天文学者ハーロー・シャプリーがヒューイットのことを聞きつけ、連絡を取った。二人は実際に会い、シャプリーはヒューイットが間違いなく高度な理論物理学を理解していることに感銘を受けた。彼はヒューイットをプリンストン大学のJ・ロバート・オッペンハイマーに紹介しようとしたが、世間に嘲笑われる恐怖はあまりにも強く、彼は無名の人生を歩むことを選んだ。だが一九五〇年代初めになると、物理学ではないが、再び教育界への復帰を考え始めた。選んだのは電気工学である。彼はジョンズ・ホプキンズ大学の卒業生で、元RCA調査担当重役のジョージ・ヒューイットとして職業紹介所に連絡をとった。願書には捏造した参考文献をつけた。たちまちジョージ・ヒューイットはアーカンソー大学工科カレッジで新たな仕事を得て、フェイエットヴィルに向かった。常に忠実なエステルはやはり彼の側にいた。到着すると、学生の一人がかつてセントルイス大学にいたことを知らされた。だが彼は幸運だった。その学生がそこにいたのはヒューイットがジュリアス・アシュキンの仮面を被っていた時ではなかったのだ。彼は自分の研究論文を発表し始め、名望を高め始めた。カレッジの学部長は、訪問客相手にこの優秀な新人教員を自慢した。だが不運なことに、彼が話した人間の一人が、有望なエンジニアを探しているRCAのタレントスカウトだった。学部長は、元RCA調査担当重役もウチにいるんですよ、と自慢したが、タレントスカウトはジョージ・ヒューイットという名前に心当たりがなかった。これがきっかけで真実が明るみに出て、ヒューイットはまたしても仕事を失った。

フィラデルフィアに戻った無職の彼は今や双子の父となっており、子供たちを養うために仕事を探さねばならなかった。彼は初恋の相手である物理学に戻り、クリフォード・ベリーという物理学者を名乗った。すぐに彼はブロンクスのニューヨーク州立海運カレッジに職を得た。それで生計は立てられるようになったが、教えさせられている基礎物理と数学に飽きてしまい、もっと能力を活かせるような仕事を探し始めた。新しい仕事に就く自信は満々だったので、教員はすっぱり辞めてしまった。だが彼が目をつけた産業界の仕事のほとんどは核物理学、空気力学、電気工学などで、政府や軍事の機密扱いのものも含まれており、それには人物調査が必要だった。ヒューイットは自分がセキュリティ・チェックに通りそうもないと判っていた。そして遂に彼は観念し、またしても教員生活に戻ることにした。オハイオ大学の本物の物理学博士であるケネス・イェイツの名を拝借し、彼はダラムのニューハンプシャー大学の職を得た。

道の終り

常に露見の危険に注意を払っていたヒューイットは、学生の一人が自分を監視していると確信するようになった。彼は正しかった。その学生、ウェイン・オヴァーマンは、大学当局が見落としていたひとつの単純なことをした。彼は一般人が利用できる名簿でケネス・イェイツを調べ、本物のイェイツはシカゴ近郊のクリスタル湖にある石油会社で働いていることを見つけ出したのだ。オヴァーマンは自分の疑念を大学に伝えた。以前と同様、ヒューイットは詰問され、辞職したが、今回はこのニュースが世に出て、新聞に載ってしまった。奇妙なことに、ヒューイットは安心した。ひとたびこの件が公になれば、もう二度とこの手は使えないと判っていたからだ。全ては終った。彼のことを聞きつけたグレン・L・マーティン社は、彼の過去を知りながらもその才能に惚れ込み、人工衛星プログラムの企画専門家の仕事を提供した。彼は再び研究職に戻った。遂に、正式に。

ヒューイットの教えた生徒たちは良い成績を残した。彼の同僚だった大学人も、彼を優秀な物理学者であると見做していた。そして彼はその全てを、ほとんど独学で成し遂げたのだ。普通に大学に行ってさえいれば、どれほどの業績を残していたことだろう。

オハイオ州の女王

キャシー・チャドウィックが億万長者の慈善家アンドリュー・カーネギーの私生児だと判った時、並み居る銀行は彼女にカネを貸そうとして互いの足を引っ張り合った。彼女は何百万ドルというカネを借り、そして遣いまくっていたが、銀行が彼女に関する真実を知ったのは全てが終った後だった。

チャドウィックはエリザベス・ビグリーとして人生を始めた。子供の頃から「ベッツィ」は夢見がちだった。一八五七年一〇月一〇日にカナダのイーストウッドで生まれたが、その犯罪歴は十代の頃に既に始まっていた。この時は小切手偽造で捕まったのだが、正気ではないという理由で釈放された。そのすぐ後、彼女はオハイオ州クリーヴランドの姉妹のところに移った。

クリーヴランドで、彼女は最初の偽アイデンティティを身につけた。透視能力者マダム・リディア・ドヴェールとしてビジネスを始めたのである。一八八二年、ドヴェールはウォレス・S・スプリングスティーン博士と結婚した。それまでに彼女は、新郎が露知らぬうちに、一連の借金を重ねていた。債権者たちは地元の新聞で彼女の結婚を知り、彼女を探し出して返済を求めた。その肩代わりをさせられたスプリングスティーンは、新婚一一日めにして彼女を棄てて離婚してしまった。だがこれで彼女は勝利の方程式を知ったのだ。彼女はすぐに、別の透視能力者マダム・マリ・ラローズとなり、一八八三年に農夫のジョン・R・スコットと結婚した。この第二の結婚は四年続いたが、スコットを見限った彼女は離婚を申立てた。

彼女の二度目の出廷までには長くはかからなかった。占い師リディア・スコットとして、彼女は文書偽造で有罪となり、トレド刑務所に収容された。仮釈放されると、今度はキャシー・フーヴァーとなってクリーヴランドに売春宿を作った。この頃には彼女にはエミールという息子がいた。一八九七年、三度目の結婚。夫は裕福なルロイ・チャドウィック博士。夫婦はクリーヴランドはユークリッド通りの豪奢な家に住んだ。地元では億万長者通りと呼ばれる場所である。

億万長者の娘？

チャドウィックの最も悪名高い詐欺は、ニューヨーク市への旅と共に始まった。戻って来た彼女は、二百万ドルの約束手形を持っていた。そこには裕福な慈善家アンドリュー・カーネギーと称する署名が入っていた。チャドウィックは夫の友人に、実は彼女はカーネギーの私生児であり、このカネは口止め料として手厚く支払ってくれたのだと言った。さらに彼女は、既に七百万ドルの約束手形を彼から受け取っていて、さらに彼の死の暁には四億ドルを相続することになっているという。この情報はクリーヴランドの実業界と銀行界に知れ渡り、彼らは何とかして彼女の財産のお相伴に与ろうとした。そして彼女は、彼らの欲深さと馬鹿さ加減を最大限に活用した！　それに続く八年以上の間に、彼女はカーネギーの約束手形を担保として一千万ドル以上の融資を受けた。銀行はカーネギー家が彼女の負債を支払ってくれると信じて、喜んで彼女の返済額と利息を積み上げさせた。チャドウィックはカネを遣い、年がら年中客を呼び、「オハイオ州の女王」の名を奉られた。

彼女の詐欺の化けの皮が剥がれたのは一九〇四年、マサチューセッツの銀行家ハーバート・B・ニュートンから一九万ドルの融資を受けた後である。他の金貸しとは異なり、ニュートンは貸した金の返却を求めた。キャシーにそれができないと判ると、ニュートンはこの件を警察に報告し、そして訴訟手続が始まった。各銀行は、彼女に対する融資の見直しを始めた。詳しく調べると、彼らが認めた約束手形は偽造であることが判明した。アンドリュー・カーネギー自身も質問を受けたが、チャドウィックなど知らないし、約束手形を書いたこともないと否定した。チャドウィックは一九〇四年一二月七日に逮捕されたが、この時彼女は隠しポケットのついたベルトに現金一〇万ドルを入れていた！

夫は離婚を申立て、スキャンダルを避けるためにそそくさとヨーロッパに旅立った。彼女は連邦政府認可銀行であるオハイオ州オーバーリンのシティズンズ・ナショナル銀行を破産させようとした陰謀の罪に問われた。チャドウィックが八〇万ドルをそこから借りているということが顧客に知れ渡ると、取り付け騒ぎが起り、銀行は営業停止に追い込まれたのだ。チャドウィックは有罪となり、一四年の服役と七万ドルの罰金を科せられた。

彼女はコロンバスのオハイオ州立刑務所に投獄されたが、そこに家具と、衣服を満載したトランクを持ち込むことを許可された。刑務所長は、彼女と話したいという多くの記者や見物客に入場料を課したと言われる。裁判中から彼女の健康状態は悪くなり始め、刑務所内ではさらに悪化した。息子のエミールとの面会中に倒れた彼女は刑務所病院へ移され、そして二度と戻らなかった。五〇回目の誕生日である一九〇七年一〇月一〇日に彼女はそこで死んだ。入獄してから二年も経っていなかった。

大詐称者

フェルディナンド・ウォルド・デマラ・ジュニアは、長年の間に非常に多くの偽アイデンティティを駆使し、〈大詐称者〉の名を奉られた。彼の偽の自我には、修道僧、心理学者、医者、教師、そして刑務所長などがある。

ロバート・フレンチ博士がシアトル近郊のベネディクト派のカレッジの修道院長のオフィスに呼び出された時、彼の心には何の疑いもなかった。だが彼を待ち受けていた見知らぬ男は、「はじめまして、フェルディナンドさん」と挨拶したのである。この見知らぬ男はFBIのエージェントであり、フレンチ博士は実際にはフェルディナンド・ウォルド・デマラだったのだ。彼は逮捕され、命を懸けた裁判に送られた。

フェルディナンド・デマラは一九二一年一二月一二日、マサチューセッツ州ローレンスに生まれた。父はロードアイランド州プロヴィデンスの映写技師だったが、自分自身の劇場を持てるだけのカネが貯まると、彼は新たなビジネスの場としてローレンスを選んだ。すぐに彼の映画館はチェーン展開するほどとなった。だが彼は大恐慌で全てを失ってしまう。この時、フレッドと呼ばれていた息子は僅か一一歳だった。幼いフレッドは貧乏を憎んだ。彼は一六歳の時に家出し、ロードアイランド州のトラピスト修道会に入った。二年後、ボストンの〈ブラザーズ・オヴ・チャリティ〉に移る。その後フレッドはモントリオールの隠遁所へ、それから生地であるローレンスの近くの〈ブラザーズ・オヴ・チャリティ〉少年の家に送られた。

デマラは勤勉な教師で、第四学年の少年たちを担当していたが、そのホームの規則が狭量で筋の通らないものであることに不満を抱いていた。一九四一年のある日、もはや融通の利かない規則の拘束衣に我慢できなくなった彼は、学校のステーションワゴンを盗み出して逃亡した。そして衝動的に陸軍に入隊。だが新兵徴募書類のインクが乾かぬ内に、彼は自分が恐ろしいミスをしでかしたことに気づいた。上品で礼儀正しい修道僧や司祭たちの社会で年月を過した男にとって、軍隊生活とその習慣やモラル、兵士たちの下卑た言葉遣いはまさに衝撃だったのだ。

アンソニーになる

彼は基礎訓練を受けるためにミシシッピ州ビロクシのキースラー・フィールド空軍基地に送られた。

そこで彼は、システムに抵抗し責務を逃れるたくさんの方法を見出し、最初の偽アイデンティティを採用した。他の兵士アンソニー・インゴリアの名を使って無許可離隊したのである。その足でニューオリンズのインゴリアの家に行った彼は、インゴリアの個人的な記録や文書を盗み出した。そして偽造した陸軍の移動命令書を使って汽車に乗り、ケンタッキー州ルイスヴィルに行って平服に着替え、アンソニー・インゴリアとしてトラピスト修道会に入った。修道僧の一人に見破られると、逃亡してアイオワ州デモインの別の修道院に入った。そこでアンソニー・インゴリアの故郷ニューオリンズの修道院からの手紙を見つけた彼は、これは自分に関するものではないかと考えた。他人に読まれる前にそれを失敬してみると、果たして内容は本物のアンソニー・インゴリアの書類の盗難と、当局がインゴリアの正体をデマラだと見当を付けているというものだった。

彼は直ちに逃亡してセントルイスの神学校に潜り込み、家族からの送金を待った。それが届くと、彼はアンソニー・インゴリアを止め、フレッド・デマラとしてマサチューセッツ州ローレンスの家に帰った。この時、既に家族は彼のやらかしたことに気づいていた。父親から警察に出頭しろと言われた彼は、そのつもりで一旦は家を出たが、すぐに考えを変える。当時、既に日本軍の真珠湾攻撃を受けた合衆国は第二次世界大戦に参戦していた。この非常時に刑務所なんぞに入るのは才能の無駄遣いだとデマラは考えたのだ。警察に出頭する代わりに、彼はニューヨークへ行って本名で合衆国海軍に入隊した。

予想通りというか、彼は陸軍と同様に海軍も好きになれなかった。訓練を経て、彼は駆逐艦エリス号に配属され、嵐の吹き荒れる極寒の北大西洋で軍務に就いた。海軍を抜けたくて必死になった彼は、何とか医学校に入ることに成功した。そこで優秀な成績を上げ、受けた試験の全てに高得点を取るも、必要な教育資格がないということで、それ以上の指導を拒否された。落ち込んだ彼は、どうにかして必要な学歴を取ってやろうと決意する。部隊指揮官の机から公式の書簡紙を盗み出した後、必要な学歴を持つ人物を見つけ出し、盗んだ書簡紙を使ってその人物の学歴証明書の写しを請求、最期にその書類を手直しして自分自身のものに書き換えた。この偽造書類の束を委員会への申込書に添付し、それが受理されるのを待つ間に、彼は偽造の技術を生かして、幾つかの偽アイデンティティを作った。その一人がロバート・リントン・フレンチ博士である――彼については、後に触れる。

フレッド・デマラを殺す

海軍を去ろうとしていた時、彼は自宅近くの教区牧師の家から書簡紙を盗んだ。それからボストンの枢機卿オコンネルの家へ行って、さらに書簡紙を盗んだ。ヴァージニアの海軍基地に戻ると、委員会への申込書は最終的に検討されることとなった。素性が調べられようとしていることを聞きつけ、彼は詐欺が発覚すると気づいた。その解決策として、彼は死を選んだ。

彼は桟橋の突端に衣服と遺書を残し、夜の闇に消えた。こうしてフレッド・デマラは死んだ。今こそ、既に作成済みの、イザという時のために取っておいたアイデンティティの一つを使う時である。彼は元海軍将校で心理学者のロバート・リントン・フレンチとなった。修道院から修道院を回り、最終的にセント・マーティンズに落ち着いた。シアトル近郊のベネディクト派のカレッジである。ここで彼は医学博士フレンチ博士を名乗った。彼の医者としての活動は――重病人は明らかに重病だから、ともかく病院へ送る。そうでない者は放っておいてもいずれ元気になるので、良い医者っぽく見えるようなことは何でもやる、というものだった。そしてそれは大抵の場合、上手く行ったが、重病の修道僧を前にした時には危機一髪に追い込まれた。救急車が来るまで、最低限の基本的な処置さえできなかったのだ。見ている人間は困惑したが、彼は何だかんだと窮状をやり過ごした。

修道院外の世界とほとんど接触を持たない他の修道僧とは異なり、デマラは積極的に、地元の人と大いに友好的な関係を構築していた。修道僧にしては異例にも郡保安官代理に任命された彼は、銃を携行し、クルマにサイレンをつけることができるようになった！　その型にはまらない行動と、大酒呑みであるという噂を耳にした修道院長は、フレンチ博士が過去に住み込んで働いていた施設に手紙を書いた。それから、外部の会合に出ていた時にフレンチ博士の話を出した修道院長は、同名の詐称者に関する気がかりな話を聞いた。修道院に戻ると、フレンチ博士が過去にいた修道院やカレッジからの手紙が到着していた。それらは彼の最悪の心配を裏付けていた。

「はじめまして、フェルディナンドさん」

ある日、何も知らないこの医者が修道院長室に呼ばれた。そこで彼は修道院長から、地元の保安官とその他二人の人物を紹介された。この見知らぬ人物の一人が、フレンチ博士に「はじめまして、フェルディナンドさん」と挨拶したのである。彼らはFBIのエージェントだった。彼らはデマラを海軍からの脱走罪で逮捕した。戦時中の脱走罪は死刑である。デマラは法廷で自らを守るために危険な決断をした。有罪を認めながら、情状酌量を乞うたのである――口汚い言葉を使う荒くれ者の海兵たちから逃れるには脱走するしかなかったのです、と。彼は服役六年の判決を受けたが、品行方正と積極的な態度のために一八ヶ月に減刑された。

獄中にあっても、彼は嘘の話をでっち上げる衝動に逆らえなかった。獄内新聞の編集者が釈放されると知ると、彼は自分が元新聞記者であると主張し、新任編集者の座を射止めた。刑期が終りに近づくと、彼は海軍から不名誉除隊を受けた。

法廷での自己弁護に成功した彼は、法律を学ぼうと決意した。だが、有罪判決を受けた犯罪者は弁護士にはなれなかった。無論、そんなことで露ほども怖じ気づく彼ではない。彼の解決策は、またしても別の名前でロースクールに入ることだった――C・B・ハーマンである。セシル・ハーマンは実在の人物で、ケンタッキー州レキシントンで教師をしており、パーデュー大学から生物学の博士号を得ていた。授業料を払うためにデマラは夜はマサチューセッツ眼科・耳鼻科診療所で働いた。彼はこの病院の書簡紙と郵便室を使って、彼がハーマンであることを「証明」するのに必要な身元書類を集めた。

だが、やがて彼は法律の勉強にも飽きて学校を辞め、イリノイ州アルフレッドで、もうひとつの修道会〈ブラザーズ・オヴ・クリスティアン・インスティテューション〉にハーマン博士を名乗って潜り込んだ。彼らはこの有名な博士を喜んで迎えた。カナダのニューブランズウィック州グランドフォールズ近郊で働いていた時、彼はジョゼフ・シール博士に出逢った。シールは合衆国で医療を行なう免許を欲していた。何とかしましょうと持ちかけたデマラは、当然ながらシール博士の人物学業証明書の貸借を要求した。シールは喜んで渡した。アルフレッドに戻ると、デマラがそこで管理していたカレッジは上手く行っていた。彼はそこの初代校長の地位を期待したが、地位の低い生物学の教師にされて失望した。激怒した彼はカレッジのクルマを盗んで逃亡、最終的にニューブランズウィック州セント・ジョンまで来て、一九五一年三月、ジョゼフ・シール博士として王立カナダ海軍に入った。

戦時勤務

この当時、カナダ軍は朝鮮戦争に参戦していて、海軍としてはこのような経験豊富な医師の入隊は万々歳だった。彼らは彼をオタワに連れて行って面接し、合格させた。セント・ジョンに戻って来た彼は、書類も偽造なら手術の経験もなかったが、軍医に任命されてノヴァスコシア州ハリファクスの海軍病院に配属された。

彼は何とか日常業務をこなし、発覚することもなく軽い病人を診ていた。数ヶ月後、彼は航空母艦マグニフィセント号に乗り組むこととなった。同艦の軍医官は直ちに彼に疑いを抱いたが、当のデマラは、海軍看護婦のキャサリンに出逢って恋に落ち、知識の欠如を補うために医学書と首っ引きとなっていた。彼はキャサリンに事実を打ち明けようとしたが、どうしてもできなかった。それで腐りきった彼は、朝鮮行きを志願した。駆逐艦カユーガ号に乗り組んだ彼は、その場で、いきなり病に倒れた船長を診ることになった。船長の顔は感染歯のために酷く腫れ上がっていた。デマラは船長の顔にこれでもかとノボカインを打ち、鉗子で二本の歯を引っこ抜いた。船長は回復し、彼の治療術に感服、デマラはまたしても間一髪の危機を逃れた。

カユーガ号は朝鮮海域に達すると、沿岸の目標を砲撃して韓国の戦艦を援護した。当初、デマラは何もすることはなかったが、ある時、負傷した韓国兵を大量に乗せた船がカユーガ号にやって来た。外科治療の経験もないまま、デマラは何人かの手術を執刀した。嵐で船が大揺れする中、兵士の傷口から榴散弾を除去し、血管を結紮《けっさく》し、縫合したのだ。負傷兵は一日か二日後に去っていった。

カユーガ号が日本に到着すると、海軍広報担当者が嵐の中で韓国兵に外科手術を施したシール博士のことを聞きつけ、これは凄い記事になると踏んだ。カユーガ号が韓国の海域に戻ると、デマラはこれまで手術した中で最も酷い重傷者を見つけた。その男は鎮南浦と呼ばれる島にいたのだが、デマラの眼から見ても、まだ生きているのが不思議なほどだった。島の状況は凄絶だった。デマラは一つの建物を徴用し、それを野戦病院にして、地元民の治療に当たった。前にデマラに関する記事を書いていた広報担当者が、鎮南浦での彼の最新の手柄を聞きつけ、続報記事を書いた。これがカナダで報じられると、本物のジョゼフ・シール博士の許に韓国での軍務に関する電話が殺到した。当初、彼は単なる偶然の一致だろうと考えたが、朝鮮戦争でのシール博士の詳細を聞けば聞くほど、彼自身に異常によく似ていると思わざるを得なかった。そこで調査してみると、シール博士の写真が送られてきて、彼は直ちに真実に気づいた。このシール博士なる人物は〈ブラザーズ・オヴ・クリスティアン・インスティテューション〉の兄弟ジョン・ペインであり、別名セシル・B・ハーマンと名乗る人物に違いない。

死後の生

海軍は調査により、詐称を確認した。カユーガ号の船長はこのことを告げられ、デマラに問い質した。デマラは彼がシール博士であることを証明するあらゆる書類と証明書を出し、かつて海軍が彼を本物だと認めていたことを船長に思い出させた。それから彼はある種の神経衰弱に陥ったらしい。無断で船のラム酒を大量に呑んで、アルコール中毒症の疑いで船を下ろされることとなったのだ。カナダに連れ戻されて拘禁中、海軍は、彼がシール博士もしくはハーマン博士はまたフレンチ博士でもあり、その真の正体はフレッド・デマラであることを見出した。短い取り調べの後、彼は海軍を解雇され、国境へ連れて行かれた。合衆国では、特に際立った告発もなく、彼は釈放された。彼は大酒を呑みながらマサチューセッツ州ローレンスに戻った。一文無しだったが、新聞社が彼の話にカネを払ってくれると気づいた。〈ライフ〉誌は彼とのインタヴューに二五〇〇ドルを払った。彼はそのカネのほとんどを両親に贈った。それから数年間、彼は真面目に生きようとしたが、その度に、〈ライフ〉に乗っていた詐称者だと気づかれ、仕事を変えねばならなくなるのだった。

重警備棟

そうこうする内に、彼はベン・W・ジョーンズという人物の人物学業証明書を手に入れた。彼はそれを使ってヒューストンのホテルに仕事を得て、その後、テキサス州ハンツヴィルの大きな刑務所の看守となった。彼は刑務所の農場に送られた。武装した看守が馬に乗って農園で働く囚人たちを監視するのである。だが彼は何とかして監守の仕事から娯楽係に移してもらった。ここで目覚ましい働きを見せた彼は、刑務所の重警備部門に回された。これまで彼が過してきた、教会、心理学、医学、軍隊での経験は、例え偽者であっても、この仕事に大いに役に立った。彼は囚人たちをこれまでのどの看守よりも人間的に扱い、圧倒的な支持を得た。彼は瞬く間に、重警備棟の副所長となった。

一九五六年のクリスマスの少し前、ボーイスカウトが囚人たちに本や雑誌を差し入れた。そこで〈ライフ〉誌を眺めていた一人の囚人が、フレッド・デマラの記事に出くわし、直ちにこの人物が副所長のジョーンズだと見抜いた。彼はその記事を看守に見せた。ジョーンズはテキサス州刑務所組織の長であるO・B・エリスに呼び出された。エリスはジョーンズに〈ライフ〉の記事を見せ、君はデマラなのかと訊ねた。彼は否定した。刑務所の管理者がジョーンズを調査している間に、彼はクルマに荷物を満載して逃亡した。翌朝には彼の顔は既に地元の新聞に載っていた。彼は上手く州を出て、暫くルイジアナ州に滞在し、またしても大酒を呑んだ。最終的にフロリダ州キーウェストで、小切手を現金化するために所在を当局に証してしまった。その後すぐに逮捕され、詐欺、横領、酩酊、放浪などの罪に問われた。彼はテキサス州への引き渡しを恐れた。おそらく自分が看守として働いていたハンツヴィルに投獄されるのが嫌だったのだろう。だがテキサス州は彼を拒絶した。彼が使っていた不正な小切手の全額を母親が支払ってくれ、お陰で彼に対する告発のほとんどは消滅した。彼は州から退去することを条件に留置所から釈放された。故郷のローレンスに戻ると、父は既に世を去っていた。

最後の逮捕

ローレンスでの短い滞在の後、またしても放浪への衝動が彼を捕えた。彼は家を出て、しばらくの間、マサチューセッツ州の養護施設で働いた。それからブルックリンの学校へ移り、フランク・キングストンと名乗った。そこで彼は、メイン州沖のノース・ヘイヴン島にある小さな学校が教員を募集しているという話を聞いた。盗んだ公式の書簡紙と用紙を用いて、彼はマーティン・ゴッドガートという新しい偽アイデンティティを作った。島の学校に仕事を得た彼は、子供たちや他の教師、地元の人々の人気を勝ち得た。だが一九五六年のバレンタインデーに、二人のメイン州の警官が沿岸警備艇に乗ってノース・ヘイヴンにやって来て、人気者の教師を逮捕してしまった。内通者からの通報でゴッドガートの指紋をカナダ騎馬警官隊から提供されたジョゼフ・シール博士／フェルディナンド・デマラの指紋と照合した結果、彼がマーティン・ゴッドガートではないことが判ったのである。デマラは教師の免許を申請した時に偽のカレッジ学位を使ったことを認め、執行猶予付きの六ヶ月の服役と、二年間の保護観察の判決を受けた。島の人々がやって来て、また学校に戻って欲しいと懇願したが、彼は断った。

　彼は一九六〇年のホラー映画『ザ・ヒプノティック・アイ』に外科医役で登場している他、一九六一年製作の彼の生涯を描いた映画『ザ・グレイト・インポスター』では、トニー・カーティスが彼の役を演じている。この映画化権で彼は四千ドルを得たという。これらの映画は、多分かつて彼の父が経営していた映画館で上映されたのだろう。

　一九六三年、彼はロスアンジェルスのユニオン・レスキュー・ミッションで、実名でカウンセラーとして働いた。一九七〇年代には、カリフォルニア州アナハイムはオレンジ郡のグッド・サマリタン病院で、客員司祭として働いている。だが病院は彼の過去を知ってしまった。職員長フィリップ・サイファレリとの親しい友情がなければ、彼は追放されていただろう。サイファレリは経済的に困窮していたデマラを病院へ入れ、住まわせてくれた。彼は一九八〇年に病のために働けなくなった。同年、彼は死に行く友人――映画スターのスティーヴ・マックィーンのために最期の秘蹟を施した。糖尿病の合併症のために両脚を切断された彼は、一九八二年六月七日、心不全で死去した。享年六〇歳。

スカイウェイマン

二〇〇二年一二月一六日、俳優のトム・ハンクスとレオナルド・ディカプリオが、ロスアンジェルスの映画監督スティーヴン・スピルバーグのもとに集い、映画を見て一夜を過した。彼らは最新作『キャッチ・ミー・イフ・ユー・キャン』の初演に出ていたのである。この映画は本物の連続的犯罪者・偽造者のフランク・アバグネイルの生涯に基づいている。

アバグネイルは、彼の生涯を描いた本や映画をよりドラマティックにするために、そして他の人を守るために、自分の物語の詳細、名前、日付、場所に多くの変更を加えている、と述べている。ゆえにその話のどの程度までが真実で、どの程度が誇張または捏造であるかを判断するのは困難である。しかしいずれにせよ、以下にフランク・アバグネイルの物語を述べる……。

アバグネイルは、十代の頃、ニューヨークで独力で生きていくために偽アイデンティティを使い始めた。一九六四年、一六歳の彼は、不幸な家庭生活から逃げるためにビッグ・アップルへやって来た。そして直ぐさま、本当の年齢を名乗っていては生活費を稼ぐのは不可能だと気づいた。年上の労働者はたくさん稼ぐ。だから彼は年齢を偽った。運転免許を改造して、一〇歳年上にした。だがそうやって賃金を上げても、まだ生活費が足りない。そこで彼は小切手を書き続けた。そんな金は銀行にないのにだ。そして店やホテルで小切手を換金する。数ヶ月もすると、こんな事をしていては捕まるのは時間の問題だと判った……何とか別の金儲けの手段を考え出さない限り。そこで彼は次の手を打った。

それは偽アイデンティティをでっち上げて偽名で新しい銀行口座を開設することだった。そうすればまた小切手を書き始めることができる。より信頼を高めるため、新しい自分はフランク・ウィリアムズという飛行機のパイロットにした。そして何とかパン・ナムの制服を騙し取った。多分盗まれたので代用品が要ると言ったのだろう。次にパン・ナムのＩＤカードとパイロットの免許証を偽造した。飛行機と航空会社、それにパイロットが使う専門用語を勉強し、新しいアイデンティティを徹底的にマスターした。彼はさらにスチュワーデスとデートまでして、飛行機の手続きを教えてもらった。そしてパイロットは、席さえ空いていればどんな飛行機にもタダで乗れて、これを「デッドヘッディング」と言うのだと教わった。彼は国中で、そして外国でも小切手詐欺をやるのにこれを活用した。彼は幾つかの街で銀行口座を開いた。不渡り小切手が銀行に戻り、詐欺が発覚する頃には、彼は既に高飛びした後だった。その頃、彼はまだ一〇代だった。

警察は遂にマイアミで彼に追いついた。無賃のフライトから降りると、警官たちが彼を待ち受けていたのだ。航空会社は、フランク・ウィリアムズはパイロットどころか、パン・ナムの社員ですらないということを知った。警官は彼の身柄をＦＢＩに渡したが、彼は口八丁で拘留を免れ、最初のフライトで街を去った。明らかに彼には説得力があり、信頼できる感じだったらしい。彼はジョージア州アトランタに向かい、そこでアパートを借りた。まだフランク・ウィリアムズと名乗っていたが、何者かにパン・ナムに問い合わせされるのを恐れてパイロットは辞めていた。そこで、フランク・ウィリアムズは医者、それも小児科医になった。

フランク医師

ところが偶然、隣人の一人が実は医者で、彼に込み入った質問をしたので、危うく正体が発覚しそうになった。この危機一髪の状況を何とか切り抜けた彼は、地元の病院と顔見知りになり、そこの図書室で小児科を独学した。そうこうする内にすっかり有名人となった彼は、医師不足の折、病院に勤めないかと誘われるに至った——患者を診るためではなく、州の規則を満たすために最低限の医者の数を確保しなければならなかったのだ。彼は病院を助けたということで結構なカネをもらったので、しばらくの間偽小切手を書くのを止めた。

病院での仕事の期間が終ると、誰かが彼の医学の人物学業証明書を詳しく調べようと言い出す前にズラかるべきだと思った。そうしてルイジアナに辿り着くと、ハーヴァードで法学の学位を得た民間パイロットだと偽って、州検事総長のところの弁護士に欠員が出たと聞きつけた。弁護士のフリをするのがどれほど難しいだろう？ 彼は必要な書類を偽造し、司法試験を受けた。この新しい仕事に関する本を数週間ほど読んだ彼は、三回目の挑戦で司法試験に合格し、州検事総長のところで働くことになった。不運なことに、彼は本物のハーヴァードの法学部の卒業生と出くわし、たちまち疑われるところとなった。発覚は時間の問題と考えて彼は逃亡した。

彼はユタ州でフランク・アダムズとして落ち着いた。パイロットで元社会学教授である。直ぐさま彼は、いつもの偽書類の束の助けを得て、社会学の臨時講師として雇われた。彼の講師としての成功の秘密は、常に生徒よりも教科書の一章先を勉強していたことである。仕事が終ると、彼はカリフォルニアへ旅立った。サンフランシスコに向かう途上で、彼はユリーカという街に留まった。長居する気は無かったが、一人の可愛い少女が彼の計画を変えた。彼は常に女には目がなく、パイロットもしくは医者として、魅力的な恋人に事欠くことはなかった。少しカネを稼ぐために、彼は少しの間、再びパイロットのフランク・ウィリアムズとなり、地元の銀行から偽造したパン・ナムの小切手で十分なカネを引き出そうとした。だが不運なことに、彼は小切手に自分の名前を、そしてその裏面に父親のニューヨークの住所を書いてしまった。まずい。小切手を取り戻すべく銀行に電話した時には、既にそれが偽物であることが見破られ、ＦＢＩに連絡が行っていた。瞬時に素晴らしい創造力を発揮した彼は、今ＦＢＩから電話してるんだが、数分の内にエージェントがそちらに行って例の小切手を回収する、と言った。こうしてエージェントのビル・ディヴィスが時間通りに現れて小切手を回収していった。彼はＩＤを見せることすらしなかった。どうしてそんな必要がある？　ＦＢＩは既に彼が行くと言ったのだ。こうしてフランクは偽造の小切手を取り戻した。

アバグネイルが知らないうちに、ＦＢＩのエージェントは既に乗り捨てられたレンタカーや欺されたホテル、彼が残した失敗作の小切手などから、彼の動きを追っていた。しかもその距離は着実に縮まりつつあった。ユリーカの銀行では、彼は僅か数分差でＦＢＩから逃がれていた。サンフランシスコで、らしくない正直さに取り憑かれた彼は、危うく逮捕される寸前まで行った。恋に落ちたのだ。彼の興味を惹いたのは飛行機のスチュワーデスで、ほんの束の間正気を失った彼は、全てを彼女に告白してしまった。彼女は彼の詐欺と犯罪の話に茫然とした。次にフランクが彼女を訪ねた時、二台のパトカーがその家の外に待機していた。またしても逃げるべき時だった。数時間の内に、彼はラスヴェガスにいた。

大儲け

小切手印刷会社の社員と出会ったのをきっかけに、彼は小切手の印刷に使うのと同じ機械を買った。今や、一枚ずつ手作りしなくても、好きなだけ小切手が印刷できるのだ。彼はホテルやバーで何十枚もそれを使い、鞄に何万ドルも詰め込んでラスヴェガスを後にした。次に辿り着いたのはシカゴで、ここで彼は新しい詐欺を試みた。銀行から未使用の預入伝票の束を盗み、そこに自分の銀行口座番号を印刷し、銀行に戻したのである。誰かがこれらの伝票に記入すれば、その預金はそのままアバグネイルの口座に入金されるという寸法だ。数日後、彼は四万ドルを儲けていた。ハワイでも同じ手でだいたい同じくらい儲けた彼は、三つの銀行の絡んだ複雑な詐欺に手を出す。

第一に、フランク・アダムズとしてニューヨークで少額口座を開く。次にフィラデルフィアへ飛んで、またしても口座を開設し、ニューヨークの口座を利用して巨額の小切手を作る。ニューヨークの口座にはその小切手を埋め合わせるための現金はないが、それは数日間はバレないだろう。その間に彼はマイアミへ飛んで、そこの銀行にすぐに一万五千ドルのキャッシュが要る、という。だが彼はマイアミには銀行口座がない。彼はフィラデルフィアの口座から一万五千ドルの小切手を呈示する。フィラデルフィアの口座にはその小切手を補償するだけの預金がある。実際には現金はまだその口座には振り込まれていないが（そして今後も振り込まれるアテはないが）。そこでマイアミの銀行は彼に小切手を発行する。彼は翌日それを現金化する。

一九六七年には、彼の不正利得は五〇万ドルに上っていた。彼は全国で小切手詐欺をやり、多分それも頭打ちとなったと考えて、メキシコシティに飛んだ。財産はいくつかの街の預金箱に預けてきた。アカプルコへ向かう途中、彼は一人のスチュワーデスに助太刀するために小切手を現金化した。実の所、そのスチュワーデスの本物のパン・ナムの小切手を手に入れるのが目的だったのだが。そのため数百ドルのカネを使ったが、儲けはそれ以上だった。メキシコ周辺で何千ドルもの小切手を使った後、彼はロンドンに渡り、それからパリへ行った。そこで彼はエール・フランスのスチュワーデスと出会った。彼女の父は印刷業者だった。彼はこの印刷業者に、メキシコで手に入れたパン・ナムの小切手を見せ、これを一万枚印刷できるかと訊ねた。できるという。アバグネイルはパリとその周辺で何十枚もの偽小切手を使った。それから彼は、フランスで印刷した偽者のチェイス・マンハッタンの小切手を持ってニューヨークに戻った。

ボストンにいる時、彼は二人の州警官に見破られ、市立拘置所にぶち込まれた。そのままＦＢＩに引き渡されることとなったが、一時間もしない内に、偽小切手で保釈金を払った。ＦＢＩが来た時には既に逃げのびた後だったが、依然としてその街にいた。全く新しい詐欺を思いついたのである。彼は地元の銀行の警備員の備品置き場を見つけ、一揃い失敬した。それから彼はレプリカのピストルを買い、ステーション・ワゴンを借りた。銀行が閉店して職員全員が帰ると、彼はその外にクルマを駐め、夜間金庫に張り紙を貼り付けた。曰く、故障中に付き現金は守衛にお渡しください。地元の店が閉ると、何十人もの店主がやって来て、張り紙を読み、スマートに制服を着こなした武装した守衛に売上金を渡した。それから彼は何万ドルものカネを鞄に詰めて空港へ行き、イスタンブールに飛んだ。

搭乗員を雇う

トルコにいる間、飛行機の搭乗員が揃っていた方が一人で旅をしているパイロットよりも詐欺が発覚しにくいだろうと思いついた彼は、搭乗員を雇うことにした。彼はパン・ナムの採用者を装ってアリゾナ大学へ行き、面接した。翌日には八人のスチュワーデスが揃った。飛行機で働く前に、ヨーロッパへ販促旅行をする、と彼は言った。彼は少女たちに制服一式と偽造したIDカードを与え、偽のパン・ナムの小切手でホテル代を払った。小切手は常に請求額よりも多く書かれていたので、ヨーロッパ中のホテルが彼に現金で釣りを渡した。少女たちのお陰で、彼一人でいるよりも遥かに多くの小切手を出すことができた。このツアーは彼に二五万ドル以上の純益をもたらした。当然ながら、合衆国へ戻るや否や、少女たちは欺されていたことを知った。

もはや二〇歳という高齢に達していたので、アバグネイルは警察に捕まる前に、この犯罪人生を隠退しようと決意した。誰にも気づかれず落ち着ける場所が必要だった。空港や大きなホテルのない小さな街なら、これまで詐欺のカモにした相手に出くわすこともないだろう。そこでフランスのモンペリエを選んだ。彼は作家のロバート・モンジョとしてそこへ移った。数ヶ月後、新しい生活にも慣れ、買い物をしているとき、武装した警官隊に出逢った。彼らは彼をよく知っていた。それ以前にたまたまエール・フランスの客室乗務員に見破られ、警察に連絡されていたのである。二日にわたる裁判の後、彼は一年間の服役の判決を受けた。

地獄からホテルへ

彼の新しい家は小さくて暗く、じめじめして、臭い場所だった。一七世紀に建てられた牢獄にある、石の剥き出しの独房である。何ヶ月も、彼自身の汚物の溢れる掘り込み便所の胸のむかつくような悪臭と共に。蝨《しらみ》が湧き、灯もなく、洗面設備もなく、十分な食事もなかった。六ヶ月後、彼は鎖に繋がれてパリに送られ、ようやく洗顔と髭剃り、そして肩まで伸びた髪の散髪を許された。翌日、彼はオルリー空港でスウェーデン警察に引き渡された。さまざまな国が彼を裁判に掛けるために列を成しており、スウェーデンはたまたまその一番前にいた。彼はすっかり体調を崩し、スウェーデンに着いた途端に一ヶ月入院した。法廷では、彼は罪を認めて六ヶ月の判決を受けた。フランスでの生活に比べるとスウェーデンの刑務所はホテルのようだった。暖かく、清潔で、明るく、食事も良かった。

だがしかし、釈放されたら今度はイタリアに移され、そこの刑務所は彼が辛くも生き延びたフランスの牢獄と良い勝負だと聞かされた。まさに引き渡しの数時間前、スウェーデンの裁判官が彼に命綱を投げてくれた。その裁判官は合衆国当局を説得して、彼のパスポートを無効にさせたのだ。これで話は変った。つまり彼の引き渡しは不可能となったのである。パスポートがなければ、彼は故国に追放されるしかない。その夜、彼はニューヨーク行きの機上の人となっていた。

自分は教訓を学びました、犯罪人生は終りにします、と件のスウェーデンの裁判官と約束していた彼であったが、飛行機が合衆国に近づくとその決意は弱まり、また何年も投獄されるのは確実だ、という焦りが昂じた。そこで着陸の数分前に、彼は姿を消してしまった！　ＦＢＩのエージェントが隅から隅まで飛行機を捜索したが、痕跡すらなかった。実はトイレの中に潜んでいたのである。飛行機がタクシングしている間にトイレから抜け出した彼は、その下の区画に体を捻子込み、トイレの下水を覆っていた外側のハッチを潜り抜けて飛行機から出た。後は普通に近くの道路へ逃亡、タクシーを呼んで、カナダのモントリオール行きの電車に乗りこんだ。そこには貸金庫にいくらかのカネが隠してあった。それから彼はブラジルへ高飛びを考えた。ブラジルは合衆国との間に犯罪者引き渡し条約を結んでいなかったからである。だがモントリオールからのフライトを待つ間に、彼は騎馬警官隊に発見され、逮捕されてしまう。警官隊は彼を国境でＦＢＩに引き渡した。

裁判を待つ間にジョージア州の留置所に入れられた時、看守は何故か彼のことをおとりの留置所視察官だと思い込んでいたので、例によって彼はそのことを利用してやることにした。彼は史上類を見ないほど厚かましい脱獄を計画した。彼は仲間の女を作家に仕立て上げ、本物の留置場視察官にインタヴューを申し込ませた。彼女は彼の名刺を持ってインタヴューから戻ると、面会の間にアバグネイルにこの名刺と、さらにＦＢＩのエージェントの名前と電話番号を印刷した偽の名刺を渡した。アバグネイルは看守に向かって、確かに噂通り自分は本当は視察官だったのだと明かし、本物の視察官の名刺を見せた。そして他の囚人から入手した情報をＦＢＩのエージェントに渡すことが絶対に必要なのだ、と主張した。彼が偽のＦＢＩの名刺を看守に与えると、看守はそこに書かれていた番号に電話した。電話を取ったのは塀の外にいるアバグネイルの仲間だった。アバグネイルは情報を渡すために塀の外で会う約束をした。それから、手筈通りにクルマがやって来て、看守たちはアバグネイルをそのクルマの所まで連れて行った。無論、彼はそのままクルマに乗り込み、クルマは夜の闇へと消えていった。激怒で顔を赤くした看守たちを残して。

完璧なる計画

こうしてワシントンＤＣで身を潜めていた彼であったが、何者かに発見されてしまう。すぐに彼のモーテルを警官隊が取り囲んだ。彼はまたしても警官隊に対してＦＢＩのエージェントを名乗り、警官隊の包囲からすたすたと歩いて脱出した！　数週後、彼はニューヨークで逮捕され、ＦＢＩに引き渡された。フランク・アバグネイルは遂に法廷に立った。彼は先ず、これまで犯してきた何百もの犯罪の中から、八つをサンプルとして裁判に掛けられた。パン・ナムは、彼がさまざまな小切手詐欺を働くために二六ヶ国、二五〇回にわたって航空会社の負担で百万マイルを越える距離を旅行した、と見積もった。彼は有罪となり、七人の一致によって服役一〇年、さらに逃亡罪で二年――合計一二年の判決を受けた。彼は五年間を刑務所で過した。一九七四年に釈放された時、彼は二六歳で、幾つかの将来性のない仕事に就いたが、その度に過去のことが露見し、馘首になった。そこで彼は完璧なる計画を立てた。

彼は地元の銀行へ行って、これまでの犯罪歴を語り、この膨大な経験を元に職員を教育して、不正な小切手を見破れるようにしてやろう、と持ちかけたのだ。その話のあまりの巧みさに、他の銀行からも引き合いが来るほどだった。セキュリティ・コンサルタントとしての新たなキャリアの始まりである。たちまちの内に、ホテルや航空会社が彼に助けを求めるようになった。そしてあろうことか、彼はＦＢＩのエージェントの訓練まで手伝うようになった。この合法的なキャリアによって彼は大金持ちになったのである。

厚かましいハッタリ屋たち

歴史を通じて、ハッタリ屋は偽アイデンティティを使ってイベントに侵入し、ほとんどの人が入れない場所にハッタリで押し通って来た。

バリー・ブレーメン（一九四七―二〇一一）はハッタリによってさまざまなスポーツイベントに侵入した。彼が化けたのは野球選手、プロゴルファー、ワールドシリーズの審判、チーム・マスコット、挙げ句の果てにはカツラとホットパンツに脚の毛を剃り、ダラス・カウボーイズのチアリーダーに化けたことさえある！　一九八五年にはエミー賞授賞式のステージに登り、受賞スピーチまでこなした。彼は『ヒル・ストリート・ブルース』の女優ベティ・トーマスはその会場にいないだろうと考え、彼女の名が呼ばれると、自らステージに向かい、プレゼンターの俳優ピーター・グレイヴズから賞を受け取り、スピーチを行なった。だが実はトーマスはそこにいた。ブレーメンは逮捕され、一七五ドルの罰金を受けた。ほとんどの場合、彼の離れ業は屈託のない、無害なものとして受け入れられた。だが、一九九三年にハンブルクでの試合中、侵入者によってテニス界のスターであるモニカ・セレシュが刺されるという事件が発生すると、注目を浴びるイベントへの無断侵入は遙かに深刻視されるようになり、その結果、世界中で大衆を引きつけるイベントのセキュリティは極めて高くなった。そのすぐ後にブレーメンは活動を止めてしまった。

セキュリティの高い軍事・民間施設には、昔からハッタリ屋の立入り禁止区域があった。何十人というスリル好きが、何年もの間に、自ら宇宙飛行士になりすましてきたが、NASAの気密性の高いセキュリティを突破しようとした者は数少ない。その結果、NASAは通常、このような自称宇宙飛行士を無視するようになったが、その例外が一人いた。

一九九八年、テキサス州ガルヴェストン出身の四八歳の男、ジェリー・アレン・ホイットリッジが、NASAの防衛網を突破しようとしたとして逮捕され、法廷に送られた。彼は宇宙飛行士として選抜され、CIAで働いていたと主張した。のみならず、自分はかつて名誉賞〔軍人に対して議会が与える国家最高の勲章〕を受賞したこともあるという。いずれも嘘八百であったが、物凄い説得力で、何とかNASAと軍事施設のセキュリティを突破し、海軍のフライトシミュレータの訓練を受け、マル秘のスペース・シャトルの技術情報を入手した。彼はマーシャル宇宙飛行センターで、シャトルのミッション中にミッション・コントロール・コンソールに座り、NASAのコンピュータにアクセスすることにさえ成功した。もしも彼に十分なコンピュータの知識があり、そして悪意があったならば、ミッション中にトラブルを引き起こしていたかも知れない。だが彼にはそのいずれもなかったのだった。

2　性別変換者たち

　ほとんどの詐称者は、自分と同性の人物を詐称するが、ごく一部の者は、実際には女なのに男を装ったり、その逆だったりする。そのほとんどは女性で、軍隊が男の聖域であった時代に入隊を願った者たちである。かつて女性は兵籍に入ることを禁じられていた。戦時中には、女たちは家にいて、子供たちの世話をすることが求められていたのだ。二〇世紀以前には、戦争に協力したいという女性は看護婦になるしかなかった。だが中には、その伝統的な役割を拒否した女たちもいた。戦いに魅せられた女たちである。そこで彼女らは男と偽って兵士や海兵として最前線に向かった。彼女たちは常にその正体を見破られる恐れがあった。特に不運にも負傷したり、あるいは、病に倒れて診察が必要となった場合である。

　一五世紀の有名なジャンヌ・ダルクは男装してフランス軍を率い、イギリス軍と戦った。その男装が、彼女に対する異端の罪の主要な要素とされ、彼女は残酷な死刑判決を受けることになる。アメリカ南北戦争の際には、何百という女性が北軍・南軍に従軍したとされている。主として貧しい、労働者階級の女性たちであった。

　一九世紀の終りまでは、外見が男で通用しさえすれば、女性が軍隊に入隊することは比較的容易だった。新兵は身体検査を受けたが、これらは通常、主として身体的欠陥を見つけ出すという目的に限定されていた。人並みに手足が揃っていて、普通に視力があり、マスケット銃を前に向けて撃つことができれば、それでよかったのだ。ひとたび制服を着れば、歩兵や海兵は何ヶ月も同じ服で生活し、戦い、眠る。だから見つかることはほとんどなかった。

一七世紀と一八世紀には、陸軍や海軍に入らなくても、女たちが伝統的な社会的役割から外れるもうひとつの方法があった。当時は探険と植民地主義の時代であり、ヨーロッパの列強は新世界に帝国を建設していた。ヨーロッパの艦船は大洋を渡り、金銀を満載して戻って来た。これらの艦船は海賊にとって主要な標的であり、そして海賊の一部は女性であった。彼女たちはしばしば男装していたが、ほとんどは自分が女性である事実を隠していなかった。メアリ・リードはその例外である。彼女は子供の頃から男として生きてきた。兄が死んだ時、彼女は死んだ兄になりすまして、祖母から経済援助を得たのだ。そして彼女は男装を続けた。彼女は歩兵として働いたが、他の歩兵に性別を見破られてしまい、その男と結婚した。彼が死ぬと、彼女は男として海に出る。だがその船が海賊に捕まると、今度は彼女自身が海賊となり、もう一人の女海賊アン・ボニーと共に「キャリコ・ジャック」ラッカム船長に仕えた。

女性が戦争に出たり海賊になったりするにはさまざまな理由があった。男と同様の愛国心に燃え、男と同じ理由で戦うことを望んだ者もいる。また、夫や恋人に付き従うことを選んだ者もいる。だが、家で貧乏に生きるよりも海賊になった方が遥かに儲かる、という理由もあった。アメリカ南北戦争中の北軍の歩兵の月給は一三ドルだったが、それは当時の女性が平民として稼げる額の二倍に相当した。

オール・ザット・ジャズ

一九八九年一月二一日、七四歳のジャズ・ミュージシャン、ビリー・ティプトンが倒れた。数分後に駆けつけた医師たちは、彼の元妻たちや、養子たちですら知らなかったことに気づいた――ビリー・ティプトンは女だったのだ！

ドロシー・ルシール・ティプトンは一九一四年一二月二九日にオクラホマシティに生まれた。両親は彼女が四歳の時に離婚し、彼女はミズーリ州カンザスシティの叔母に引き取られた。学校では音楽に才能を示し、特にジャズに興味を持った。学校のオーケストラでサクソフォンを吹き、ピアノを弾かせれば右に出る者はなかった。校内のジャズバンドに入りたいと思ったが、それは全員男子のグループだった。女の子は申し込めなかったのだ。

彼女はピッツバーグの劇場でラヴィ・オースティンというピアニストを見て、大いに啓発されたという。オースティンは当時の女流ジャズ・ブルース・ピアノの最高の演奏家の一人と目されていた。ティプトンは一八の時にオクラホマシティに戻り、コナーズ州立カレッジ高校で最高学年を修了した。そこで彼女は遂に学内バンドに参加することができた。石油会社が来たばかりで、街は湧いていた。クラブやバーには常にミュージシャンの需要があったが、女性はほとんどいなかった。女性は厄介者と見做されていて、全員男のバンドのユニフォーム姿を台無しにするとされていたのだ。ティプトンは仕事を探したが、無駄だった。そこで彼女は考えた。男の方が雇われるチャンスがあるのなら、男になれば良いのである。胸に晒《さらし》をきつく巻いて、短い髪は男のように後ろに撫で付けた。そしてこれが上手くいったのである。とあるバンドのサクソフォンとピアノの演奏家として雇われたのだ。父と叔母は激怒して縁を切った。今や彼女はただ一人、自分で身を立てていかねばならなくなった。男性ミュージシャン、ビリー・ティプトンとして。

一九三五年、ティプトンは八人組のバンド、バナー・プレイボーイズの一員として巡業していた。「彼」が一緒に演奏したミュージシャンの多くは、彼が女だと知っていたと述べた。バナー・プレイボーイズは発展し、一一人組のバナー・キャヴァリアーズとなった。このバンドは地元のラジオ局で大人気を博した。

ビリーは一九三九年、ほんの束の間、最期のドレスを着た。仕事が下向きになったので、オクラホマ州イーニッドへ行って、地元のクラブのどこででも演奏したのだ。イーニッドはバイブル・ベルトの街で、女装のミュージシャンには寛容ではなかったのだろう。一年もしない内に、彼は再び、そして今度は永遠に、男のビリーとなって、ビッグバンドと共に巡業を始めた。

フルタイム・ビリー

一九四一年、ビリーはミズーリ州ジョプリンに、女性のパートナーであるノン・アールと共に暮し始めた。彼は今やステージの上だけでなく、日常生活でも男として生き始めていた。ジョプリンのコットン・クラブで、ジョージ・マイヤーズ・バンドと共に歌い、演奏した。他のミュージシャンは誰も彼が女であるとは気づかなかった。このバンドはしばしばコメディの演物をやって、芝居もしなければならなかった。逆説的なことに、ティプトンはしばしば女性の役を演じた。つまり彼は男の仮面を被った女で、演物では女役を演じていたのだ。そしてどこからどう見ても、観客は彼の女役を気に入っていた。

一九四一年にアメリカが第二次世界大戦に参戦すると、ティプトンは何故軍隊に入らないのかと問われる危険に直面したが、既に答は用意してあった。まだ一六ヶ月の赤ん坊だった頃、交通事故で酷い怪我をしたのだ。父が運転していたクルマが、列車と衝突したのである。ビリーの祖母はこの事故で死に、ビリーは切り傷を負い、腕が折れ、腹部に怪我をした。彼は死ぬまで、乳房を押え付けている晒は実際には折れた肋と腹の傷を守る包帯なのだと説明していた。

一九四二年、ジョージ・マイヤーズ・バンドは解散し、二七歳のティプトンは自分のバンド、ビリー・ティプトン・クァルテットを持つ機会を得た。翌年、ノン・アールとの関係は破局を迎えた。数ヶ月もしない内に、ティプトンはジューンという魅力的な若い歌手を、自らの妻として友人たちに紹介していた。

移動

一九四四年、ティプトンとジューンは突如、ジョプリンから六〇マイル離れて、ミズーリ州スプリングフィールドのラジオ局のピアニストの職を得た。多分ジョプリンの直ぐ傍のキャンプ・クローダーに四万の兵が駐留していて、軍服を着ていない若い男に疑いの目が向けられるのを嫌がったのだろう。

僅か数ヶ月後、ティプトンらはまたしても性別に関する噂の中で他の場所に移動することになる。彼らはテキサス州コーパスクリスティに移り、かつてのバンドリーダー、ジョージ・マイヤーのために働き始めた。だがコーパスクリスティはジョプリンよりも良い場所というわけではなかった。何千人もの歩兵たちの代わりに、コーパスクリスティは海軍の街で、直ぐ傍に何千もの海兵がいたのだ。ビリーが演奏しているクラブで海兵が殴り合いの喧嘩をするのもしょっちゅうだった。彼はしばしば飛んでくるグラスや椅子を除けねばならなかった。二年後、彼はジョプリンに戻った。

ビリーには仕事が絶えず、一見大成功しているようだったが、彼のような日雇いミュージシャンはあまり稼げる仕事ではなかった。コーパスクリスティに移る際の借金もあり、ジョプリンに戻ると、家計のために暫くタクシーを運転しなければならなくなった。

一九四六年の終りには、彼は再びバンドと巡業をしていたが、ジューンはもはや彼と一緒ではなかった。彼は既に人生を共にする次の女性、ベティ・コックスと出逢っていた。ビリーは三二歳で、ベティはまだ一八だった。ビリーがテキサス州サンアンジェロへ行ってまた新しいジョージ・マイヤーのバンドと会うと、彼はベティを誘い、彼女は承諾した。一九四八年にジョプリンに戻って来る頃には、ビッグバンドの時代は終りつつあったが、小さなクラブで演奏するトリオやクァルテットにはまだ需要があった。ビリーは来る仕事は全て受けた。それからある夜、ラス・カーライルというバンドリーダーがビリーのサックスを聴いて、その場で彼を雇い入れた。偶然、カーライルのバンドの別のメンバーであるルー・レインズがイーニッドに住んでいたことがあり、そこでドロシー・ティプトンと呼ばれていたジャズ・ピアニストを覚えていた。彼はあれこれ考えた挙げ句、ビリーは男に化けたドロシーだと気づいた。だが彼はそのことを暴露することはなかった。

この頃、ジョージ・マイヤーはビリーを、太平洋沿岸北西地区のクラブを巡回する新しいバンドに誘った。一九四九年のことで、ビリーは正体のバレそうにない新しい活動の場に移動するチャンスに飛び付いた。彼は坑夫やカウボーイの屯するバーやクラブで演奏した。

一九五一年、マイヤーはハワイに移った。ビリーは一緒に行っても良かったのだが、オレゴン州ポートランドに残ることを選び、そこで彼自身のバンド、ビリー・ティプトン・トリオを結成した。カリフォルニア州サンタバーバラでラジオスポットの演奏をやっていた時、一九五四年、彼らはトップス・レコーズのタレントスカウトの耳に留り、録音契約を提案された。この頃、ベティは病気の父の許へ去った。ビリーは早速新しいパートナー、メアリアンに鞍替えした。

スター扱い

一九五八年、彼は一気に最高レベルにのし上がる機会を得た。ネヴァダ州リーノーでピアニストのリベラーチェと演奏するオファーを受けたのだ。だがトリオのメンバーが驚いたことに、ビリーはこれを断った。多分、有名になると正体がバレて、大きなスキャンダルになることを恐れたのだろう。彼は秘密を知る多くのミュージシャンや古くからの友達と出会っていた。リベラーチェの魅惑とネヴァダでのレコーディングの代わりに、彼はワシントン州スポーカンへ移ることを選び、演奏とミュージシャン売り込みの仕事をすることにした。それによって昼間の仕事と、定期的な給料に加えて、夜には演奏を続けられることとなった。

七年後、ビリーはメアリアンを棄て、陽気な赤毛のストリッパー、キティ・ケリーと家庭を構えた。彼女のステージネームは「アイルランドのヴィーナス」。二人はビリーが手配した民事婚式を行なったが、結婚の記録はなく、結婚証明書は後に偽造と判明した。ベティとメアリアンのように、キティもまた後に、ティプトンが女だとは全く気づかなかったと述べた。一九六〇年代に彼らは三人の子供を養子にし、さらに四人目も育てた。いずれも男の子だったが、全員ティプトンの正体には全く気づかなかった。

一九七〇年代、ビリーは関節炎を患い始め、そのためにピアノを弾くことが徐々に難しくなっていった。そこでキティが生活のために働くこととなった。喧嘩が絶えなくなり、そして遂に一九八〇年、一八年間共に暮らしたキティとビリーは別れることとなった。当時まだ二人と一緒にいた三人の少年たちは、ビリーと共にトレーラーハウスに移った。

関節炎に加えて、ビリーは潰瘍も患い、しばしば息切れするようになった。一九八二年、彼はボスの引退を受けてミュージシャン売り込みの仕事を引き継いだが、経営は悪化、ほとんど破産寸前となった。彼は会社をとあるビジネスマンに売却し、歩合の仕事に戻った。健康状態はどんどん悪化したが、彼は断固として医療を拒絶した。多分発覚を恐れたのだろう。一九八九年一月二一日、養子のウィリアムが彼を支えてバスルームへ連れて行った。そのすぐ後に彼は意識を失い、二度と回復することは無かった。彼は病院へかつぎ込まれ、救急処置室で死亡を宣告された。ドロシー・ルシール・「ビリー」・ティプトンは、出血性潰瘍でこの世を去った。

外科医の秘密

ジェイムズ・バリーは優れた軍医で、生涯にわたってその正体を隠し通した。彼の生涯の秘密が明らかになったのは、遺体の埋葬の準備の時だった。

ジェイムズ・バリーの物語は、一八〇九年、僅か一四歳の時に、エディンバラ大学で医学を学ぶためにスコットランドにやって来た時から始まる。三年後に卒業した彼はロンドンに移って、セントトマス病院とガイ病院で外科医として訓練を受けた。一八一三年、彼は軍に入隊してイングランドの陸軍病院で働いた後、南アフリカからカナダに至る、大英帝国全域へと派遣された。

一八一六年に南アフリカに着任した直後、彼は総督家の家庭医に昇進した。彼はケープ植民地総督チャールズ・サマセット卿と極めて昵懇《じっこん》な友情を築いた。それがあまりに度が過ぎて、同性愛の誇りを受け、名誉毀損訴訟にまで発展した。バリーは一八一九年頃、一年にわたって姿を消す。モーリシャスに送られていたというが、正式な記録にはない。彼の失踪の理由らしきものは、彼の死後に初めて明らかになった。

一八二一年、彼はケープ植民地の植民地医療検察官の地位に就く。この立場によって彼は植民地の病院や刑務所を回り、そこで見たことに衝撃を受けた。サマセット病院では、猫やら犬やら野禽などが、不潔極まりない病棟を彷徨《うろつ》いているありさまだった。彼はどこへ行っても、衛生、清潔、治療食の改善に尽力した。また、囚人や癩病《らいびょう》患者にも適切な医療を受けさせるために戦った。

一八二六年、ケープタウンで、彼は英国人の外科医による初めての帝王切開を成功させた。南アフリカで彼に与えられた召使いは、その後五〇年にわたって彼に仕えた。彼は一八二八年に南アフリカを去り、モーリシャス、ジャマイカ、セントヘレナ、コルフ、カナダでの任務を歴任した。

歯に衣着せず、刺々しい

バリーは地元の医療を歯に衣着せず批判したので、しばしば煙たがられることにもなった。クリミア戦争の際には、彼はクリミアを訪れ、フローレンス・ナイチンゲールを叱責したという。彼女の治療が、彼の期待した水準に達していなかったからだ。彼女は逆に、彼を人でなしと呼んでいる。

彼はしばしば、女々しい振舞いや伊達男風の外見を指摘されていた――染毛やかつら、ロングブーツ、長い緋色のコートと剣。それはヴィクトリア朝のイギリスというよりも、もっと古い摂政時代を思わせた。とある大使の娘によれば、彼の声は甲高く、態度はキザだった。だが彼はそのように言われるとたちまち激怒し、しばしば決闘沙汰を引き起こしたが、実際に決闘に至ったのはたった一度だった。女たちにはモテモテで、色恋沙汰には事欠かなかったが、長く関係が続いたことは一度もなかった。

一八五七年、彼はカナダ行きを命じられたが、長年熱帯で過した彼は寒冷なカナダの気候にやられて健康を害してしまう。二年後、病状があまりに酷くなって、イギリスに戻った。一八六四年に隠退するまで、彼は病院総括監察官、すなわち陸軍の軍医監における最高の地位にあった。

明かされた秘密

彼は隠退して一年も経たない内に死んだ。一八六五年七月二五日、赤痢に倒れたのだ。彼は、死んだときに着用していた服を着替えさせてはならないことと、検屍をしてはならないことを厳に言い残していた。だが、ソフィア・ビショップは埋葬の準備をする際、その遺言を無視してしまった。服を脱がすと、彼は実は女性であることが判ったのだが、このことはバリーの埋葬が済むまで黙っていた。彼女はまた、バリーの腹に妊娠線と思われるものを見つけたので、もしかしたら彼は子供を産んだことがあったのかも知れない。これによって、バリーの一八一九年の失踪は妊娠のためだったのではないかという可能性が浮上した。この発見はヴィクトリア朝のイギリスにおいてはあまりに衝撃的であったため、世に明かされることはなく、バリーの記録は一〇〇年間封印された。

ジェイムズ・バリーは一七九五年頃、アイルランドでマーガレット・アン・バルクリとして生まれたと考えられている。彼女のおじは著名なアイルランドの画家ジェイムズ・バリーで、彼は一八〇六年に世を去った時、家族にいくばくかのカネを残した。一家はロンドンに移り、そこでマーガレットは医学に興味を持って、ジェイムズ・バリーのかかりつけの医師であったエドワード・フライヤーに医学を習った。ロンドンを出た船に乗ったのはマーガレット・アン・バルクリであり、そしてエディンバラで下船したのは彼女の著名な伯父の名を採ったジェイムズ・バリーだった。彼女の母はこの旅に同行していて、彼女の偽アイデンティティに気づいていた。彼女がバリーになったのは、当時のイギリスにおいて女性が医学を学んだり外科医としての訓練を受けるにはそれしか道がなかったからである。激しい抵抗を克服して、イギリス初の正式な女性内科医・外科医となったのはエリザベス・ガーレット・アンダーソン。一八六五年、バリーが世を去った年だった。

男ではない歩兵

アメリカ南北戦争では、北軍と南軍に七五〇人に及ぶ女性が従軍したと考えられている。

一九一三年三月、イリノイ州のとある病院の職員らは、年配の患者を入浴させるために服を脱がした。そして彼らは驚くべき発見をする。この患者はアメリカ南北戦争の退役軍人で、アルバート・キャッシャーと呼ばれていた。彼はテネシー州のユリシーズ・S・グラント将軍麾下《きか》の北軍のために戦った。そのイリノイ第九五歩兵連隊は戦争の初めから終りまで激烈な戦闘の最中にあり、最も多くの戦闘犠牲者を出した。同連隊は五番目の部隊指揮官の下で、北部ミシシッピでの戦闘から帰還した。それまでの四人の指揮官はいずれも戦死していた。三年間の軍役で、同連隊は九千マイル以上も行軍したとされている。

キャッシャーは身長僅か五フィート三インチ、体重一一〇ポンド。部隊では最小、だが最も勇敢な兵士だった。彼の戦いぶりは誰よりも雄々しかったと言われている。その記録も凄い。一八六二年から一八六五年までの間に、彼は四〇回に及ぶ戦闘をこなした。ヴィクスバーグの攻囲、モビールの陥落にも参加した。ヴィクスバーグの作戦中、彼はしばしば襲撃と斥候の任務を与えられた。と言うのも、上官によれば彼は「非常に信頼でき、精強で、恐れを知らなかった」からである。襲撃隊は周囲の田舎に出て行って、地元の共同体を襲撃し、軍に必要な物資を集める。斥候隊は落伍した敵兵の小隊を追って彼らと戦う。

戦後、キャッシャーはイリノイ州ベルヴィディアの故郷に戻った。一八六九年、彼は農場で働くためにソーネミンという小さな街に移った。雇い主のジョシュア・チーズブロは、彼のために一部屋の木の家を建てた。それから四〇年以上の間、彼は教会の寺男、墓地の管理人、羊飼い、点灯夫として働いた。彼は熱心に仕事をしたが、孤独な生活を送った。少々変わり者という評判だった。地元の少年たちに「ドラマー・ボーイ」とからかわれた彼は激怒した。彼はこう言い返したという。「俺はドラマーじゃない。俺は戦う歩兵だ」。

一九一一年、交通事故で負傷して数ヶ月後、彼はイリノイ州クインシーにある陸海軍人の家に移った。そこにいる間に、彼の精神状態は悪化し、精神病患者としてウォータータウン州立病院に送られた。ここで元兵士は服を脱ぎ、女であることが判った。その後、彼女は自分の意志に反してドレスの着用を強要された。元戦友の兵士が見舞うと、彼女は言った、「偽名で軍隊に入る者はいくらでもいる。だから俺もそうした。国は男を必要としていて、俺は興奮が欲しかったんだ」。

秘密のせいで、彼女は長く軍人年金をもらえなかったのだろう。彼女は北軍最大の退役軍人組織である北軍陸海軍軍人会に加入し、一八九九年に年金を申請した。だがその手続きが完了したのは一九〇七年のことである。多分健康検査が義務づけられていたからだ。だがどうにかして彼女はその検査を潜り抜け、あるいは迂回して、最終的には年金を手にした。人々が彼女の物語を知ったのは一九一三年、

〈ワシントン・サンデー・スター〉紙に掲載されてからである。第九五連帯の兵士たちが名乗り出て、彼女の勇敢さについて語ったのだ。

兵士の物語

一九一五年一〇月一〇日に彼女が七一歳で死んだ時、アルバート・キャッシャーとは実際には誰だったのか、知る者は一人としてなかった。その謎が解明されるには十年の年月を要した。キャッシャーは一八四三年のクリスマスの日に、アイルランドはラウス県の小村クローガーヘッドに、ジェニー・アイリーン・ホジャーズとして生まれた。その後、物語は少々不確かなものとなる。彼女は子供の頃に関しては幾つかの異なる話をしており、その秘密が明かされた時には既に認知症を患っていたからだ。従ってどの話が真実なのか、そもそも真実があるのかどうかを知るのは困難である。

もしかしたら、彼女はアイルランドの大飢饉から逃れるために合衆国に密航したのかもしれない。一八四〇年代、胴枯病のために、ヨーロッパ中のジャガイモが不作となった。アイルランドは特に酷い被害を受けた。一八四五年から一八五二年までの七年で、僅か八百万の人口のうち、百万人が餓死し、そして少なくともさらに百万人が世界のどこかに幸運を求めて祖国を離れた。ジェニー・ホジャーズもまたこれら飢えた移民の一人だったのかも知れない。確かに判明していることは、彼女が一八六二年八月六日、イリノイ州ベルヴィディアでアルバート・キャッシャーとして軍に志願したことだけだ。彼女は一八歳で、職業は農民だと申請した。

彼女の正体が広く知られるようになるまでに、二度ほどその秘密が発覚したことがあったらしい。

一九一〇年に病に倒れた時、近隣の人々は看護婦を呼んだ。帰ってきた看護婦はキャッシャーは女だと証言したが、この話はそれ以上は広まらなかった。同じ年、彼女はクルマに跳ねられて脚を負傷、入院に至る。呼ばれた医者は彼女の真の性別を知ったが、やはり秘密を漏すことはなかった。

彼女の狭い一部屋の木造住宅は、彼女の死後は倉庫兼孵化場として使われていたが、地元の消防機関の訓練のためにほとんど焼失した。幸いにも全焼は免れ、キャッシャー／ホジャーズが眠るサニー・スロープ墓地から数ブロックの元の場所に再建された。

戦時の家族

軍隊で肩を並べて戦った夫と妻の話は、一八六〇年代には知られていなかった。知られてもいなかったし、公式には不可能な事だったが、それでもなお、アメリカ南北戦争中に実際に起ったのである。

フランシス・クラリンは一八三〇年代にイリノイ州に生まれた。彼女はオハイオ生まれの農民エルマー・L・クレイトンと結婚し、三人の子を設けた。一八六一年にアメリカ南北戦争が勃発すると、国中の男たちが家を出て武器を取り、自分の州のために戦いに参加した。クレイトン家は、ミネソタ州で幸福に畑を耕していたが、全く違う反応を示した。フランシスと夫のエルマーは、共に家を出て、軍に志願したのである。彼らは入隊のためにミズーリ州まで行った。多分そこなら誰も二人を知らなかったからだろう。女性は入隊が認められていなかったので、フランシスはジャック・ウィリアムズとなった。がたいが大きく、男性的な外見であったこともあって、彼女は入隊に成功した。彼女は取り澄ましたはにかみ屋などではなかった。誰が見ても、彼女は周囲の兵士たちと同様に煙草も喫えば酒も呑み、罰当たりなことも言えば賭け事にも目がなかった。

彼女は火器連隊や騎馬連隊に入り、一八ほどの会戦を戦った。そして三度負傷した。悲劇が襲ったのはストーンズ川の戦い、別名マーフリーズボロの戦いである。それはこの戦争でも最も悲惨な戦いのひとつだった。一八六二年一二月、ローゼクランズ将軍麾下の北軍は、テネシー州マーフリーズボロの南軍に向けて進撃した。フランシスとエルマー・クレイトンを含む四万を超える北軍の兵士が、三万五千の南軍と会敵した。南軍が最初に仕掛け、北軍は緊密な防御陣形をとって、何とか繰り返される南軍の攻撃を凌いだ。

新年を迎えて砲声は止み、両軍に負傷者を調べる時間が与えられた。戦闘は一月二日午後四時に再開された。翌日、北軍の増援部隊が迫り、南軍はマーフリーズボロを通って退却、タラホーマを目指した。悲しむべきことに、この戦いで死んだ一六三六人の北軍の兵士の中にエルマー・クレイトンがいた。彼の妻、フランシス（ジャック・ウィリアムズ）は、彼が倒されたとき、その僅か数フィート後方にいた。前進の命令が下され、彼女は彼の屍を踏み越えて戦い続けた。

彼女が女だと発覚した次第にはふたつの逸話が伝わっている。ひとつには、夫の死を受けて自分が女であることを自発的に申し出、除隊されたというものだ。またもうひとつの話によれば、彼女はストーンズ川の戦いで負傷し、治療を受けている時に女であることが発覚、直ちに除隊されたという。ミネソタに戻る途上、彼女の乗った汽車が南軍の兵に襲われ、彼女は書類とカネの全てを奪われた。最期に彼女はイリノイ州クインシーに辿り着き、そこで友人や戦友たちが彼女のためにカネを集めてくれた。

やる気の無い兵士

南北戦争の軍務に関する話の中でも最も奇妙なのが、サムとキース・ブラロック兄弟に関するものだ。

奇妙なことに、ブラロック兄弟は北軍を支援していたが、一八六二年三月二〇日、彼らは南軍に入隊した！　新たな徴兵法が定められ、一八歳から三五歳までの全ての男は兵役に就かねばならなくなったので、彼らには選択の余地はなかったのである。ブラロック兄弟は第二六北カリフォルニア連隊に入隊したが、北軍に共感を感じていたので、最前線に到達したら北軍に脱走しようと考えた。だが不運なことに彼らは南に送られ、北軍からは遙か遠ざかってしまった。

南軍に従軍することに耐えられなかったキースは、除隊する奇想天外な方法を思いついた。漆の中を裸で転げ回ったのだ！　皮膚は腫れ物で覆われた。彼は天然痘ではないかと疑われ、直ちに医学的理由によって除隊となった。サムは兄弟を家まで付き添いたいと申し出たが、拒否された。そこで彼は上官であるゼビャラン・ヴァンス大佐に、自分は女だと報告した。大佐は外科医を呼び、外科医はそれを確認した。実際には、サムはキースの妻、サラ・マリンダだったのだ。彼女は直ちに除隊となった。

一八六四年、キースはいくつもの山を越えてテネシー州へ行き、第一〇ミシガン騎馬隊に入った。話によれば、彼の妻は南軍支持者の農地の襲撃に付き従ったという。南部連合には反対だったが、彼らは戦後ノースカロライナに戻り、一九〇〇年初頭に没するまでそこで暮らした。

戦う女

一八七六年、『闘う女』と題する書物が合衆国で出版された。それはロレタ・ジャネタ・ヴェラスケスという女性の物語で、彼女は男に身を窶《やつ》して南北戦争の際に南軍に従軍したのだという。著者はヴェラスケス自身だった。

ヴェラスケスは一八四二年にキューバのハヴァナに生まれ、叔母の手によってニューオリンズで育てられた。ジャンヌ・ダルクの話に感銘を受け、しばしば男装していたという。僅か一四歳の時、ウィリアムというテキサス軍の兵士と駆け落ちし、結婚する。四年の内に二人は三人の子をもうけたが、全員幼児の内に死んでしまった。一八六一年、テキサス州が北部諸州から脱退すると、ウィリアムは南軍に入隊した。ヴェラスケスは彼について行きたがったが、許されなかった。彼が去ると、彼女は自分用の軍服を手に入れて、男を装った。付け髭を付けた彼女はもはやどこから見てもハリー・T・ビュフォード大尉だった。彼女はアーカンソー州へ行き、二三六人の男たちから成る部隊を作って、南軍のために旗揚げした。それから彼女は部隊をフロリダへと連れて行った。そこでは彼女の夫が訓練官として働いていた。

不幸なことに、彼女の夫は銃の事故で死に、彼女は部隊を残して単独で前線へと向かった。彼女は第一次マナッサス（ブル・ラン）の戦い、そして一八六一年のボールズ・ブラフの戦いについて記している――いずれも南軍の勝利だった。彼女は戦いの危険と興奮に身震いした。曰く、「死の危険が身に迫ると、何ものにも代えがたい喜びがある」。

暴露

軍服での生活に疲れた彼女は、再び女性となり、南軍のスパイとしてワシントンDCに潜入した。そこで彼女は大統領エイブラハム・リンカーンに会ったと主張している。南部に戻ると、しばらくの間、調査部隊に配属される。その後、再び軍服を纏い、テネシー州に配属された。そこで彼女は、一八六二年二月のドネルソン要塞攻城戦の末期を見た。同年四月、彼女はシャイローの戦いに赴き、そこで砲弾を受けて負傷する。彼女を診察した軍医は、ビュフォード大尉は見かけに反して男ではないことに気づいたが、彼女はどうにかこうにかニューオリンズまで逃げ帰った。そこで彼女はシャイローでの戦友トーマス・デカルプ大尉と出逢った。彼女は多分、自分は女であることを彼に打ち明けたのだろう。と言うのも二人は結婚したからである。だが、自分の部隊に戻った大尉は捕らわれて殺された。その直後、彼女は再びスパイとして採用され、次に二重スパイとなった。終戦後は世界を回り、金鉱探査に手を出した。

男に身を窶して銃を取った他の女性の物語にはその戦友たちの証言があるが、この件に関してだけはそのような証言がない。当時においてすら、彼女の話は杜撰で、誤りが多くあることから、信ずるに価しないという批評があった。これに対して彼女は、記録を失ってしまったので全て記憶に基づいて書いたからだ、と反論した。今日でも、歴史家の意見は分れている。従って、ロレタ・ジャネタ・ヴェラスケスが詐称者なのか、それとも詐欺師なのかはまだ判断が下されていない。

独立戦争の戦士

女性が軍隊で戦ったアメリカの戦争は、何も南北戦争が初めてではない。デボラ・サンプソンは、アメリカ独立戦争の大陸軍に参加した。彼女は兵士として軍務に就いた最初のアメリカ女性として知られている。

サンプソンは一七六〇年一二月一七日、マサチューセッツ州プリンプトンに生まれた。父が家族を棄てて蒸発すると、母は子供たちを育てることができなくなったので、サンプソンと五人の兄弟姉妹は友人や親戚に里子に出された。八歳の時に継母は亡くなり、彼女は牧師の未亡人に引き取られて同居することとなった。不幸な二年間の後、彼女はトーマス家へ年季奉公に出された。家長のジェレミア・トーマスは教会の助祭で、マサチューセッツ州ミドルボロで農業を営んでいた。彼女はトーマスの家と農場で懸命に働いた。そして当時の女性には手が出せなかったことにまで熟達した。例えば耕作や大工仕事である。また、トーマスの子供たちと一緒に学校にも通った。一七七八年、一八歳になると、年季が明けた。彼女はミドルボロに留まって、地元の学校の教師になった。

一七八一年の冬には、サンプソンはベンジャミン・レナード大尉の家に滞在し、この家族のために機織りをして生計を立てていた。英国とアメリカ植民地との間に緊張が高まり、衝突が増え、やがて一七七六年にアメリカは独立を宣言、ここに独立戦争が勃発した。英国と戦う志願兵が急募され、新兵にはもれなく報奨金が出るというので、サンプソンは自分も軍隊に入りたいと考えたが、女性は兵士にはなれないということで、これは男になるしかないと彼女は思った。男装を一揃い用意し、地元の徴兵事務所で署名したが、手の古傷のために彼女のペンの持ち方は独特で、それを知っていた女性に見抜かれてしまった。彼女は女であり詐称者であると暴露され、報奨金の返還を求められた。ミドルボロの教会の役員は激怒して、彼女を破門した。だが、それでも彼女は諦めなかった。

軍務

サンプソンは代理人を通じて、ロバート・シャートリフという名前で入隊を志願した。一七八二年五月二〇日、彼女は無事、三年間の兵籍を得て、ジョージ・ウェブ大尉麾下第四マサチューセッツ連隊軽歩兵隊に配属された。彼女は何とか自分の性別を他の兵士から隠した。一七八二年夏、彼女は武装したトーリー党——依然として英国に忠誠を誓う人々——の集団を炙り出す部隊に志願した。この戦いで負傷した彼女は、頭の傷は医者に見せたが、太腿の銃創の方は性別が露見するのを恐れて見せなかった。彼女はペンナイフを使って自らの脚からマスケット銃の弾をほじくり出し、その傷も癒えぬうちに軍務に戻った。この傷の後遺症は後々、生涯にわたって生活に困難をもたらすこととなる。

サンプソンは、フィラデルフィアの反乱軍の鎮圧に当たっていたときに高熱を発して重篤な状態となり、治療が必要となった。医師バーナバス・ビニーは彼女が女であることに気づいたが、誰にも言わなかった。彼は彼女を自宅へ連れ帰り、彼女がすっかり健康を取り戻して再び軍務に就けるまで面倒を見た。今回は第一一マサチューセッツ連隊であった。一七八三年にウェストポイント連隊に赴任したとき、ビニーは部隊長であるジョン・パターソン少佐への紹介状を書いてくれた。ウェストポイントに着くと、彼女はその手紙をパターソンに渡した。そこには彼女の真の性別が書かれていた。しかし彼女はどこから見ても男だったので、当初、パターソンは自分の目の前にいる兵士が女性であるとは信じなかった。彼女は軍を名誉除隊された。

サンプソンはボストン近郊の伯父の農地に仕事を見つけ、そこでベンジャミン・ガネットという農民と出会った。二人は一七八四年に結婚し、三人の子供が生まれた――アール、メアリ、ペイシエンス――それから四人目の子供として、スザンナ・ベイカー・シェパードという孤児を養子にした。カネがなかったので、一七九二年、マサチューセッツ州立法府に申請して、女であることが発覚して以来軍から止められていた遡及賃金を得ることに成功した。さらに十年後、今度はカネを集めるために軍隊時代の話の講演を始めた。軍服にマスケット銃を持って登壇し、聴衆の前で軍事訓練を演じて見せたのである。

こうしていろいろ努力したにもかかわらず、一家は貧窮し、サンプソンは病に倒れた。彼女と共に戦った戦友たちは軍人恩給を貰っていたが、サンプソンは詐称のために恩給が貰えなかったのだ。

一八〇四年、ガネット家の友人で、有名なポール・リヴィア（ロングフェロウの詩『ポール・リヴィアの騎行』で知られる）が、マサチューセッツ州下院議員ウィリアム・ユースティスに手紙を書いて、彼女の窮状を訴えた。その結果、デボラ・サンプソン・ガネットはマサチューセッツ州傷病兵恩給記録に載せられ、月額四ドルの恩給を受けることとなった。それでもなお経済的な苦境は続いた。一八〇九年、彼女は再び立法府に対して、恩給を除隊の日まで遡及して貰えるよう請求したが、拒否された。一八〇九年に再び請求し、今度は請求が認められた。彼女は年に七六・八ドルを受け取ることになり、ようやく家族の負債を払って、暮らし向きも少しは良くなった。彼女は一八二七年四月二九日、六六歳で死んだ。

秘密を持った工兵

デニス・スミス一等兵は第一次世界大戦中、フランスで地雷を敷設していた。僅か一〇日間軍務に就いた後に、彼は逮捕され、戦場から退去させられた。

デニス・スミス一等兵は第一次世界大戦中、フランスの最前線に到着し、地雷敷設部隊に配属された。危険な仕事だった。戦闘工兵は敵陣の下にトンネルを掘り、そこに地雷を設置してくるのである。地雷が爆発すると、その上にある塹壕と地下壕は吹き飛ばされる。爆風によって死ななかった兵士も、崩壊した土塁の中に生き埋めになる。地雷敷設部隊は敵の間近で作業し、常に攻撃の的となる。のみならず、トンネルの屋根が崩落すればそのまま生き埋めである。

地雷敷設部隊に入って十日後、スミスは疲労が祟って病気になり、失神してしまった。彼は軍医のもとに連れて行かれ、そして自分が詐称者であることを認めた。「彼」は一九歳の英国女性ドロシー・ローレンスで、当初は戦場記者を目指していたのだ。ウォリックシャー出身のローレンスは、戦争勃発の際、パリに住んでいた。毎晩、戦場から休暇で故郷へ帰る途中の兵士たちがパリの駅に到着するのを見ていた。そこで自分自身の目で戦争が見てみたくなり、ロンドンへ行って新聞社から記者の委託を受けようと考えた。だが新聞社にしてみれば、自社の男性記者さえ前線には送れないというのに、経験もなければ訓練も受けていない女性など送れるはずはなかった。彼女はパリにもどって自力で前線を目指したが、そのためには自らを偽らなければならなかった。

彼女はパリのカフェで何人かの英国兵と親しくなり、予備の軍服をくれるよう頼んだ。疑いを免れるため、彼らはそれを洗濯に出すように、少しずつ彼女に渡した。彼女が前線に行くなど考えてもいなかったのである。軍服の下では胸に晒を巻き、麻布や綿を詰めて女性らしい曲線を隠した。腰まであった髪を切り、そして白い肌を黒くするのに、薄めた家具用艶出し剤を使った！

地方の役人を何とか欺して、戦場への旅行許可証を得た。それから、偽造した身元証明書を持って、アミアン行きの列車に乗った。そこからは自転車で前線を目指した。戦場が近づくと、遺棄された塹壕や軍用車をいくつも通り過ぎた。アルベールという街で、まだ平服を着たまま、彼女はトム・ダン工兵という英軍兵士に取り入り、助力を乞うた。彼は壕の中に彼女を匿ってくれたので、彼女はそこで軍服に着替えた。不運なことに、服を脱ぐと、その壕内には血に飢えた蚤がうじゃうじゃいることが判った。

飢えた虫たちは一斉に彼女の全身に群がり、たちまち全身が噛まれて腫れ上がることとなった。這々の体で壕から逃げ出し、近くの荒屋に逃げ込んだ。彼女は正式に入隊したわけではない。単にこの一夜の隠れ家から彷徨い出て、そのまま適当に他の兵士の間に紛れ込んだだけである。こうして、彼女はレスターシャー連隊第一歩兵大隊のデニス・スミス一等兵となったのだった。

十日後に正体が発覚すると、彼女は直ちに逮捕されて第三陸軍本部に護送された。そこでスパイ容疑で訊問を受け、結局「非戦闘従軍者」として告発された。伝統的に、軍隊に付き従う非戦闘従軍者にはふたつの種類がある。ひとつは兵士の妻や子供たちであり、もうひとつは軍人に対してあらゆるサービスを提供する人々だ。そこには性的サービスも含まれており、ドロシー・ローレンスはそれで告発されたのだった――つまり売春婦として。彼女はサントメールの総司令部に護送され、さらなる尋問を受けた。宿となったのはボン・パストゥール女子修道院だった。軍の司令官はセキュリティが破られたことに激怒していたが、同時にまた如何にも英国的なことに、ローレンスの体験が男の仕事をしてみたい女たちを勇気づけるのではないか、そして当時でいう自然の秩序が破壊されるのではないかと恐れていた。ローレンスはイギリス東岸のフォークストーン行きの船に押し込められ、その地でまた尋問を受けた。そして自分の体験について話したり書いたりしないということを承諾した。にもかかわらず、戦後になって彼女は兵士として過した時のことを書き記した。だがその作品は陸軍省の検閲を受け、その全貌が明らかとなるのはかなり先の話となった。

一九二五年、ローレンスは教会の番人に強姦されたと訴えたが、その話は信じて貰えなかった。狂気と診断された彼女は、ロンドンはバーネットにあるコーニーハッチ精神病院に入れられた。彼女はそこで四〇年ほど過し、一九六四年に死んだ。

私の船員生活

一六五〇年から一八五〇年までの間に、二〇人を越える女性が英国海軍で軍務に就いていたことが知られている。中でもよく知られているのが、ハンナ・スネルとメアリ・アン・タルボットの二人だ。

ジェイムズ・グレイの仲間の船員たちが、一緒に雑魚寝をしている人物の正体を知っていたら、その人物の扱いは変っていただろう。彼は英国海軍で戦いに次ぐ戦いの五年間を過した後、仲間の船員たちに真の正体を明かしたのだった。

一七五〇年、英国の戦艦エルサム号は、インド沖での軍務からイギリスに戻った。船員たちは、戴くべき報酬を取りにロンドンへ向かっていた。ロンドンの居酒屋に集っていると、これまで一緒に戦ってきた海兵の一人が突然不意打ちを食らわせた。ジェイムズ・グレイは、百戦錬磨の戦士たちに向かってこう告げたのだ。「さあ、紳士諸君。ジェイムズ・グレイは蛇のように皮膚を脱いで、新たな生き物となる。一言で言えば、紳士諸君、私は自分の母親と同様に女であり、我が真の名はハンナ・スネルなのだ」。彼女はしばしば隣で寝ていた男をからかって言った、「ムーディ君よ、そなたがシーツの間に何があるのかを知っていれば、もっと近寄ってきていたと思うぞ!」。自分の仲間の海兵の一人が女だったことを知ったムーディ君の返事は、彼女へのプロポーズだった！

　ハンナ・スネルは一七二三年の聖ジョージの日（四月二三日）、九人兄弟の一人としてイングランドはウスターに生まれた。十代後半に孤児となり、ロンドンに移って、東ロンドンのウォッピングで異母姉妹のスザンナ・グレイの許に身を寄せた。そこで彼女は二一の時にジェイムズ・サムズというオランダ人船員と結婚した。これが酷い男で、「最低の性格の他の女と犯罪的な関係」を続け、カネが要るときはハンナの財布からちょろまかして行った。その後、一七四五年に彼は失踪したが、その時既にハンナは身籠もっていた。そして娘を産んだが、悲しいことに七ヶ月で亡くなった。

ジェイムズ・グレイ

　ハンナは消えた夫を探し出そうと決めた。多分軍に押し込まれているだろうから、胸に晒しを巻いてこれを隠し、男装して彼を探しに出掛けたのである。当時は第二次ジャコバイト叛乱の時で、亡命中のスチュアート王家が国王ジョージ二世を退け、その代りに「若僭王」とも「いとしのチャーリー王子」とも呼ばれる人物を王位に就けようとしていた。スコットランドの叛乱軍と戦うために北に送る兵士の需要があった。スネルはコヴェントリーまで行って、ジェイムズ・グレイとして第六歩兵連隊に入った――異母姉妹の夫の名前である。

　第六歩兵連隊は二二日かけてカーライルに進軍した。そこで、ある軍曹がグレイに圧力を掛けて、ある少女を強姦するのを手伝わせようとしたが、逆に彼女はその少女に警告した。怒り狂った軍曹は軍務怠慢で彼女を告発した。受けた罰は六〇〇発の鞭打ちだった。彼女は兵舎の門に縛り付けられ、鞭打たれた。五〇〇発を越えた所で、将校たちが入って来て、処罰は終った。
その後、たまたま別の新兵がかつての隣人であることに気づき、正体の露見を恐れた彼女は脱走してイングランド南岸のポーツマスへ行った。そこで彼女はフレイザーの海軍連隊に入り、戦艦スワロー号乗船を命じられた。スワロー号はインドへ急派され、そこでフランスの保有するポンディシェリ包囲に参加した。グレイは戦闘で負傷するが、自力で傷を治療して発覚を逃れる。話によれば、鼠径《そけい》部から自分でマスケット銃の弾を剔出《てきしゅつ》したという。

グッド・ゴリー、ミス・モリー！

退院すると、しばらくの間、タタール号で水夫として働きながら、次の船を待った。一七四九年一〇月一三日、彼女は軍艦エルサム号に移り、イングランドへ帰国の途に付いた。この航海の間、グレイの仲間の船員たちは、彼女が髭を剃らないことに気づいた。自分は若いから、と言って誤魔化したが、仲間の船員や水夫たちは冗談で彼女は女に違いない、と言って彼女をモリー・グレイと呼び始めた。ポルトガルのリスボンに停泊中、彼女は遂に夫がどうなったのかを知った。かつてオランダ船に乗っていた船員を捕まえたのだ。彼はサムズというオランダ人水夫の話を聞かせた。この男はジェノヴァで男を刺し殺し、死刑になったという。石を詰めた麻袋に入れられ、海に投げ込まれたというのだ。
エルサム号は一七五〇年五月、イングランド南岸のスピットヘッドに着いた。スネルはウォッピングの姉妹の家に戻った。彼女の生涯は『女兵士――ハンナ・スネルの驚くべき冒険』として出版された。そして彼女は国中を回って、自分の冒険に基づいた舞台劇で生活費を稼いだ。人気が衰え始めると、カンバーランド公爵で陸軍総司令官が、彼女に年三〇ポンドの年金を与えた。彼女はさらに二度結婚した。一七八〇年代には、ベスレム王立病院、別名ベドラム、すなわち精神病に特化した最初の病院に収容された。彼女はそこで数ヶ月後、一七九二年、六九歳で死んだ。

不慮の船員

ハンナ・スネルが自ら海軍に入ろうと決意したのに対して、メアリ・アン・タルボットが船員になったのは成り行きの結果だった。彼女はナポレオン戦争の時、ジョン・テイラーという名で陸海軍に従軍し、ある戦闘での負傷でほとんど片脚を失ってしまうが、いずれも好きこのんでやったわけではない。

メアリ・アン・タルボットの短い生涯は、最初から最後まで困難に満ちていた。われわれが彼女の物語を知っているのは、彼女自身が書き留めていた記録が一八〇四年に出版されたからである。彼女は一七七八年二月二日、ロンドンのリンカンズ・イン・フィールズに生まれた。母は産褥《さんじょく》で命を落としたので、彼女は後見人の間を盥回しにされることとなった。そして最終的に、シュロップシャーのサッカー氏という人物のところに落ち着いた。彼はあまり彼女の世話に熱心ではなかった。メアリ自身の言葉によれば、部屋から出るのを許されたは食事の時だけだったという。サッカーは彼女を第八二歩兵連隊のエセックス・ボウエン大尉に預けた。大尉は彼女を女性の友人に託すし、教育も受けさせると約束したのである。

一七九二年一月、彼は彼女をロンドンへ連れて行ったが、学校へ入れる代わりに、自分の情婦になれと迫った。応ずる他なかった。ボウエンが西インド諸島のサントドミンゴへの赴任を命じられると、彼はメアリを一緒に連れて行くことにし、ジョン・テイラーという召使いの少年だと誤魔化した。一七九二年三月二〇日、彼らはファルマスから輸送船キャプテン・ビショップ号で出発した。船内の状況は不潔で酷いもので、彼女の食事はボウエンの食べ残しだけだった。彼女は船内の作業にも参加した。そこには索具に高く登る危険な仕事も含まれていた。

六月に船がポルトープランスに着くと、ボウエンはヨーロッパに戻ってヨーク公の軍に加わるよう命令を受けた。メアリを傍に置くために、ボウエンは連隊の中で彼女に少年鼓手の役割を与えた。断ると、お前を奴隷として売るぞと脅された。

身売り

ヨーロッパで連隊に所属している内に、メアリは野蛮な至近距離での直接戦闘を目の当たりにした。彼女自身も負傷した――胸を撃たれ、腰のくびれの部分を剣で斬られたのだ。秘密の露見を恐れた彼女は、両方の傷を隠した。北フランスのヴァラシエンヌが陥落すると、メアリは軍と共にこの街に入った。そこで彼女は脱走兵の処刑を見、また彼女の主人であり苦悩の根源でもあったボウエン大尉の戦死を知った。遺品を調べてみると、前の後見人であるサッカー氏がボウエンに送った手紙が見つかり、サッカーは彼女を彼に売っていたことがわかった。

彼女は不遇だった――たった一人で、負傷し、異国に取り残され、この時僅か一五歳。彼女は軍服を脱いで、この国から出ようとした。一七九三年九月一七日、海岸に辿り着いた彼女は、フランスのラガー〔小型帆船〕に乗った。この船は商船だと思ったが、実際には私掠船（敵船を攻撃する許可を政府から得た船）だった。たまたま彼らが提督ハウ卿率いる英国の艦隊に遭遇したとき、彼女は同国人を相手に戦うことを拒み、船長に酷く殴られた。この戦いでは英国艦隊が勝利したが、メアリはフランスの味方をして戦ったイギリス人少年として逮捕された。彼女はハウ卿にこれまでの経緯を話した。一緒に旅をしていた男が死んだこと、故国へ帰ろうとしてフランスの船に乗ったこと、その船が私掠船だとは知らなかったこと。だが脱走兵として処刑されることを恐れて、以前の軍務については何も語らなかった。

少年火薬運搬員

ハウは彼女の話を信じ、大砲七四門を備えた戦艦ブランズウィック号で少年火薬運搬員の仕事を与えた。少年火薬運搬員というのは、戦艦の弾薬庫から火薬の袋を運び出して砲兵に渡す役目を負った少年である。後甲板の大砲がメアリの仕事場だった。ブランズウィックの司令官、ジョン・ハーヴェイ船長は、「ジョン・テイラー」が他の若い少年たちとは少々異なっていることに気づいた。彼は、テイラーはどこかの学校から逃亡してきたのではないかと考えた。彼女は女であることだけは隠しつつ、彼にこれまでの出来事を語った。ハーヴェイは彼女を哀れに思い、自分の給仕係に昇進させた。

一七九四年六月一日のフランス艦隊との酷い戦闘の後、ブランズウィック号はほとんど沈没した。乗組員の内の五〇人が死亡し、百名以上が負傷した。それは当時の英国とフランスの艦隊戦で最大の激戦であった。メアリは左の踝に葡萄弾を受け、左腿をマスケット銃に姦通された。六月一二日に遂にイングランドに辿り着き、ゴスポートのハスラー病院に収容された。脚から葡萄弾を剔出するのは不可能と診断され、それは生涯、後遺症を残すことになる。軍務に戻れるまでに回復すると、見習い将校としてヴェスヴィウス号に乗った。見習い将校というのは将校の中でも最下位である。フランス沿岸を哨戒中、ヴェスヴィウス号はフランスの私掠船に攻撃を受けた。メアリは捕虜となり、ダンケルクに監禁された。後に捕虜交換の際に釈放。貧窮した彼女は船室係としてアメリカ行きの船、アリエル号に乗り込んだ。ニューヨークに着くと、彼女は船長とその家族と共に二週間過した。彼女は完全に少年だと思われていたに違いない。何故なら船長の姪が彼女に夢中になり、結婚を申し込んだからだ。メアリは礼儀正しくこれを断り、アリエル号に乗ってイングランドに戻った。到着は一七九六年一一月二〇日。

再びメアリになる

ロンドンに戻って直後、彼女は水兵強制徴募隊に捕まった。これは男たちを海軍に入れることを生業とする集団で、必要とあらば暴力も使う！　英海軍は過去数世紀、十分な海兵を確保するのに難儀していた。戦時中は特にそうで、何故なら英国の軍艦内の環境はかなり苛酷であったからだ。そこで海兵が必要な時は、水兵強制徴募隊に一八歳から四五歳までの適当な男を捕まえる法的権利が与えられる。水兵強制徴募隊は、一七世紀から一九世紀初頭まで、英国の港で活動していた。

軍務に戻らされるのを避けるために、メアリは遂に自分は女であることを明かした。絶望的な貧窮のため、彼女は海軍支払担当部門に、過去の海軍軍務への遡及賃金を請求し、認められた。

脚の傷が悪化した。葡萄弾を放置しすぎて酷い臭いになったため、それを火にくべたという！　セント・バーソロミュー病院で四ヶ月を過し、骨の破片を脚から取り除いた。ヨーク公に救済を訴え、五ギニーを得た。脚はさらに悪化し、さらに七ヶ月をセント・ジョージ病院で過した。そこにいたとき、ある男、多分若い医者が、彼女が生きている間、週に半クラウン払いましょう、その代り死んだらあなたの遺体をください、と申し出た。不安を感じた彼女はそのすぐ後に病院を出たが、まだ完全に回復はしていなかった。

彼女は自分をボウエン大尉に売ったサッカー氏を訪ねたが、彼は彼女が誰だか判らなかった。ミス・タルボットという人を知っているかと問うと、サッカーは知っていると答えたが、彼女は外国で一七九三年に死んだと言う。メアリは彼に自分の正体を明かし、自分が奪われたものを返せと迫った。その後、弁護士の助言を得て再びサッカーの家に戻ったが、既に彼は死んでいた。それ以来、彼女は他者の善意に縋って生きることとなった。脚の傷が再び悪化し、歩くこともできなくなった。ミドルセックス病院に入れられたとき、脚は切断しなければならないと言われたが、手術の前に病院を脱走した。

不運と窮乏は終生彼女につきまとった。彼女は一八〇八年二月四日、僅か三〇歳で死んだ。当時、彼女の倍を生きたほとんどの人よりも多くのものを見、多くのことをし、遠くまで旅をして、その分、遙かに多く苦しんだ——もしもメアリ・アン・タルボットの話が事実だったのなら。もしかしたらタルボットは性別を転換した海兵ではなく、ただの空想家だったのかもしれない。彼女に関する著書『女水夫』(Pimlico, 一九九八)のために調査していた著述家のスザンヌ・クラークは、一七九〇年代の軍人名簿にエセックス・ボウエンの痕跡を発見できなかった。が、彼の名は当時の海軍名簿には登場する。彼女はまた、タルボットが務めていた連隊はタルボットが入隊したとされる時期には存在しなかったことも突き止めている。そして海軍の記録によれば、タルボットが西インド諸島へ言ったと主張している船は、その時インドからヨーロッパに向かっていた。タルボットが実話を誇張していただけなのか、それとも全てが嘘だったのかは判らない。彼女の生涯の真の物語は、墓の中に持って行かれたままだ。

尼僧大尉

アロンソ・ディアス・ラミレス・デ・グスマンは恐れ知らずのスペインの剣士だった。彼は南アメリカでスペインのコンキスタドレスに参加した。激情しやすく、無数の決闘をしたが、実は彼は詐称者だった。彼の渾名である「尼僧大尉《ラ・モンハ・アルフェレス》」は、彼の正体の鍵を握っている。

一六世紀、スペインは世界の超大国で、新世界に貴重な植民地を持っていた。アメリカからもたらされる銀と金がスペイン帝国に資金を提供した。大西洋をスペインへと向かうお宝の流れは、それと反対方向へ向かう兵士、探険家、商人、官僚たちの流れと釣り合いが取れていた。冒険心に富むスペイン人は、富を築くために、あるいはカトリックのスペインでの拘束衣のような生活から逃れるために、新世界を目指した。尼僧大尉もまさにその一人だった。

一六〇〇年三月一八日、カタリナ・デ・エラウソという一五歳の少女が、四歳の時から参入していたサンセバスチャンの女子修道院で、一人の尼僧と大喧嘩の末に逃亡した。だが裁縫道具を持出すほどには冷静だったので、それを使って修道院の制服をより男らしいダブレットに改造した。また髪を短く切って男の子のようにし、仕事を探した。

国王の秘書官の小姓として働いていた時、彼女は実の父と出会った。彼は行方不明の娘の捜索に助力を求めに来ていたのだ。だが父は彼女に気づかなかった。それから彼女は大胆にも、あるいは愚かにも、懐かしの修道院を訪ねて母親に会ったが、彼女もまた気づかなかった。これに気を良くして、どうやら彼女はスペインを離れる気になったらしい。彼女は給仕係を名乗ってパナマ行きの船に乗り込んだ。

威勢の良い剣士

一九歳になる頃には、カタリナはペルーのサーニャで店を開き、依然として男として生活していた。彼女は激しやすく、粗暴な質だったらしい。しばしば剣による決闘に巻き込まれたが、負けたことは一度たりともない。それから近くの教会へ行くや、ここは聖域だと言って逮捕を免れるのである。彼女の起した問題、決闘、喧嘩の一部は、彼女に首ったけとなった女がらみのものだった。この惚れ惚れする威勢の良い剣士が実は女だなどとは露知らず。

幾つかの仕事を転々とした後、カタリナはアロンソ・ディアス・ラミレス・デ・グスマンという名前で軍隊に入り、チリのコンセプシオンに送られた。驚くべき偶然だが、そこの総督の秘書は彼女の兄弟のミゲルだった。彼女は彼のオフィスに割り当てられ、そこで三年間働いた。この地位はカタリナのいつもの問題によって期間満了前に終った――女である。今回の女は彼女の兄弟の愛人だった。カタリナは失職し、再び軍に戻ってパイカビに赴任した。そこで彼女は、スペイン史上最も血に塗《まみ》れた原住民マプチェ族への侵略に参加する。それはアラウコ戦争の一環で、一五三〇年代に始まり、三五〇年以上にわたって続いた、歴史上最も長い戦争のひとつである。カタリナは原住民の叛乱鎮圧に加わったが、これによって何千ものインディオが殺された。ある戦いで、彼女の中隊旗が奪われた。彼女は猛然と後を追ってこれを取り戻し、その勲功によって昇進、大尉となった。

再びコンセプシオンに戻った彼女は、またしても古い癖に耽《ふけ》った。決闘、そして法律からの逃走である。ある決闘の後、彼女は数ヶ月間フランシスコ派の教会に身を隠して、追求を免れた。それから彼女は、仲間の武官ファン・デ・シルバの決闘の介添人を引き受けた。決闘は月の無い闇夜に行なわれた。デ・シルバが負傷すると、カタリナは彼を守るために仲裁に入り、敵側の介添人との決闘になった。当然ながらカタリナは勝った。その男は地面に倒れながら叫び声を上げた。彼女はその声に聞き覚えがあると思った。それは彼女の兄弟だったのだ。そして不幸なことに、彼は死んだ。

それでも彼女は自分のやり方を変えず、依然として決闘を続けた。ある時、カード・ゲームでの論争から決闘となり、カタリナは相手の男を殺してしまった。そしてこの時は近くの教会に逃げ込むこともしなかった。誰にも見られていないと思ったのである。だがそれは勘違いだった。彼女は逮捕され、絞首刑の判決を受けた。処刑台へ向かう途上、最期の最期で、彼女は恩赦を受けた。

告白

こんな体験をしてもなお、彼女は決闘を止めなかった。一ダース以上の男たちが彼女の手にかかって死んだと言われている。間もなく彼女は別の殺人で逃亡することとなった。一六二〇年頃、クスコで、またしてもカード・ゲームを巡る喧嘩に巻き込まれた。彼女は戦ってその男を殺したが、自分自身も深手を負ってしまった。もはや命はないものと諦めた彼女は、司祭に罪を懺悔する。だが実際には生き延びて、またもや逃亡。そして結局、彼女の誅殺を命じられた武官に囲まれてしまう。ペルーはグアマンガの司教アグスティン・デ・カルバハルが踏み込み、彼女を自分の家に連れて行った。そこで遂に彼女は自分が女であると告白した。二人の女が呼ばれて彼女を調べ、その話が裏付けられた。彼女は単に女であったばかりではなく、処女だったことが判明した。教会が彼女の話を調べている間、彼女は修道院に送られた。調査には三年の月日がかかった。尼僧として修道院に入っていたことが無いことが判明し、彼女は修道院を出ることを許された。

彼女は一六二〇年代初頭にスペインに戻った。南アメリカでの常軌を逸した冒険のお陰で、故郷ではすっかり有名人となっていた。一六二五年、マドリードで国王フィリップ四世に拝謁し、王は彼女にスペインへの軍務に応じて軍人恩給を与えた。さらに教皇ウルバヌス八世の拝謁も認められた。話を聞いた教皇は、彼女に男装を続ける許可を与えた。一六二六年から一六三〇年にかけて、彼女は自伝を書いた。そしてどうやらスペインでの生活に飽きてしまったらしく、再び新世界に戻る。そしてそこで終生、男としてアントニオ・デ・エラウソという名で過した。最期に目撃された時、彼女はメキシコで騾馬《らば》追い人をしていたが、依然として長剣と短剣をベルトに吊していた……いざという時のために。

ペチコートの騎兵

その道に通じたとあるフランスのスパイの性別は、一八世紀において熱い論争の種となり、さらには公開賭博の対象にまでなった。この人物は四九年間を男性として、そして三三年間を女性として生きたのだ。

一七五六年、とあるフランスの高官、シャルル・ジュヌヴィエーヴ・ルイ・オーギュスト・アンドレ・ティモテ・デオン・ド・ボーモンは、国王ルイ一五世の密命を帯びてロシアに送り込まれた。当時、フランスとロシアの関係は脆弱で、フランスはその修復に熱心だった。フランスの外交官はロシア王家に接近できなかったが、デオンは何とかして女帝エリザベータに接近した。女の振りをするという単純な計略だった。もしも露見していれば、処刑されていただろう。

ロシアでの秘密活動に続いて、彼は騎兵連隊の仕事を与えられ、七年戦争中、一七六一年のフィリングハウゼンの戦いを目の当たりにした。戦争末期、彼はロンドンへ送られ、和平交渉に参加した。彼の働きは認められ、聖ルイ勲位を授けられた。これによって彼は自らシュヴァリエ・デオンと名乗ることができるようになった。彼は一七六三年にロンドンに戻り、大使として働いた。この時点で、デオンの物語は驚くべき転回を遂げる。

「秘密」の露見

パリでは、国王ルイ一五世が戦慄すべき事態に直面していた。愛人のマルキ・ド・ポンパドゥールが彼の個人的な秘密書類、例えば「王の秘密《スクレ・デュ・ロワ》」と呼ばれる秘密のスパイ網の詳細までをも盗み見ていたのだ。フランス政府にすらその存在を知られていないこれらのスパイたちは、国王の利益のために働き、国王に直接報告をする。そしてそれは必ずしも政府の利益と一致するものとは限らなかった。シュヴァリエ・デオンはこの国王のスパイの一人だった。マダム・ド・ポンパドゥールとその政府内の仲間たちは、デオンとその活動に注意を傾注した。

ポンパドゥール一味は、仲間の一人であるコント・ド・ゲルシーをロンドン大使に任命した。デオンは大使としての生活に慣れていたので、ゲルシーの到着によって単なる秘書官に降格させられたことに憤慨した。二人は絶えず言い争いをしていた。デオンは外交文書を明け渡すことを拒み、フランスへの帰還命令を無視した。

舞台裏では、七年戦争の終りに仏英の間に和平条約が締結されるや否や、フランス王はイングランド侵略を計画していた。それはフランス政府の政策の真逆を行くものだった。政府としては、イギリスとの間に友好的な関係を築くことによって、カネのかかる戦争を避けようとしていたのである。デオンはこの侵略の準備に極秘裏に荷担した。もしも国王の秘密計画が露見すれば、両国の間に再び戦争が起り、フランス王と政府の間の信頼関係は完全に瓦解するだろう。これ以上の賭けはない。

デオンはこの陰謀の中心人物だった。何故なら彼は国王の秘密を知っていたからだ。これが露見すれば君主制は終る。デオンは自分があたかも依然として大使であるように活動を続け、膨大な請求書を作り、憤慨と怒りをロンドンとパリに起した。激烈な書簡が、フランス王、大臣、外交官の間を飛び回った。王は公にはデオンをパリに召還したが、密かにこのスパイに対してイギリスに残り、公から身を隠して女装するよう命じていた。そこでデオンは驚くべきことをやってのける。一七六四年、フランス政府からの扱いに嫌気のさした彼は、王からの秘密指令そのものは含まれていなかったものの、重要な外交文書を公開してしまったのだ。これは両国でスキャンダルを引き起こした。デオンはイギリスが最近まで戦争をしていた国の政府の代表であったにもかかわらず、イギリスの一般大衆から大きな支持を受けた。そのためフランスにとってはデオンの口を封じたり、フランスへ召還したりすることがより困難となった。

男か女か?

デオンの性別に関する噂が流れ始めたのは一七七〇年のことである。当時の新聞がそれを論じ、賭けの対象にまでなった。デオンは、噂を広める者に対して決闘を挑んだ。そして首席裁判官が、このような問題は法廷で決着をつけられるものではないと宣言して、賭けは失敗に終った。

一七七四年五月、ルイ十五世が死に、スクレ・デュ・ロワも終った。一七七五年、デオンは〈ザ・トランザクション〉と呼ばれる約定に署名し、それによってフランスに戻れることとなった。その条件のひとつは、彼が女装を続けることだった。彼は一七七七年にフランスに戻り、一七二八年に生れ故郷の街トネールに移った。一七七九年、彼は国王ルイ一六世に女性として謁見したが、王室はそれを信じなかった。ペチコートとカールした髪以外、デオンには女らしいところは微塵もなかったという。

一七八五年、彼はロンドンに戻った。〈ザ・トランザクション〉に基づく王室からの恩給は、一七八九年のフランス革命で君主制が倒れたために終了した。国王自身が一七九三年に処刑されてしまったのである。カネを集めるため、デオンはイギリスを旅して、床まで届くガウンを着てフェンシングの演武をしてまわった。六八歳の時、サウサンプトンでのフェンシングの試合で大怪我をした彼は公的生活を隠退し、未亡人コール夫人のところに身を寄せた。一八一〇年五月二一日、彼は八二歳で死んだ。コール夫人がその遺体を横たえたところ、彼は男であることが判って彼女は驚いた。彼女はそれまで、女性と共同生活をしているものと信じ込んでいたのだった。

騎兵の乙女

一八〇〇年代初頭、女性はロシア軍の前線で軍務に就くことはできなかった。少なくとも、規則ではそうなっていた。だが一人の女性が、この規則を破る決意をした。

一八〇七年初頭、ナポレオン・ボナパルト率いるフランス軍は、西ヨーロッパの大半を征服した。プロイセン、ロシア、ザクセン、スウェーデン、英国はフランスの猛襲を止めるために連合軍を形成した。ロシア軍は、確保できるかぎりのあらゆる若者を必要としていた。志願者の一人アレクサンデル・ソコロフは、疑わしいことに、自分の家族や過去についての一切を秘密にしていた。ただ自分は貴族であり、ロシア国のために尽したいのだと言うばかり。だが当時のロシアではそれだけで十分であり、彼は無事兵士になった。

ソコロフは槍騎兵連隊に配属され、直ぐさまポーランドのグットシュタット＝ゼッペンの戦いに送り込まれた。槍騎兵は幾つかの騎兵大隊に分かれ、次から次へと執拗な攻撃を仕掛ける。ソコロフは他の兵士のように自分の大隊だけに留まっていなかった。彼は全ての大隊を駆け巡った。ある突撃から戻るとき、彼はロシアの竜騎兵がフランス兵に囲まれているのを見た。一人のフランス人が、そのロシア人をピストルで馬から撃ち落した。ソコロフは突撃し、男を救った。そしてその男を馬に乗せて軍医のところへ連れて行った。不運なことに、自分の馬に戻ると、コサック兵が彼の個人的な持物の入った鞍嚢を奪っていた。彼は戦死した兵士の服を奪って着替えた。また別の時には、彼は銃火の下で馬から落ちた兵士に救急処置を施し、安全な場所に連れて行った。ソコロフは続けて、ハイルスベルクとフリートラントの戦いに加わった。

凸凹した始まり

ロシア軍では、女が騎兵をやっているという噂で持ちきりだった。その正体は無論ソコロフである。彼女の本名はナデジダ・ドゥローヴァ。一七八三年、キエフの軍人の家に生まれた。そして異常な子供時代を送った。凸凹した道で馬車に乗っていたとき、母親は女の赤ん坊が泣くのに苛立ち、馬車の窓から棄ててしまったのだ！　驚くべきことに、彼女は生き延びた。父親が妻から彼女を取り上げ、戦友を師として指名したのだ。彼女は兵士たちに囲まれて育ち、銃や剣で遊び、馬に乗った。

一八歳の時、彼女は裁判所の職員と結婚した。二年後、男児が生まれ、イヴァンと名付けられた。妻として母としての生活は明らかに彼女には向いていなかった。彼女は家族を棄て、アレクサンデル・ソコロフとなって、軍に入った。

女でありながら勇敢な若い槍騎兵の話は皇帝アレクサンデル一世の耳に達し、皇帝は彼女をサンクトペテルブルクに召喚した。皇帝は彼女の家族から、彼女を家に戻してくれと嘆願する手紙を受け取っていたが、彼女を気に入っていた彼は、その勇敢さに免じて聖ゲオルギウス十字勲章を授け、望みの連隊の副官にしよう、と言った。彼女はマリウーポリ軽騎兵団を選んだ。

秘守

戦友たちは彼女の正体を知らなかったが、ある事故の後、危うく秘密が露見しそうになった。訓練中に落馬してしまったのだ。気を失って地面に倒れているナデジダの許に戦友たちが駆け寄り、きつい軍服を緩めようとした。すんでの所で意識を取り戻した彼女は、上着を脱がされる寸前でこれを止めた。

一八一二年のフランスによるロシア侵攻の後、彼女は再び前線に赴いた。そしてボロディノの戦いで、大砲が脚を掠め、負傷した。一日で終ったこの戦争はナポレオン戦争の中でも最も残虐なもので、両軍併せて七万人が死んだ。

ロシア軍の軽騎兵は、自分の軍服や兵糧を自費で賄わねばならない。マリウーポリ軽騎兵団は、数多くのロシア貴族が軍務に就いていることで知られていた。ナデジダはその出費を賄うことは不可能であると判断し、後にもっと安く済むリトアニア槍騎兵連隊に移った。一説によれば、彼女がマリウーポリ軽騎兵団を離れた真の理由は、大佐の娘がこの勇敢な若い軽騎兵に恋をしたからだという。

一八一六年、今や隊長となっていたナデジダは軍務を離れ、父のところへ戻って、地所の経営を手伝うことにした。依然として男装を続け、自分の体験を手記に書き始めた。この手記は偉大なロシアの作家アレクサンデル・プーシキンに讃えられたという。彼は彼女に「騎兵の乙女」という渾名を奉り、彼女はその言葉を自伝のタイトルに採用して、一八三六年に出版された。それは下級将校の視点から見た数少ない戦争証言のひとつである。一八六六年に故郷のエラブガ（モスクワの東五〇〇マイル）で八三歳で死んだとき、彼女は軍服や勲章を全て装着した状態で葬られた。

シルクハットの煉瓦積み職人

ハリー・ストークスは生涯をイギリスのマンチェスター地区で煉瓦積み職人として暮らし、二度結婚した。だが彼の死後、検屍の結果、ハリーは実はハリエットであったことが発覚した！

一八五九年一〇月二四日、アーウェル川の中で、ひとつの死体が発見された。死体は水中で直立しており、シルクハットを被っていた！　それは近くのパブに担ぎ込まれ、そこでハリー・ストークスという地元の煉瓦積み職人だと判明した。検屍陪審が開かれ、この件は何と言うこともない自殺だと思われたが、陪審の一人がストークスの性別に疑問を呈した。馬鹿げたことのようだが、それはまだ確認されていなかったのだ。検屍官が人をやって遺体を調べさせると、遺体は女性であることが判明した。

ハリー・ストークスとして知られていた人物は、ドンカスター近郊の村で女の子として生まれた。誕生日は不明だが、おそらく一七九九年頃のことである。父親は煉瓦積み職人で、彼女が立てるようになると、直ぐさまその仕事をやらせた。僅か八歳の時、彼女は家から逃げ出し、ホイットビーの村に辿り着いて、仕事を探した。そこの煉瓦積み職人が彼女を若い少年と間違え、弟子として採用した。こうして彼女はハリー・ストークスとなった。

ウェディング・ベル

およそ二〇年後、ハリーはマンチェスターの行きつけのビール店を切り盛りする未亡人のベッツィと結婚した。予想通り、結婚初夜、両者の間には激しい諍いがあった。ベッツィはこの夫は男ではないと言いながら飛び出していった。ストークスは彼女を気違い扱いし、二人は別れた。その直後、ストークスは別の未亡人、フランシス・コリンズと結婚した。彼女は「夫」よりも遥かに年上だったが、彼女はストークスが死ぬまで二五年間添い遂げた。コリンズはストークスが女だなどと露知らなかった、とありそうもない主張をした。結婚生活の間、ずっとベッドを共にしていたのにである。隣人たちはストークスを疑っていた。男にしては妙な体形をしていたからである。

ストークスは煉瓦積みの仕事を続け、近隣では火格子や煙突を作らせれば右に出る者は無いという評判を得た。一八四〇年代のチャーティスト運動の時代には、労働者が政治改革を主張したが、この時ストークスは特別警察吏を務め、部隊長となっている。

一八五九年一〇月二三日の夜、ストークスはペンドルベリーのパブ・白鳥亭で呑み、翌朝、その近くの川にシルクハットが浮いているのが発見された。調べてみると、ストークスはその下で水中に立ったまま沈んでいた。彼女の年齢は不明だが、六〇歳程度だと推察された。生活が苦しくなり、貧困を恐れたために、自殺したのだろうとされている。

片目のチャーリー

カリフォルニアの西部地方で最も有名な駅馬車の馭者が死んだとき、彼をよく知る、そして何年も一緒に働いてきた友人たちは、彼の正体を知って驚愕した！

一八四〇年、カリフォルニア州コロマで金が発見され、カリフォルニアのゴールドラッシュ（一八四八―五五）の火蓋が切って落とされた。同州は直ちに、一攫千金を夢見る男たちを引寄せる磁石となった。九万人ほどだった人口は三〇万人近くまで膨れ上がった。新参者の中には探鉱者もいれば、彼らに必要な物品とサービスを提供する者もいた。駅馬車の馭者には大きな需要があった。チャーリー・パークハーストという若者は一八五一年にカリフォルニアにやって来て、たちまちの内に、同州最高の駅馬車の馭者という評判を獲得した。がっしりした体格に一七五ポンドの体重。ただし身長は五フィートをわずかに上回る程度だった。

恐れ知らずの評判

駅馬車の馭者は危険な仕事だった。西部は無法の地であり、特に街の外はそうだった。武装強盗はごろごろしており、賃金や金を運搬する馬車は格好の獲物だった。パークハーストはシュガーフットと呼ばれるアウトローに襲われて以来、護身用に四四口径のピストルを持ち歩くようになった。二度目にシュガーフットに襲われたとき、パークハーストは逆に彼を射殺した。その勇気を讃えて、ウェルズファーゴ社は彼に純金の時計と鎖を与えた。彼はまた鞭捌きも得意で、アウトローもたじたじの恐れ知らずの馭者という評判を獲得した。彼は一八六〇年代まで、カリフォルニア・ステージ社、パイオニア・ライン社、そして有名なウェルズファーゴ社のために、カリフォルニアと西ネヴァダで駅馬車を駆った。

駅馬車の馭者には別の危険もあった。レッドウッド・シティで馬を相手にしていたパークハーストは、突然馬に顔面を蹴られてしまう。これによって彼は左眼の視力を失い、それ以来眼帯を着用して、「片目のチャーリー」の異名をとるようになった。また別の時には、駅馬車に轢かれ、肋を何本か折っている。自然が馭者に牙を剥くこともあった。未舗装の道路が地滑りで消滅してしまうのである。また、嵐で道を外れることもあった。記録によれば、雨で水かさの上がった川をパークハーストが渡り終えた途端、そのうしろで橋が崩壊したという。また別の記録によれば、何かの拍子に馬車から投げ出された彼は、それでも何とか手綱にしがみつき、地面を引きずられながらも、馬を止めることに成功したという。こうした物語が俎上に載り、チャーリーは西海岸の馭者の中のヒーローとなっていった。彼はこのきつい、危険な仕事を三〇年にわたって続けた。

パークハーストは一八六〇年代後半に駅馬車の馭者を辞めた。その頃には既に馭者の仕事は減っていた。新しい鉄道が彼らの仕事の多くを奪ったからである。彼はこう言ったという、「この仕事を始めた時と何も変らない。給料は安いし、仕事はきつい。俺も年を取った。リュウマチも酷いし——老いてぼろぼろの馭者なんて、誰も見向きもしないよ。もうさっさと首でも吊ろう、それがチャーリー爺さんの最期さ」。

だがそれでも何とか生きていくために、彼は馬車の馬を交換する駅馬車の駅の経営に手を出した。次に樹木の運材、牧場、養鶏を経て、最終的には一八七六年、ワトソンヴィルの小屋に移った。一八七九年一二月一八日、彼はそこのベッドで遺体で発見された。口内および咽喉頭が癌に冒されていた。近隣の人々が埋葬のために遺体を清めた時、彼らは愕然とした。この煙草も喫えば噛み煙草も嗜む、口が悪くて博打打ちの、いつも銃を持ち歩き、鞭をピシピシ鳴らす元駅馬車の馭者が、彼らの知る限り二五年も前からそうだった男が、彼らの知っていた男ではなかったのだ。実際、「彼」は女だったのである！

シャーロッテ・ダーキー・パークハーストは一八一二年、ニューハンプシャー州レバノンに生まれた。子供時代についてはほとんど知られていない。その本名にすら疑惑があり、記録によってはメアリ、シャーリーン、シャーロットなどとなっている。一時孤児院で暮らしていたが、脱走して男を装うようになったらしい。職を得るために何らかの不正をやったのかもしれない。何故なら当時、独り暮らしの若い少女が職を得るのは不可能だったはずだからである。彼女の初めての職は、ボストン近郊マサチューセッツ州ウスターの貸し馬車屋の馬丁だった。そこで彼女は馬の扱いに適性を示し、雇い主のエベニーザ・ボールチから乗馬訓練を受け、また最大六頭立ての馬車を馭す技術を教え込まれた。ボールチがロードアイランド州プロヴィデンスに移ると、「チャーリー」もついていった。それからゴールドラッシュのお陰で彼女はカリフォルニアへ行き、駅馬車の馭者としての新生活を始めたのである。

史上初の投票者？

カリフォルニア人は、一八六八年の大統領選挙に参加した。パークハーストが投票したかどうかは誰にも判らないが、彼女は選挙人名簿に名前を載せようと骨を折った形跡があるので、多分投票したのだろう。もしもそうであれば、彼女はカリフォルニアで一票を投じた最初の女性だったということになる。共和党の候補者ユリシーズ・S・グラントが、投票の五三％を得て選挙を制した。カリフォルニアは最も接戦で、グラントは僅か〇・四八％差で辛勝した。全てのアメリカ人女性が公式に投票を許されるのはそれから五二年後、一九二〇年の第一九回合衆国憲法改正を経てのことである。

パークハーストの遺体にはもうひとつの驚きがあった。検屍官は、彼女が子供を産んでいることを見出したのだ。赤ん坊の衣類を収めたトランクが彼女の家で見つかった。彼女はワトソンヴィルのパイオニア・オッド・フェロウズ墓地に葬られた。彼女の若い頃の生活の詳細、そして生まれた子供の運命は、彼女が墓の中に持って行ってしまった。

自由への千マイル

一八四八年、アメリカ南部の裕福な若き白人綿花園主ジョンソン氏は、黒人の召使いを連れて、北へ千マイルの旅に乗り出した。だが実際には、ジョンソン氏は裕福ではなく、白人でもなく、しかも男ですらなかったのだ！

ウィリアム・クラフトと妻のエレンは、一八四〇年代、ジョージア州メイコンで奴隷をやっていた。ウィリアムは指物師で、エレンは女中だった。だが別々の主人のもとに売られたために、二人は離ればなれになってしまった。一八四八年、彼らは勇敢にも逃亡を決意する。当時、逃亡する奴隷はほとんどいなかった。何故ならほとんどの場合、逃亡奴隷は犬によって嗅ぎ付けられ、主人の許に連れ戻され、他者への見せしめとして酷い罰を受けることになっていたからである。実際、逃げおおせた事例は稀だった。北へ逃げて奴隷制が違法となった州で自由を獲得することに成功したのは、最も野心的な逃亡者だけだった。

そこでクラフト夫妻は、大胆不敵な計画を練った。エレンはクァドルーンだった。つまり黒人と白人の混血であるムラートの奴隷とその白人の主人の間に生まれた娘だったので、黒人の血は四分の一しか入っておらず、白い肌を持っていた。実際、しばしば白人女性と間違えられるほどだったのである。そこで彼らは、エレンが白人の奴隷主に化けるという計画を決めた。ウィリアムが彼女と共に、奴隷の召使いとして旅するのである。女性が男の奴隷を連れて旅するというのは変だったが、エレンが男装すれば疑いは減らせると二人は踏んだ。

二人は何とかしてクリスマスに僅かの休暇を取り、失踪後の数日の猶予を稼いだ。ウィリアムはエレンの髪を短く切った。予想しうる問題のひとつは、エレンが泊まるホテルで名簿にサインさせられるということだったが、彼女は字が書けなかった――当時のジョージア州では、奴隷に読み書きを教えることは法律で禁じられていたのである。そこで彼女の腕を三角巾で吊り、怪我のために字が書けないことを装った。また顔にも包帯を巻いて、酷い歯痛であるかのように装い、いつ如何なる時も声を出さないようにした。少しずつ集めた男物の服、眼鏡、シルクハットで、エレンはそれらしく見えるようになった。

ジョンソン氏、汽車に乗る

お祈りの言葉を唱えた後、彼らはメイコン駅に向かい、サヴァナ行きの二〇〇マイルの旅の切符を買った。一緒に旅行することはできず、ウィリアムとエレンは別の車両に乗らねばならなかった。だが彼らの自由への企ては、始まる前にほとんど終るところだった。ウィリアムは彼が働いてた家具屋の主人に危うく見つかりそうになったし、エレンは偶然、主人の友人の隣の席に座ってしまったのだ。彼に話しかけられた彼女は、聾《ろう》者を装った。そして幸いなことに、両者共に気づかれなかった。サヴァナで彼らはサウスカロライナ州チャールストン行きの汽船に乗った。その船の奴隷商がウィリアムを買いたいと申し出たり、エレンは他の乗客から、奴隷に対して優しすぎますよと注意を受けたりした。夜になると、彼女は自分の船室に籠り、ウィリアムは無蓋甲板の綿の塊の上で寝た。

チャールストンで最初の深刻な問題に直面した。ノースカロライナ州ウィルミントンへの汽船の切符を取ろうとした時に、切符売りから拒否されたのだ。北部へ行く旅行者は、自分の連れている奴隷が実際に自分のものであることを役人に証明する必要がある。切符売りは、「ジョンソン氏」はその証明書にサインしなくてはならないと主張したが、もちろんエレンには字は書けない。彼女は切符売りに記録簿に名前を入れてくれと頼んだが、拒否された。そこに突如として幸運が訪れた。二人が乗ってきたのと同じ船の乗客が来て、彼らのことを保証してくれたのだ。さらに次に乗ろうとしている船の船長が来て、責任は自分が持つ、と言ってくれた。

ウィルミントンで、ヴァージニア州リッチモンド行きの汽車に乗った。そこで一人の女性が、ウィリアムは自分の逃亡奴隷であるネッドだと言いがかりをつけ、一緒に来いと主張したが、これも何とか乗り切った。ヴァージニアからワシントンDC行きの汽船に乗り、そこからメリーランド州バルティモア行きの汽車に乗った。バルティモアでは、州境警備兵が、自由州である隣のペンシルヴェニア州への侵入を試みる逃亡奴隷に特に注意を払っていた。クラフト夫妻は汽車を降りて、役人に報告せねばならなかった。二人は逮捕を覚悟したが、役人たちはエレンの三角巾と包帯を見て同情し、汽車の出る数秒前に戻してくれた。

最高のクリスマス

二人はクリスマスの日にフィラデルフィアに辿り着いた——遂に自由の身になったのだ。エレンは夫の手を握り、涙を流して言った。「神よ感謝します、ウィリアム、私たちは安全よ」。奴隷廃止論者たちが二人を助け、下宿を探してくれた。ちょうど三週間後に、二人はボストンに職を得た。ウィリアムは差物師として、エレンはお針子として働くこととなった。

だが、彼らの問題は終ったわけではなかった。一八五〇年、議会は逃亡奴隷法を成立させた。自由州においても、逃亡奴隷を保護したり助けたりした者を有罪とする法律である。クラフト夫妻はこの法律によって狩られる逃亡奴隷第一号となる恐れがあった。彼らのボストンへの到着、そして彼らが反奴隷制集会で語ったことは既に新聞で報じられており、それはジョージア州メイコンまで届いて、彼らの元主人もそれを読んだ。ウィリス・ヒューズとジョン・ナイトという奴隷ハンターが、クラフト夫妻を捕えて南部に連れ戻すためにボストンに到着した。だがこの時には、同情的なボストン人が、ヒューズとナイトが諦めて立ち去るまで二人を匿ってくれた。とはいえ、クラフト夫妻はもはや安全ではなくなった。いつ何どき、力尽くで南部へ連れ去られるかもしれないのだ。元主人たちがフィルモア大統領に手紙を書いて助けを求めたので、さらに危険は増大した。フィルモアはクラフト夫妻を主人の許に戻すことを諒承し、彼らの逮捕のために軍隊を導入することを認めた。彼らは回り道をしてボストンを去った。港にまで監視の手が回っていたからである。彼らは何とかカナダに向かった。そしてノヴァスコシア州ハリファクスで、彼らはカンブリア号に乗り、イギリスのリヴァプールを目指した。

ブリストルで一泊した後、友好的な牧師の招きでロンドンに移り、奴隷制に関する演説をしてイギリスを回った。また一方、オッカム・スクールというサリーにある農業学校で学んだ。彼らの物語『自由を求めて一千里――ウィリアムとエレン・クラフトの奴隷からの脱出』は、一八六〇年に出版された。ウィリアムはアフリカのダオメーを何度か訪れ、キリスト教と農業を教えた。五人の子をもうけ、二〇年後に合衆国に戻った。子供たちのうちの二人がついて来た。奴隷制はその三年前の一八六五年に南北戦争の終結と共に終っていた。悲しむべきことに、奴隷制が終ってもまだ偏見は残っていた。彼らの最初の家、ジョージア州サヴァナの綿花農園は一八七〇年にクー・クラックス・クランに襲撃され、焼け落ちた。彼らはサヴァナの外に新たな農園を借り、解放奴隷のための農地学校を作った。一八七六年、ウィリアムは慈善目的で寄付されたカネを着服したとして告発された。彼は汚名を晴らすために裁判所に行ったが、敗訴してしまった。その直後に農地学校は閉鎖され、クラフト夫妻は娘一家と同居するためにチャールストンに移った。エレンは一八九一年に亡くなり、さらにウィリアムも一九〇〇年に彼女の後を追った。彼らの勇気と、酷い不平等の中で不正を正そうとする決意は、今も人々に感動を与えている。

新たなダーウィン?

シャーロット・バック博士は、チャールズ・ダーウィンは誤っているという説を長年にわたって唱えていた。だが当然貰えるはずだと思っていたノーベル賞を受賞することは終生なかった。

一九七〇年代、進化理論学者シャーロット・バック博士は、ダーウィン主義を置き換える新たな進化論を発見したと発表した。バックの理論によれば、自然淘汰ではなく、性的逸脱こそが進化への原動力となるという。このハンガリー生まれの学者は、元ブダペスト大学の講師であり、一九四八年にハンガリーを去ったと自称した。ロンドンに拠点を置き、幾つかの大学に招かれて講演をしたり、友人宅で十数名の人々が参加する週一の談話会を開いたりしていた。彼女はあらゆる機会を捉えて、倦むことを知らず、自らの理論を唱道した。学界の主流は彼女の仕事には何の関心も示さなかったが、少数の献身的な支持者を獲得した。

一九八一年、彼女は健康を害し始めた。この逞しい体つきの、身長六フィートの学者が脆弱となり、病に倒れたのだ。六月一七日、隣人たちは、彼女が数日にわたって牛乳を放置しているのに気づき、警察を呼んだ。警官が家宅捜索し、ベッドに横たわった彼女の遺体を発見した。その近くに医学辞典があり、肝臓癌の項目が開かれていた。そして実際、それが彼女の死因であったことが確認された。だが、検視の結果、さらに驚くべきことが発見された。シャーロット・バック博士は男だったのだ。彼は明らかにシャーロット・バックではなかった。では一体誰だったのか?

ハンガリーの出自

バック博士の物語は一九二〇年二月九日にハンガリーで始まる。彼の本名はカーロイ・ハイドゥ。賢い少年で、四歳の時に読み書きを独学した。少年時代は孤独で、ほとんどの時間をブダペストの公共図書館で本を読んで過した。ティボルという兄とヴィルマという姉がいたが、友達はほとんどいなかった。兄と姉が家を出てから随分経っても、カーロイは両親と共に実家にいた。無職だった。

一九四一年に徴兵を受けるが、何とか学徒免除を受けた。翌年、彼は最初の偽アイデンティティを造った。スザデロおよびバルカニー男爵の息子である貴族カーロイ・ミハイ・バラージュ・アゴストン・ハイドゥである。目的は裕福な人々と交わってカネをせしめることだったが、計画を実行に移す前に徴兵されてしまった。

戦後、ハンガリーはソヴィエト連邦の衛星国となった。何十万というハンガリー人が投獄された。カーロイも短期間、共産党によって投獄された。多分闇市での活動のためと思われるが、彼は可能なうちにこの国を出ることが最善と考えた。パスポートがなかったので、丑三つ時にオーストリア国境を徒歩で越えた。そしてカール・ハイドゥ男爵を名乗ってヨーロッパを旅し、英国に辿り着いた。英語を独学し、一九五〇年まで港町ハリッジで通訳として働いた。この頃には、時折女装もしてみるようになっていたようである。南岸沿いのホテルに仕事を見つけ、短期間ロンドンとケイマン島でも働いた。

一九五三年にはロンドンに戻り、フィリス・ロジャーズと結婚した。二人でビジネスを始めたが、カールはさまざまな事業規則違反で地元の裁判所に呼ばれた。そして一九五六年には有名人となった。その年、ソヴィエト体制に反対する大規模なハンガリー人の叛乱が起った。当初は成功したが、ソヴィエト軍は再編成され、反攻に出て、再びハンガリーにソヴィエトの支配を押しつけた。国境が開放されていた間に、何十万という人が逃亡した。カールはハンガリーの自由のために戦う人々と逃亡者のためにカネを集め始めた。〈ハンガリーの自由戦士を援助する連合王国委員会〉という大層な名前の組織を作ってインタヴューを受け、叛逆者たちは武装すべきだという大胆な提言を行なった。だが、間もなくさらに火急の問題が身近に迫っていた。借金取りに追われたが支払えず、一九五七年に破産を宣告されたのだ。もはや彼には、また新たなアイデンティティで逃げ切るしか道はなかった。

カール、シャーロットになる

今度はマイケル・ブレイズ・カロリイを名乗り、催眠療法の講座を受けて、メイフェアのオフィスで精神分析医として働き始めた。また、心理学に関する記事や、催眠に関する本も書いた。だがハンガリーのためと称して集めたカネを着服していたことが新聞にすっぱ抜かれると、患者の多くは去り、結婚は破綻した。それでも結婚生活を続けたいと彼は望んだが、その希望は打ち砕かれた。妻が病に倒れ、亡くなったのである。数週後、彼の継子もまた交通事故で死んだ。

この悲しみの中で、彼は死んだ妻の服を着用し始めた。その姿で何十枚も写真を撮った。借金は膨れ上がり、国民生活扶助に申し込んだ。これはイギリスの最貧民を支援するために一九四八年に導入されたセーフティーネットである。この頃の精神状態は、精神病棟への入院が認められるまでに悪化していた。退院した彼は、破産中に偽名で履修証明を得て、精神分析医として仕事をしていたという罪で裁判所に呼ばれ、今度は刑務所送りとなった。釈放されると、債権者は過去の負債の支払を求めて彼を追い続け、二度目の投獄となった。その後、彼は公にシャーロットとして装うようになった。一九七〇年、カール・ハイドゥは存在を止めた――公式にシャーロット・ハイドゥと改名したのだ。シャーロット・バックとして生きていた時、彼はもうひとつの自己を創った――ダフネ・ライエル＝マンソンというSMの女王で、熟練したサービスで男たちにカネを要求した。

一方、シャーロット・バック博士はその進化論によって学界、新聞、メディアの興味を惹こうとしたが、虚しく終った。だが彼女には少数の支援者がいた。また好奇心から彼女の話を聞く者もいたが、結局その理論は不可解だった。一九八一年に肝臓癌に倒れた時も、なお彼女はノーベル賞受賞の夢を抱いていた。

3　偽りの相続人たち

何千年もの間、国の長の伝統的な権力の移譲は、相伝であった――つまり息子が父に取って代わったのである。そこで王や皇帝にとっては相続人を作ることが死活的に重要であり、もし可能なら、その予備もいた方が良かった――万一のために。相続が不明確で、疑いが生じるような場合には、偽の相続人が介入して、権力を奪取する機会があったのだ。

王国や帝国、貴族の称号を受け継ぎたいという罠に惑わされて、多くの人々が王子や王女、貴族を自称した。その多くはそうするだけの根拠を持っていたが、中には楽観的な詐称者もいた。今日なら単に嘲りや憐れみの対象となるのがオチだっただろうが、過去においてはこれは非常に危険な賭だった。あらゆる危険が彼らを待ちかまえていた。そして彼らの多くが嘘つきであると露見し、惨たらしい最期を遂げることとなった。

主張者や詐称者の武器となったのは、貴族の性行動である。すなわち貴族には愛人を囲う傾向があり、このような不義密通は詐称者に絶好の口実を与えた。自分はこうした不義の子だと主張することができたからである。非嫡出子ゆえに称号や王位は受け継げないにしても、その「面倒」を見てやらなくては、上流階級にとっては厄介事の種となったのである。王族はこれ以上無いほど豊かな賄いを与えた。詐称者たちは繰り返し、混乱期には貴族たちに取って代わろうとした。それが上手くいった例は稀である。王位を詐称する者を怖じ気づかせるために、正体が露見した者にはこの上なく残虐な処刑が用意された。例えばイングランドでは、絞扼《こうやく》、腑抜き、四つ裂きである。

第一に、犠牲者は首を吊られるが、長距離を落下してそのまま首を折り、即死するということはない。その代り、徐々に首を絞扼されるのである。意識を失う際には脚をばたつかせたり悶えたりするが、そうなると綱は切り落とされる。そして必要とあらば意識を回復させせられる。何故なら次の刑罰のためには意識がなければ困るからだ。次の刑罰は腹の切開である。内臓が引きずり出され、目の前の火で焼かれる。また去勢もされる。驚くべきことに、この時点でまだ生きている者もいた。それは少なくとも二人、一五七一年のジョン・ストーリ博士と、一六六〇年のトーマス・ハリソン少将である。彼らは腸を引きずり出されてもなお、処刑人に抵抗していた。最終的な死は、心臓の剔出と首の切断によって訪れる。それから体を四つ裂きにする。首はしばしば、ロンドンを訪れる人に対する警告として、ロンドン橋の大釘に曝される。この想像を絶する野蛮な処刑法は、イングランドでは一九世紀まで続いていた。絞扼、腑抜き、四つ裂きが行なわれたのは男だけで、女性はその慎ましさを守るためにこの野蛮な処刑にかけられることはなかった。そして当然ながらこれは公開処刑だった。何千という男、女、子供が集まって、罪人の死にざまを見物した。

チューダー朝について習う学童はしばしば、ランバート・シムネルとパーキン・ウォーベックの名を聞く。共に王位僭称者だが、その最期は大きく異なっている。実際、ヨーロッパの全ての王室とロシア帝国は、時に暴力を伴う僭称者の挑戦を受けている。

最も嘘っぽい事件は、インドで起ったものだ。ある男が、インドの君主の一人である、バワルのクマルを名乗った。その主張の難点のひとつは、君主の家族の証言では、彼は既に死んでおり、火葬まで済ませていたということだ！　にもかかわらず、インドとイギリスの弁護士は法廷へ行き、火葬された君主が甦ったのかどうか、何年も争ったのである！

ギリシアの王族は、一九〇〇年代初頭、大混乱に巻き込まれていた。一人の王が暗殺され、もう一人は退位し、復位し、また退位した。そしてもう一人は猿に噛まれて死んでしまった！　さらにもう一人は退位させられたかと思えば復位した。この時期は王位僭称者にとっては最高の時だった。驚くべきことに、王位を主張する者はギリシアではなく、スペインからやって来た。エウヘニョ・ラスコルツ（一八八六―一九五二）は、自分の名前はビザンティン帝国の皇帝の名前のひとつであるラスカリスの転訛《てんか》であると考え、一九二三年、エウヘニョ・ラスカリス・コムネノと改名した。コムネノというのもまたビザンティン帝国を治めた皇族の名前である。一九四三年には、彼はアテネ公エウゲニオス・ラスカリス・コムネヌス・パレオログスと名乗っていたが、これほど頑張ったにもかかわらず、彼の主張は正式には認められなかった。

ハリー・ドメラ（一九〇五―七八）というラトヴィア人も、貴族の称号を得るという考えを気に入った。第一次世界大戦直後、一部のドイツ貴族が、ラトヴィアの王子リーヴェンを名乗っていたドメラと、退位した皇帝の孫が似ていると考えた。彼はお忍びで旅をしているドイツの王位継承者だという噂が広まり始めた。この噂が当局の耳に達すると、彼は逮捕され、一九二七年の裁判で自分の詐称は単なる悪ふざけだと弁明し、無罪となった。

アレクシス・ブリマイヤー（一九四六―九五）は、王位に取り憑かれた男だった。コスターマンヴィル（現在のコンゴ共和国ブカヴ）に生まれた彼は、僅か十歳にして色々な国の王位の称号を集め始めた。さまざまな捏造上の称号と名前を通じて、彼はイタリア、スペイン、ロシア、セルビアの王家との繋がりを主張した。彼の主張は死ぬまで続いたが、ほとんど支持は得られなかった。

大物王位僭称者の時代は終った。DNAのプロファイリングによって、今では間違いの無い家系の繋がりを証明できる。さらにDNA試験は、詐称を暴くだけではなく、純粋に王家の子孫であると信じていた幾つかの家族の幻想を打ち砕くこととなったのだった。

平民君主

通常、人間は火葬されてしまえばそれで終りである！　もう二度と生き返ることもなければ、火葬に耐えて生き延びることもできない。火葬された人間が再登場するだろうか？　中には、インドと英国の裁判所のように、インドの君主がそれをやったと信じる人もいる。だが他の人は、彼は詐称者だと考えた。

一九〇〇年代初頭、インドは大英帝国の一部だった。それは王冠の宝石と呼ばれていた。何故なら世界史上最大の帝国の最も重要な部分だったからである。インドの一部は、英国の役人が直轄していた。また他の部分は英国の支配下にあるインドの君主が治めていた。

ラメンドラ・ナラヤン・ロイはベンガル（現在のバングラデシュ）のバワルの地所を共同統治していた三人の君主《クマル》の一人だった。ラメンドラは三人のクマルの内の二番目だった。バワルは東ベンガルで最も大きく、古く、栄えた地所のひとつだった。ラメンドラは人生を満喫し、その結果、一九〇六年には梅毒に罹《かか》っていた。一九〇九年五月八日、治療のためにダージリンにいたとき、彼は急病に襲われて死んだ。そこで翌日火葬に付され、親族たちは帰宅した。

一九一〇年九月、第一クマルが死んだ。数ヶ月後、第三クマルがこの地所の経営には不適と判断された。その結果、この地所は政府のコート・オヴ・ウォーズが引き継ぐこととなった。第三クマルは一九一三年に死んだ。

時折、第二クマルは火葬されておらず、まだ生きているという噂がバワルに届いた。そして一九二一年、その家族は、ダカに現れた托鉢僧こそ第二クマルだという噂を聞いた。そこでクマルの甥が彼に会いにダカに赴いた。そして確かにこの男は伯父に似ていると思ったが、本当にそうなのか確信は持てなかった。その男はクマルの親族たちのところに連れて来られた。彼はド派手に、象に乗って登場した。彼と話した後、一部の親族と地所の借用者は彼がバワルの第二クマル、ラメンドラであると確信した。彼にラメンドラの乳母の名前を訊ねると、正しい答えが返ってきたのだ。これは、ほとんど知る人ぞ知る事柄である。だがラメンドラの未亡人ビブハバティは、彼を夫として受け入れることを拒否した。

英国当局は関係各所に問い合わせ、クマルは火葬されたので、当該人物は詐称者であるという結論に達した。にもかかわらず、この男には幅広い支持が集まった。支持者と反対者は、互いに相手を貶めようとして激しく応酬した。そして復活したクマルを支持するデモの最中に混乱が起き、一人の男が射殺された。

弁護士を呼ぶ

一九三〇年、原告は裁判所へ行って、自分が第二クマルであることを認めさせようとした。裁判が始まるまでに三年が経過した。最大の問題は、彼がどうやって眉ひとつ焦さずに火葬を生き延びたのかということだった。彼によれば、義兄弟が彼に毒を盛り、火葬のために急いで近所の墓地へ遺体を持っていったのだが、実際には火葬は行なわれなかったという。火葬のために雇われた人々は、薪に火をつける前に突如として暴風雨が来たので、遺体をほったらかしにして屋根の下に逃げ込んだのである。そして戻ってみると、遺体は消えていた。その前に通りがかったナガ族の托鉢僧の一団が、地面に横たわる男を見つけて看護婦のところへ連れて行っていたのだ。男はその世話によって元気を取り戻した。彼らはこの奇蹟を見て狂喜した——死んだ男が生き返ったのだ。だが生き返った男は記憶を失っていた。そして数年後に、徐々に記憶を取り戻し始めたという。

法廷では、双方の証人が事実と批難を応酬させた。専門の証人はたくさんいたが、意見の一致は見られなかった。筆跡鑑定の専門家が、第二クマルの署名と原告の署名を比較検討し、両者は同一人物が書いたものだと結論を下した。だが、被告側が雇った別の専門家は、この両者は同一人物によるものでは**ない**と鑑定した。原告側の写真家と画家は第二クマルと原告は同一人物だと主張したが、被告側の専門家は両者の写真は別**人**だと断言した。双方の医学の専門家は、原告の黒子が第二クマルのそれと一致するか議論した。第二クマルが死ぬ直前に彼を診た医者たちの間の意見が一致せず、そのため彼の病状に疑義が投げかけられた。原告が実際に一一年もの間、昔の事を忘れていたのかという点についても、精神病の専門家たちの意見は分れた。

　千人の証人の証言を聞くのに一年以上を要したが、それでもまだ原告側の言い分に過ぎなかった。それから被告側の証言が始まった。これもまた一年を要すると予想された。被告側の用意した証人は、第二クマルの遺体を目撃したし火葬にも出席した、だから原告が第二クマルであることはあり得ないと述べた。また、火葬の前に雨など降っていないし、だから遺体が放っておかれたということもなければ持ち去られたこともない、気象記録は信頼できないと証言した。被告側は、その托鉢僧が詐称者だとする四〇〇人の証人を用意した。第二ラーニ、すなわち第二クマルの未亡人は、自分は夫の遺体に一晩付き添っていた、だから夫が死んでいたことは間違いない、托鉢僧は詐称者であると述べた。第三ラーニ、すなわち第三クマルの未亡人もまた原告は詐称者だと証言した。だが、第一ラーニは彼が確かに第二クマルであると述べた。

　全ての証言が終り、被告側はさらに六週間をかけて話を整理した。裁判は最終的に、一九三六年五月二十日、結論を持ち越しにした。裁判官は三ヶ月かけて事件の理非曲直を考え、判決を書いた。この件は非常に微妙なので、彼は毎晩書類に鍵を掛け、その鍵を枕の下に敷いて寝た。

　最終的に判断を下したとき、彼は原告に賛同し……そしてそのまま隠退してしまった！　こうして原告は第二クマルの家督の三分の一を得た。

弁護士を呼ぶ……再び！

裁判官の判決に関わらず、英国当局は原告にカネを支払うことを拒否し、直ちに上告した。上告はカルカッタの高等法院に受理された。一審で集められた証拠がカルカッタに持ち込まれた。重い書類が全二六巻、総計一一三二七頁！　三人の裁判官は、一九三八年一一月一四日に聴聞を開始した。上訴人は一審裁判官の判決を一行毎に吟味した。それから被上告人は一審裁判官を弁護した。この件には一六四労働日がかかり、一九三九年八月一四日に終った。その後、裁判官の一人が英国に去り、第二次世界大戦勃発のためにインドに戻れなくなった。さらに一年が経過した。彼は将来的にもインドに戻ることは不可能となったと判断されたが、他の裁判官は、これ以上裁判を長引かせることはできないと考えた。そこでイギリスに残された裁判官は手紙で判決を送った。裁判官たちは一九四〇年八月に法廷に集まった。最初の二人の裁判官は意見が分れた。第一の裁判官は、上訴人の敗訴とした。一審の裁判官の発見に事実や判断の誤りを何も見出すことができなかったのである。第二の裁判官はこれに反対し、上訴人の味方をした。そして封印されていた、英国から送られた判決が開かれる時が来た。その結果、上訴人は敗訴となり、下級裁判所の判断に対する上訴は却下された——かくして、原告は第二クマルとして確定した。

クマルの未亡人は諦めなかった。彼女はさらにロンドンの枢密院に上訴した。戦争で遅れたこの上訴は、一九四六年七月三〇日に却下された。その報せは翌日にカルカッタに届いた。ふたつの大陸における訴訟は最終的には被告を疲弊させただけで、原告はあらゆる段階で勝利した。それから数日間、クマルの邸宅に彼を祝福するために集まって来た人々は、彼が死んだと聞かされて茫然とした。勝利を知らされたまさにその日、彼は卒中で倒れ、二日後に世を去っていたのだ。敵の中には、それこそ天罰だと言う者もいた。不気味なことに、枢密院への上訴の前に、占星術師たちはクマルの未亡人に、上訴には負けるが勝者はその成功を楽しむことはできないと予言していた。

三つの法廷が、件の記憶喪失の托鉢僧は「火葬された」バワルの第二クマルだと認めたが、彼の妻のビブハバティは頑としてこれを拒んだ。コート・オブ・ウォーズはクマルに支払うべきカネを、裁判が終るまで保留していた。原告は第二クマルであることが確認されたが、その直後に死んだので、コート・オブ・ウォーズはビブハバティに、保留されていたかなりの額のカネを受け取る権利があると報せた。だが彼女は、このカネを受け取ることは原告が実際に彼女の夫だったという裁判所の判断を受け入れることになるという理由で、カネの受け取りを拒んだ。

原告は本当に第二クマルだったのかもしれないし、狡猾な詐称者だったのかもしれない。一説によれば、彼は第二クマルの父親の私生児であり、だから家族に似ていたし、家族の事情も知っていたのだといいう。だが、今日では可能となったアイデンティティと親族関係に関する検査ができなかった当時のこと、彼が本当に何ものなのか、誰にも判らない。

消えた王太子

フランス王ルイ一六世と、王妃マリ・アントワネットは、一七九三年に断頭台に送られた。彼らの幼い息子、王太子の運命はよく判らない。彼は死んだのか？ 生き延びたのか？ この混乱は、王太子と詐称するには格好の状況を生み出した。

一七九三年に両親が処刑された時、当時八歳だった王子ルイ＝シャルルと、姉の王女マリ・テレーズはパリの堂々たる中世のタンプル監獄にいた。その立派な鼠だらけの塔は、かつてのテンプル騎士団の拠点で、一三世紀に建てられたものだった。マリ・テレーズは一七九六年に流刑となったが、この頃にはルイ＝シャルルは行方不明となっていた。公式には、彼は一七九五年六月八日に死んだことになっている。少年の遺体はフィリップ・ジャン・ペレタンが検屍し、死因は結核であるとされた。遺体を見た者は全員、守秘を誓い、あるいは彼の死の報せが洩れるのを防ぐために投獄された。少年の遺体は、サン＝マルグリット墓地の無銘の墓に葬られた。必然的に、彼は革命派によって殺害されたという噂があり、そして彼は王党派にとっての希望でもあったので、支持者たちが鼠の湧く牢獄から彼を生きたまま救出したという噂も流布していた。

一八一四年フランスに君主制が復活すると、間もなく人々は王位に就くべきルイ＝シャルル、すなわち国王ルイ一七世であると思しき人物を挙げ始めた。その数は百人以上に及んだ。消えた王太子の物語と関係する有名人の一人が、博物学者ジェイムズ・オーデュボンである。オーデュボン自身は自分が失踪した少年であると主張したことはないが、ルイ＝シャルルがもし生きていれば彼と同い年で、彼はルイ＝シャルルが牢獄を脱出したと言われる時以後に養子となっている。だが、後にオーデュボンはサン＝ドミング（今日のハイティ）の生まれだと判明した。最も説得力ある主張者は、ドイツの時計職人カール・ヴィルヘルム・ナウンドルフである。ナウンドルフは一八三三年にパリに来て、何人かの旧王宮のメンバーと会ったが、彼はフランス語がへたくそで強いドイツなまりがあったものの、皆彼こそ本物だと確信した。中でも、おそらく他の誰よりも王太子をよく知っている乳母のアガート・ド・ランボーまでもが彼を本物と認めた。だが、王太子の姉マリ・テレーズは彼を受け入れなかった。

ナウンドルフによれば、王太子である彼は牢獄の中で身代わりの少年と交替し、その少年はその後間もなく死んだ。牢獄の別の場所に隠れていたナウンドルフは、その死んだ少年の柩に入って牢獄から抜け出したのだという。だがその後また捕まり、幾つかの牢獄を転々とした後に、遂に脱出に成功した。その主張を推し進めるため、彼は王女マリ・テレーズに対して財産を返すよう告訴した。国王は彼を逮捕してイギリスに追放した。そこで彼はブルボン爆弾と呼ばれる装置を発明した。一八四一年五月、彼の工房で火災が発生した。爆弾を守ろうと必死になっていたときにそれは爆発し、彼は酷い火傷を負った。さらに一年もしないうちに、工房はまたしても火事を起して全焼した。近隣住民は、この厄介な外国人を追い払おうとした。ブルボン爆弾は金食い虫で、ナウンドルフは債権者の牢獄に入れられた。そこへオランダの陸軍省が助けに来て、彼の発明を買った。彼は牢獄を出てネーデルランドへ行き、そこでオランダ陸軍の爆発物指導者となった。彼は一八四五年八月十日にそこで病死したが、毒殺されたという噂が広まった。彼はフランス王ルイ一七世として葬られた。彼の子孫の中には、「ド・ブルボン」という名字を採用する者もいた。ブルボンとは、ルイが所属していたヨーロッパの王家の名前である。

その後、ＤＮＡ鑑定が可能となり、それによってこの問題は永遠に片がついた……否、果たしてそうなのか？

問題の心臓

一九五〇年、ナウンドルフの墓が開けられ、分析のために骨が取り出された。この骨のDNAはマリ・アントワネットのものとは一致しなかった。ゆえに、ナウンドルフが消えた王太子ではなかったことははっきりした。だがもうひとつの謎は依然として残っている——タンプル牢獄で死んだ少年は本物の王太子だったのか、あるいは他の主張者たちの中に本物がいたのか？　驚くべきことに、死んだ少年の遺体の一部は現存しており、DNA鑑定に掛けることができたのだ。

フィリップ・ジャン・ペルタンが少年の遺体を検屍したとき、彼はその心臓を盗み出した。当時、王家の者の心臓を埋葬前に取り除くことは普通の慣習だったが、それを医者が保管するというのは普通の慣習とは言えなかった。だが彼はこれをアルコールに漬け、書斎に隠した。それが後に、学生の一人によって盗み出される。犯人は彼が唯一それを見せた人物だった。彼はその学生を追ったが、学生はちょうど死んだばかりで、その男の未亡人から何とか心臓を取り戻すことに成功した。彼はそれを復位した君主に返そうとしたが、ルイ一八世は受け取りを拒否した。偽物ではないかと疑ったのである。ペルタンは、ルイの後を継いだシャルル十世にもう一度これを献上したが、受け取ったのはパリ大司教で、一八二八年のことだった。最終的に一九七五年、それはフランスに返還され、パリ近郊のサン＝ドニ・バシリカの王家の地下納骨堂に納められた。

一九九九年、この心臓からサンプルが採取され、ベルギーとドイツの異なる研究所に送られた。マリ・アントワネットとその姉妹、そして現存する子孫たちの髪の毛と共に。さまざまなサンプルのDNAは一致した。そこで、タンプル牢獄で死んだ少年は消えた王太子自身であり、正統なフランス国王ルイ一七世だということが判明した――のだろうか？　必ずしもそうとは限らない。DNAの一致は、単に心臓の主と髪の毛の主の血縁関係を示しただけだ。マリ・アントワネットと心臓の主が親子であることが証明されたわけではないし、心臓の主が消えた王太子であると確認されたわけでもない。また、検屍からDNA鑑定までの間に、この心臓は長距離を、頻繁に移動している。だからその正統性までは証明できない。

陰謀論者は、王になっていたかも知れない少年の運命について、今も考察を続けている。だが今では一般に、歴史に書かれているようにルイ一七世は一七九五年にタンプル牢獄で死んだのであり、カール・ヴィルヘルム・ナウンドルフは王位を主張して受け入れられなかった詐称者の一人に過ぎないと認められている。

国王擁立者の操り人形たち

ヨーク家の最期の王リチャード三世が死ぬと、イングランドの王位は最初のチューダー朝の君主であるヘンリー七世が簒奪《さんだつ》した。ヘンリーはその後、何度かその王位の正統性に難癖をつけられるが、その一部は国王詐称者によるものだった。

一四八五年の戦いでヘンリー七世が王座を獲得した時、イングランドの対立する二つの王家――ランカスター家とヨーク家――は、王位を巡って三〇年も戦いを続けていた。ヘンリーは母方を通じて、ランカスター家の分家の子孫である。彼はヨーク家のエリザベスと結婚することで、両家の争いを止めようとした。彼が徽章として選んだチューダーローズは、両家の紋章を組み合わせたものである――ランカスター家の赤い薔薇と、ヨーク家の白い薔薇。ヘンリーは彼を除こうとする一連のヨーク派の策謀に直面した。

ヘンリーは潜在的なライバルの一人であるウォリック伯エドワード（一四七五―一四九九）の脅威を鎮圧するため、彼をロンドン塔に幽閉した。ウォリック伯は、一四八四年に国王リチャード三世の唯一の息子が死んだとき、王位継承者に推薦されたことがあった。しかし王は後に、リンカン伯ジョンを自らの後継者に選んだ。だがリンカンもまた王位には就けなかった。ボスワース・フィールドの戦いでリチャードの軍を破った後、ヘンリー七世が王位を簒奪したからである。

人形遣いサイモン

オクスフォードの司祭リチャード・サイモンは、ウォリック伯が塔で死んだという噂を聞きつけ、自分が国王擁立者になってやろうと考えた。彼は既にランバート・シムネルという少年を仕込んでおり、彼を塔の中にいた二人の王子のうちの一人、ヨーク公リチャードに仕立て上げようと計画していた。

塔の中の二人の王子は、ヨーク家の王エドワード四世の息子たちだった。一四八三年にエドワード四世が死ぬと、その長男が国王エドワード五世として即位することを宣言したが、まだ一三歳の少年であったため、伯父のグロスター公が摂政に任命された。だが、グロスターは自ら玉座に目をつけていた。

彼は少年をロンドン塔に幽閉し、そこで少年は弟のヨーク公と会った。少年たちはそこで私生児であると宣言され、グロスターが王位についてリチャード三世となったのだ。

この王子たちは一四八三年夏以後、生きている姿を目撃されたことがなく、グロスター公の部下たちに殺されたと考えられている。彼らの運命が判らないだけに、説得力ある詐称者なら、王国に自らの権利を主張することができた。これが、リチャード・サイモンがランバート・シムネルに与えた役割である。

王子の訓練

シムネルは何も王家の血を引いていたわけではなく、元はオクスフォードの商人の息子だった。サイモンが彼を計画の主役に選んだのは彼が塔の王子たちに似ていたからだが、ウォリック伯もまた塔で死んだらしいということを聞きつけると、サイモンは計画を変えた。シムネルはすぐさま訓練をやり直し、ウォリックになりすますことにした。そしてウォリックの生涯と家族を完璧に叩き込まれた。

サイモンはウォリックが塔から脱出したという噂を流した。彼はシムネルをウォリックに仕立て、アイルランドへ連れて行った。そこではまだヨーク家がかなりの支持を得ていた。アイルランド総督（アイルランドにおける国王の代理人）キルデア伯はヨーク家のシンパで、喜んでシムネルの主張を受け入れ、彼を口実にヘンリー七世を打倒し、ヨーク家をイングランドの王位に返り咲かせようとした。

一四八七年五月二四日、シムネルはダブリンでエドワード六世として戴冠した。それからキルデアは兵を集め、イングランド侵略に備えた。一方、リンカン伯はリチャード三世の後継者に指名されていたが、ブルゴーニュを訪れて、ブルゴーニュ公爵未亡人のマーガレット・オヴ・ヨークに救援を訴えた。マーガレットは、キルデアの軍に対して二千の兵を送ることに承諾した。国王ヘンリーは事態を知ると、本物のウォリック伯を塔から出して、イングランドの領主や男爵に対して詐称者を支援させないよう、彼に行進させた。イングランドの貴族たちがウォリックはまだロンドンにいて王の支配下にあることを受け入れる一方、アイルランド人はシムネルこそウォリックであると信じ続けた。彼らはまた、イングランドにはヨーク家を王位に返り咲かせようとする民衆の大きなうねりがある、と誤解していた。

戦闘開始

シムネルの軍は一四八七年六月五日にイングランドに到達した。期待していたイングランド人の支持は得られなかった。侵略軍は進軍を続け、一一日後、ノッティンガムシャーのストークフィールドの戦いでヘンリー王の軍と会敵した。叛乱軍八千に対して国王軍は一万二千、しかもその多くは侵略軍よりも経験でも装備でも優っていた。シムネルの軍は僅か三時間で敗れ、王位に就くという彼のインチキな主張も終りを遂げた。だが彼の待遇は支持者たちに比べれば遙かにましだった。支持者たちの戦死は何千人にもおよび、あるいは投獄され、あるいは国王によって地所を没収された。一方リチャード・サイモンは司祭であるという理由だけで命を救われ、終生、修道院に監禁された。シムネルは明らかに大逆罪だったが、まだ僅か十二歳の少年だったので、単に操られていただけの人形だと判断された。ヘンリーはシムネルを許し、王宮の厨房で焼き串を回す仕事を与えた。後に彼は王の鷹匠にまで出世している。彼の正確な死亡日時は不明だが、一五二五年から一五三四年の間に死んだと言われている。

フランドル詐欺

ヘンリー七世が詐称者ランバート・シムネルを撃退してからちょうど四年後、あらたな偽相続人をでっちあげるさらに危険な計画が始まった。だが今回の詐称者は、シムネルほど幸運ではなかった。ランバート・シムネルがイングランドの王位に就くのに失敗した時点で、国王ヘンリーはヨーク家の脅威は去ったと考えたのかもしれない。だが、ブルゴーニュ公爵未亡人マーガレット・オヴ・ヨークは、シムネルが失敗したことをやり遂げる、もっと有力な詐称者を探していた。そしてパーキン・ウォーベックという若者こそ、適切な候補者であると判断した。

ウォーベックは一四七四年頃、フランドルのトゥールネーの街に生まれた。父親は街の検査官、すなわち公費の支出を監督する政府の役人である。十歳の時、母親はオランダ語を学ばせるために彼をアントワープへ連れて行った。彼はそこで幾つかの職を経て、最終的には絹商人のもとで働き、この商人と共に一四九一年にアイルランドを訪れた。ヨーク家の支持者たちは、美しい絹の服を着た優美な若者を見て、彼こそシムネルがなりきれなかったウォリック伯であると信じた（あるいは信じたがった）。ウォーベックは自分はウォリックではないと言い張ったが、ならばということで、今度はヨーク公リチャードだということにされてしまった。つまりリチャード三世の手でロンドン塔に幽閉された二人の兄弟の弟の方である。彼はアイルランドの貴族たちの支持を得るために彼らに拝謁させられた。だが彼らのほとんどは、シムネルの件で手ひどくやられたばかりで、もう一度叛乱を起すなどまっぴらであった。

ヨーク公リチャードが生きていて、自由の身になったという報せはヨーロッパ中に広まった。一四九二年夏、ウォーベックは国王シャルル八世からフランスへ招かれた。シャルルは彼を王子として歓迎した。ウォーベックにとって不運なことに、その後フランスとイングランドの関係は向上した。一四九二年一一月、シャルルはエタープルでイングランドと平和条約を結び、イングランドによる侵略の脅威を回避した。その結果、フランス人はウォーベックを追放することに合意した。彼はフランドルに移り、そこでブルゴーニュ公爵未亡人マーガレット・オヴ・ヨークに会う。彼女は本物のヨーク公の叔母である。この時点で彼女は既に彼の詐称に荷担し、裏で糸を引いていたのかもしれない。

ヘンリーはマーガレットがウォーベックを支持したことに激怒し、フランドルとの通商を停止した。マーガレットはウォーベックがヨーク公であると認め、彼を重要人物たちに紹介した。中でも特筆すべきはヨーロッパ最高の権力者である神聖ローマ帝国皇帝マクシミリアン一世である。マクシミリアンは心から彼を後援した。かくして、イングランド侵攻の準備が始まった。

侵攻

ヘンリーのスパイは既にウォーベックの動向を監視していた。ウォーベックの共謀者とヨーク家のシンパが既に自分の宮廷にいることを知ると、ヘンリーは彼らを処刑した。その中には宮内長官のサー・ウィリアム・スタンリーもいた。スタンリーはかつてヨーク派だったが、その後寝返り、ボズワスフィールドの戦いではヘンリー側についてヨーク派相手に戦ったのだ。だが、彼はウォーベックを援助したことを認めたため、斬首された。

ウォーベックによるイングランド侵攻は一四九五年に開始されたが、それは惨めな戦争だった。ようやく掻き集められたのは一四隻の小船のみ。侵略者の多くはケント州ディールの海岸で返り討ちに遭った。あまりの完敗ぶりに、ウォーベックは下船すらせず、そのままアイルランドへ向かった。だがそこにもうほとんど支持者は残っていなかったので、さらにスコットランドへ向かい、スコットランド王ジェイムズ四世から歓待を受けた。ジェイムズは彼に従姉妹のレイディ・キャサリン・ゴードンとの結婚を斡旋するほど彼に惚れ込んだ。

一四九六年九月、国王ジェイムズとウォーベックはノーサンバーランド侵略を開始した。だがそれはウォーベックの最初の侵攻と同じくらい惨めな結果に終わった。彼らはイングランド領内に四マイルかそこら侵入しただけで、イングランド兵が近づいて来ると、慌ててスコットランドへ引き返した。間もなくこの若い詐称者に飽きたジェイムズは、クークー号という船で彼を送り返した。アイルランドを短期間訪れた後、彼は一四九七年九月にイングランドのコーンウォールに上陸した。高い税金に対するコーンウォール人の反抗を利用しようと目論んだのだが、皮肉なことに、増税の原因のひとつは、ウォーベックが焚付けたスコットランドとの戦いに備える資金だったのである。

国王リチャード四世

それでも何とか八千人のコーンウォール人の支持を得たウォーベックは、ボドミン高地で国王リチャード四世として即位を宣言した。支持者の集団はエクセターに行軍したが、この街を落とすことはできなかった。そのすぐ後、国王の手下が押し寄せると、ウォーベックはハンプシャーのビューリー修道院に逃げ込み、後に降参した。彼の妻は、コーンウォールのセント・マイケルズ・マウント要塞で捕えられた。ヘンリーは彼女を宮廷へ連れて行き、そこでヘンリーの王妃エリザベス・オヴ・ヨークの女官として働かせることにした。そしてコーンウォールの叛乱の指導者たちを処刑し、ウォーベックを投獄した。彼はすぐにも供述書に署名することに同意した。

一四九九年一一月二三日、二五歳のパーキン・ウォーベックはロンドン塔からタイバーンに連行された。彼はそこで公に、自分はエドワード四世の息子ではないし王家の血も引いていない、と認めた。数分後、首に綱輪が巻かれた。彼は吊され、しかる後に斬首された。

偽ドミトリーたち

一七世紀初頭のロシアは、市民の暴動、飢饉、侵略の時代だった。一ダースを越える詐称者が、イヴァン雷帝の王位の継承者を自称した。中でも有名なのは、偽ドミトリーと呼ばれる三人の男である。

ロシアのイヴァン四世は、初めてツァーの称号を名乗ったロシアの指導者である。彼は一五三三年から一五八四年まで統治し、「イヴァン雷帝」の渾名を奉られた。何かと言えば激怒して暴力をふるう傾向があったからである。ある時など、怒りのあまり長男であり後継者であるイヴァン・イヴァノヴィチに襲いかかり、彼を撲殺してしまったほどである。イヴァン雷帝自身が死んだとき、その権力は三男フョードルに移譲された。ツァー・フョードル一世は病弱で純真な人物で、政治には興味を示さず、男の相続人も作れなかった。一五九八年、彼の後を継いだのはフョードルの玉座の背後で権力を握っていたボリス・ゴドゥノフだった。

　ゴドゥノフの治世は、「動乱時代」と呼ばれるロシア史上の混乱期の始まりである。作物の不作で、人口の三分の一が餓死した。国中に大きな動乱、不平不満があり、これを統制することはゴドゥノフの手に余った。別の指導者の出現の機は熟していた。そしてまさしくその時、ドミトリーなる男が突如として出現し、イヴァン雷帝の末子ドミトリー・イヴァノヴィッチを名乗ったのである。実際のドミトリー・イヴァノヴィッチは、一五九一年に謎の死を遂げていた。刺殺されたのだが、その犯人が誰か、知る者は誰もいないのだ。もしかしたらボリス・ゴドゥノフの手によって、彼と玉座の間の最期の障害物として除去されたのかもしれない。ドミトリーの死を巡る謎のおかげで、噂好きの者は彼が死んではおらず、ただ身を隠しただけであり、まさしく帰還して玉座を我が物とする時を待っているのだと主張することができた。

最初の偽ドミトリー

　最初の偽ドミトリーは、一六〇〇年代初頭にポーランドに出現した。その主張が広まり始めると、ポーランド貴族の一部は彼の後援に回った。こうして彼は何とかモスクワに進撃できるだけの軍を整えた。ロシア国境をわたると、反ゴドゥノフ派の国境の町もまた彼を支援した。軍事組織ドン・コサックと大貴族たちも彼を後援した。かくして革命は勢いを得た。

　そうこうするうちにゴドゥノフが死んで、息子のフョードル二世がゴドゥノフのあとを継いだ。だがフョードルが王位について二ヶ月もしない内に、ドミトリーの軍がモスクワに到着、彼を投獄してしまう。一六〇五年六月二十日、ドミトリーは市街に入城し、一ヶ月後にツァーとして戴冠した。

だがツァー・ドミトリーは、幾つかの慣習を破ったことで人気を急落させた。カトリックであった彼は、これまで当然であったツァーとロシア正教との間に親密な関係を築けなかったのだ。結婚もしたが、やはり慣習を破ってその妻は正教会に改宗しなかった。そのうちに、彼がロシアをカトリックに改宗させようとしているという噂が広まった。これによって彼は教会と貴族の内部に強力な敵を作ることとなり、支援者たちは手を引いた。特に大地主たちを満足させられるだけのカネがなくなると、その人気の下落にさらに拍車がかかった。

そんな時、ヴァシリー・シュイスキーが彼に対して叛乱を起した。一六〇六年五月一七日、叛乱はクレムリンを襲った。ドミトリーは窓から逃げ出したが、変な落ち方をして脚を折り、そこで倒れていたところを銃殺された。遺体は数日間晒しものにされた後、荼毘に付された。一説によれば、その灰は大砲に詰められ、彼の出身地――ポーランドに向けて発射されたという。ヴァシリー・シュイスキーはツァー・ヴァシリー四世となった。この最初の偽ドミトリーの正体はグレゴリー・オトレピエフという若い修道僧であったと考えられている。

第二の偽ドミトリー

最初の偽ドミトリーが死んでちょうど一年後、第二の偽ドミトリーが現れた。ロシアの遥か西、スタロドゥーブの街にである。当初、彼は大貴族を自称していた。街の人々は疑いを抱き、彼を訊問した。拷問を受けた彼は供述を変え、自分はドミトリー・イヴァノヴィッチ、すなわちイヴァン雷帝の玉座の後継者であると主張し始めた。その主張は拷問下で引き出されたものであったがために信じられ、かつて最初の偽ドミトリーを支持したポーランド人とリトアニア人は彼のもとに結集し、彼にカネと兵を与えた。彼の小さな軍隊はモスクワを目指して進軍し、そして当初は大勝利を収めた。一六〇八年のボルホフの戦いでは、ツァー・ヴァシリーの軍隊をも撃破したのである。モスクワ近郊のトゥシノに辿り着く頃には、僅か七千五百だった彼の軍隊は、十万もの大軍団に膨れ上がっていた。そこで無秩序に野営した彼は、トゥシノの叛逆者と渾名されることとなる。

この偽ドミトリーの勢いは止めようがないかのように見えたが、ポーランド王ジグムント三世がロシアに侵攻すると、ドミトリーのポーランド兵は彼のもとを去ってポーランドの侵略軍に合流した。同時に、ロシアとスウェーデンの大連合軍がモスクワ防衛のために到着した。ドミトリーは逃亡を余儀なくされ、百姓に身を窶した。彼は中央ロシアのコストロマに逃げ込み、そこから二度目のモスクワ攻撃を開始したが、失敗に終った。ロシアの王位を狙う彼の試みは一六一〇年十二月一一日に潰えた。彼自身の親衛隊員であったピョートル・ウロソフ王子に頭を撃たれたのだ。ドミトリーはその数週前、ウロソフを公衆の面前で鞭打ちにして屈辱を与えていたのである。二番目の偽ドミトリーの正体は不明だが、高い教養の持ち主で、ロシア語とポーランド語に堪能であったために、おそらく司祭の息子であったと考えられている。

第三の偽ドミトリー

その僅か三ヶ月後、一六一一年三月、第三の偽ドミトリーが現れた。彼に関してはほとんど知られていない。彼はエストニア国境近くのイヴァンゴロドの街に徒歩で入り、イヴァン雷帝の息子ドミトリー・イヴァノヴィッチであると自称した。シドルカという名の輔祭であったと考えられており、幾人かの支援を得たものの、すぐにモスクワ当局によって捕えられ処刑された。

二年後、ロマノフ王朝の樹立と共に動乱時代が終りを告げた。ロマノフ家はその後、一六一三年から一九一七年まで、三百年以上にわたってロシアを支配することになる。一九一七年、ボルシェヴィキの革命家がツァー・ニコライ二世を退位させ、彼を家族と共に処刑。ツァーの支配は永久に終りを告げる。

画家の王女

一八〇〇年代初頭、オリヴィア・セレスという女性が、将来のイギリス王に対して書簡を書き、自らが王家の王女であると主張した。

一八一七年、摂政宮はオリヴィア・セレスから書簡を受け取った。彼女は国王の弟であるカンバーランド公の娘を自称し、またランカスター公妃の位階を授かったと主張、ランカスター公爵領からの収入を要求した。この公爵領は一三世紀に設立されたもので、国王の収入源となっていた。今日ではイングランドとウェールズに四万六千エーカーの市街地と田園を持ち、三億五千万ポンドの価値があるとされている。

セレスは、自分はカンバーランド公女オリーヴであると主張したが、その主張はカンバーランド公とオリーヴ・ペイン夫人の不倫に基づくものだった。もしも当時の噂話が事実であれば、二人は実際に関係を持っていた。公とウィルモット嬢（後のペイン夫人）は一七六七年に密かに結婚していたという噂まであった。セレスの主張は、彼女と公が似ているという報告によって裏付けられた。だが王家は彼女を拒絶した。

彼女は一八二〇年代に再び主張を開始した。〈ザ・ブリティッシュ・ルミナリ〉紙は彼女の問題を取り上げ、家系学者ヘンリー・ニュージェント・ベルは彼女を調査した上で本物と認めたと言われている。だが彼女の話は既に変っていた。今の彼女の主張によれば、ジェイムズ・ウィルモット博士（詳細は後述）が、ポーランド王スタニスワフ一世の姉妹であるポニャトフスキ王女と密かに結婚しており、その娘がウィルモット博士の姉妹であるペイン夫人に預けられた。この少女が十八歳の誕生日を迎えると、彼女はカンバーランド公とウォリック伯の目を同時に惹いた。そして勝負に勝った公は一七六七年に彼女と結婚した。オリヴィアはこの二人から生まれた独り子である、と主張したのだ。彼女によれば、生まれて僅か十日後に彼女はウィルモット博士の兄弟であるロバートの娘と取り換えられ、以後、このロバートの娘として育てられたという。

法の及ばぬ女

オリヴィアは常に金銭的に困窮し、しばしば債務者刑務所に放り込まれていた。そこはどうしようもないほど苛酷な場所だった。一八二一年に負債のために逮捕されると、自分はカンバーランド公の娘なのだから、債務のような民事問題で逮捕や裁判は受けなくて良い、と主張した。裁判所はこれを却下、彼女に不利な判決を下した。

一八二三年、下院議員のサー・ジェラード・ノエルが、議会でオリヴィアの主張に関する質問を行なった。内務大臣サー・ロバート・ピールはその主張には根拠がないと糾弾した。オリヴィアの夫は、公の論争からは身を退いていたが、一八二五年の死に際して遺言書の中に声明を残し、彼女の主張には何一つ真実はないと否定した。一方、王家は既にオリヴィアの出生証明書を得ていた。それによれば、彼女の父ロバート・ウィルモットはコヴェントリー出身の家屋塗装業者だった。彼は自分がオリヴィアの父であると断言した。そして彼女が母親であると主張したペイン夫人は、実際には彼女の叔母だった。

記録によれば、オリヴィア・ウィルモットは一七七二年四月三日にウォリックに生まれたが、子供時代のほとんどを、バートン゠オン゠ヒースで教区牧師をしていた独身の伯父、ジェイムズ・ウィルモット博士のもとで過した。一七歳になった時、画家のジョン・トーマス・セレスから絵の手解きを受けた。二人は明らかに気が合ったらしい。というのも一七九一年九月一七日、彼らはウィルモット博士の秘蹟によって結婚したからである。だがその結婚生活は求婚の時期ほど幸福ではなく、一八〇四年に二人は離婚した。オリヴィアは自力で絵の勉強を続け、ロイヤル・アカデミーで作品を展示した。一八〇六年、彼女は王家と最初の接触を持った。プリンス・オヴ・ウェールズの風景画家に指名されたのだ。これによって彼女は、王家の人々が楽しんでいる圧倒的な富と贅沢を垣間見た。このことと、彼女の叔母と国王の兄弟との情事の噂が、彼女の主張の種となったらしい。そして彼女自身、それを信じていたのかもしれない。

家族の伝統

一八三四年十一月二一日にオリヴィアが死ぬと、娘のラヴィニアが家族の伝統を受け継ぎ、カンバーランド公女ラヴィニアおよびランカスター公妃を自称した。かつて彼女の母親を助けた下院議員のサー・ジェラード・ノエルは、彼女を援助する委員会を作った。それは国王ジョージ四世の遺言執行者であるデューク・オヴ・ウェリントンに、ジョージ三世が自分に残したと彼女が主張する遺産を与えるよう申し入れていた。だが、この申し入れは却下された。彼女は一八六六年に再び主張を試みたが、証拠として提出した書類の一部の署名が偽造であると判断された。王家は遂にオリヴィアとその娘から解放された。

ティチボーンの訴訟人

イングランドのある高貴な家族の相続人が姿を消した。国際的な調査が行なわれ、最終的にその相続人がオーストラリアにいることを突き止めた——だがはたしてそうなのか？　イングランドの裁判史上、最も長い裁判のひとつが、それを明らかにするだろう。

一八五四年四月二十日、三本マストの帆船ベラ号が、リオデジャネイロの係留所を離れ、ジャマイカに向けて出発した。しかしその後、その船の姿を見た者はなかった。船は海の藻屑と消えたのだ。乗客の中にロジャー・チャールズ・ティチボーンという人物がいたが、彼の父であるサー・ジェイムズ・フランシス・ダウティ・ティチボーンは一七世紀にまで遡るティチボーン準男爵の十代目だった。この家はハンプシャーに二二九〇エーカーの地所と、ロンドンに不動産を所有し、今日の金額にして数百万ポンドの年収を得ていた。

だが、ロジャー・ティチボーンの母レイディ・ヘンリエット・ティチボーンは息子の死を受け入れなかった。とある透視能力者が、息子はある島で生きている、と彼女に告げたのである。また、事故の生存者が通りがかりの船に救助され、オーストラリアに連れて行かれたという噂もあった。彼女は彼を見つけようと、南アメリカとオーストラリアの新聞に広告を出した。

ロジャーは母親が父のもとを去って以来、彼女の手でパリで育てられた。母は彼が一二歳になるまで女の子の格好をさせていた。父は息子をイングランドに連れ帰って自分の支配下に置き、一人前の男に育て上げたがった。何故ならこの少年は家の爵位と地所を継ぐことになっていたからである。父親は、彼が家族でイングランドを訪れていた時に誘拐して彼を取り戻した。彼はランカシャーにあるイエズス会のパブリックスクール、ストーニーハーストに入れられた。母親が彼をフランスに連れ戻そうとしたが、彼はこれを拒否した。ストーニーハーストは両親の大嵐のような結婚生活からの平穏な避難所となっていたのだ。ストーニーハーストを卒業すると、彼は東インド会社で働きたいと願ったが、父はそれを許さず、一八四九年に彼は軍隊に入って騎兵隊将校となった。フランスなまりのきつい英語を話す、痩せこけて内股の騎兵隊将校であった彼には、練兵場の訓練も、乗馬も、軍の指揮もできなかった。彼は従姉妹のキャサリン・ダウティ（キャティ）と落ち着くことを望んでいた。学校の休みに彼女の家族と過して以来、彼女にぞっこんとなっていたのだ。キャティの両親は、当初、この結婚に反対した。だが最終的に態度を軟化させ、二人の結婚を許そう、ただし条件がある、と言った。あと三年、キャティが二一歳になるまで待つこと、そしてカトリック教会から結婚の許しを得ること。何故なら二人はいとこ同士だったからだ。

ロジャーは連隊を率いてインドに赴任することを期待していたが、その任命は取り消され、絶望のあまり一八五二年十月にすっぱり軍隊を辞めてしまった。彼は度々喘息の発作を起していたが、重度の喫煙がそれに拍車を掛けた。軍医によれば、暖かい気候が健康によいということだったので、彼は一八五三年三月に南アメリカを目指して出発した。出発前に、顧問弁護士に封印された包みを預けていた。チリのバルパライソに到着すると、さらに内陸を目指した。一年近く後、リオデジャネイロに辿り着き、南アメリカを発つ準備をした。彼はベラ号に乗ってニューヨークを目指すことにし、その途上でジャマイカのキングストンに立ち寄ることとなった。だが船は辿り着かなかった。出航から六日後、積載されていたロングボートが転覆して大洋を漂っているのをケント号の乗組員が発見したのだ。ベラ号は乗客全員と共に沈没したらしかった。ロジャー、すなわちティチボーン準男爵の後継者も含めて。彼の家族がこの悲劇を知ったのは六月の終りだった。この報せは新しい恋人であるサー・ピクフォード・ラドクリフと結婚する準備をしていたキャティにも届いた。

失踪した息子が見つかった？

ロジャーの父が一八六二年六月に世を去ると、一五歳になるロジャーの弟のアルフレッドが地所を継ぐことになったが、彼は酒の呑み過ぎが原因で二十代で死んだ。一方、レイディ・ティチボーンは依然としてロジャーが死んだことを受け入れられず、何とかして彼を見つけ出そうとしていた。もしも彼がまだ生きているなら、爵位と地所は彼のものになる。一八六六年、レイディ・ティチボーンは驚くべき報せを記した手紙を受け取った。オーストラリアの〈シドニー・モーニング・ヘラルド〉紙に掲載した行方不明の相続人を探す広告を見たニューサウスウェルズ州ウォガウォガの弁護士ウィリアム・ギブズが、失踪したロジャーを見つけ出したというのだ。この人物は今はトーマス・カストロと名乗っているが、リオデジャネイロの近くで遭難した後にオスプレイ号という船に救助され、オーストラリアに連れて来られた。そこで奥地のカウボーイとして働いた後、肉屋となったという。カストロは火皿にＲＣＴとイニシャルの入ったパイプを吸っていた。

ロジャー・チャールズ・ティチボーンは死んだと宣言されていたので、原告のカストロはイングランドの法廷で自分の身分を証明しなければならなかった。イングランドへ発つ前に、彼は暫くシドニーに滞在した。偶然ながら、ティチボーンの地所の元庭師と、ロジャー・ティチボーンの伯父の元小姓がシドニーに住んでいた。両者はカストロの許を訪れ、彼は実際にロジャー・ティチボーンだと証言した。一八六六年九月二日、カストロはオーストラリアを発って、汽船ラカイア号でイングランドを目指した。女の子を産んだばかりの妻のメアリ・アン・ブライアントと、ティチボーン家の元小姓も連れ立っていた。レイディ・ティチボーンはイングランドが嫌いでパリに住んでいたが、長い間行方不明だった息子に会いたくて居ても立ってもいられなくなった。だが他の家族はオーストラリアから来た見知らぬ男に疑いを抱いていた。彼は一八六六年のクリスマスの日にロンドンに着いた。

カストロ、オートン、あるいはティチボーン？

正体を明かさぬままティチボーンの地所を訪れた後、カストロはレイディ・ティチボーンに逢いにパリへ向かった。が、オテル・ド・リル・エ・ダルビオンに投宿し、しかる後に、病気が酷くて会いに行けない旨を彼女に伝えた。このメッセージを受け取った彼女は、もう一秒たりとも待てなかった。ホテルに駆けつけると、彼はベッドに横たわり、顔にはハンカチが掛けてあった。このハンカチが落ちると、まさにそれは彼女の息子だった。彼女は彼が身分を証明し、家督を確実なものにするまで、年一千ポンドを援助すると約束した。

この原告の正体に疑いを抱く他の人々は、彼と失踪したロジャー・ティチボーンの間に重要な違いを見出した。ロジャーは消えた時、九ストーン〔訳注：約五七キログラム〕の痩せた若者だったが、カストロは少なくとも二〇ストーンはあった。また、ロジャーは流暢なフランス語の話者だったが、カストロはフランス語は一言も話せなかった。また彼には、ロジャーにあった刺青がなかった。ロジャーの目は碧眼だったが、カストロは灰色だった。そして彼は旧友の顔も親戚の名前も分からなかった。母親の名前や自分の出身校の名前すら間違えた。にもかかわらず、レイディ・ティチボーンはカストロが自分の息子だと信じ続けた。

裁判の準備が始まった。ティチボーン家の弁護士はカストロの調査を始めた。彼がカウボーイとして働いていた家畜飼育場の主は、カストロの写真をアーサー・オートンという男だと確認した。その他数名が、オートンとカストロが同一人物であると証言した。オートン家は元々ワッピング（ロンドンの一地区）にまで遡ることができた。ロンドンのオートン家が突き止められると、彼らはアーサー・オートンは一八歳の時にオーストラリアへ船出したと証言した。この件がカストロに突きつけられると、彼はこれを否定した。

カストロの支持者たちは、ロジャー・ティチボーンを昔から知っていて、カストロこそがその失踪した相続人だという人々から署名入りの宣誓供述書を集めた。だがレイディ・ティチボーン以外の家族は、彼が詐称者であると確信していた。(カストロにとっては)不幸なことに、一八六八年三月十二日にレイディ・ティチボーンは死去し、その経済的援助は止った。カストロは彼女の葬儀に出席し、その間、ずっと泣き続けた。最も揺るぎない支持者が死んだのだ。彼女が死んだ日、カストロは彼女の息子が南アメリカから送った手紙の箱を彼女の部屋から持出した――詐称者にとってはカネに代えられないほどの情報の宝庫である。もしも彼が詐称者であるなら。

数ヶ月後、オートンの兄弟のチャーリーがやって来て、カストロは自分の兄弟のアーサーであると宣誓した。これでカストロの主張も一巻の終りかと思えたが、その同じチャーリーが、かつてカストロの弁護士に対して、カストロは自分の兄弟ではないと宣誓していたという事実も発覚したのだ。そこで彼は、当時の自分はカストロに月額五ポンドで買収され、嘘をついていたのだと主張した。チャーリーの妻エルターがこの協定に不満を抱き、真実を言うように彼を脅したのだ。そうしなければチャーリーは犯罪者としてオーストラリアに送還されるだろうと。そこでチャーリーは一切を白状することに決めた。彼によれば、兄弟であるアーサー・オートンはオーシャン号という船に乗ってバルパライソに渡り、チリで暫く過した後、イングランドに戻って、ミドルトン号でホバートを目指したという。これによってカストロが南アメリカの事情に詳しく、少々のスペイン語が話せる理由がついた。チャーリーの姉妹もこの話を裏付けた。さらに彼の南アメリカの土産話の幾つかも披露した。それらはカストロが南アメリカでロジャー・ティチボーンとして過した時の話と瓜二つだった。

莫大な裁判費用を支払うため、カストロは債券を売った。額面百ポンドの債券は全て、裁判に勝てばティチボーンの財産から利子付きで払い戻されることになっていた。もちろん、もしも原告である彼が詐称者であるなら、その債券は紙屑になるが。とはいえ彼はこうして何とか四万ポンドのカネを集めた。貴族たちは仰天した。何故ならそれは、一介の平民であっても大衆の支持さえ集めれば、貴族を裁判所に呼ぶに十分な資金を集められることを意味していたからだ。だが、カストロの裁判費用は莫大で、これだけ多額の資金を集めても、僅か一八ヶ月のうちに使い切ってしまった。

貞節の問題

裁判は一八七一年五月十日に始まった。陪審員は愛想を尽かし、ほとんどの者が出廷しなかった。裁判官は出廷しなければ罰金を科すと陪審員を脅す羽目となった。原告の弁護団はカストロがロジャー・ティチボーンであることを証言する八五人の証人を呼んだ。次にカストロその人が証言台に立って、二日を費やして自らの物語を語り、その後、二二日にわたる反対尋問が行なわれた。従姉妹のキャティとの関係を訊ねられると、懇ろな関係にあったと答えた。陪審は、そしてヴィクトリア朝の社会一般は、一人の淑女の私的な振る舞いと貞節に関する彼のあまりの非紳士的で無神経な暴露に驚倒し、彼の支持者はほとんどいなくなった。被告側は一七人の証人を呼んだ。カストロとティチボーンのあらゆる違いが余さず暴露された。カストロのしでかしたあらゆる誤り、そして本物の跡取りなら知っていて当然なのに彼が知らないあらゆる人物が、陪審に示された。ティチボーンのストーニーハーストでの級友は、ティチボーンが左前腕に入れていた刺青のことを話した。他の級友たちもこの刺青の存在を確認した。カストロにはそんな刺青はなかった。

一八七二年三月四日、陪審は裁判官に、聞くべきことは全て聞いたとする異例の手記を送った。カストロの弁護団は裁判の中止を認めた。つまり評決無しにカストロの訴えは却下されたということだ。それから、誰も予期していなかったことに、裁判官は原告（カストロ）の偽証罪を認め、逮捕を命じた！偽証罪（誓約して嘘をつくこと）は重罪であり、長期の刑が科せられる。カストロはその時、法廷にもいなかった。彼はウォータールー・ホテルで逮捕され、ニューゲート刑務所に連行された。そこで僅か一ヶ月あまり過した後、彼は保釈金を払って釈放された。

有罪か無罪か？

カストロの裁判は一八七三年四月二三日に始まった。この裁判は最初の時よりもさらに長くかかった。訴追側と弁護側は、総計五百人以上の証人を集めた。一八八日後、陪審は僅か三〇分でカストロを有罪とした。彼は二つの告発のそれぞれについて、服役七年の判決を下された。だが裁判官は、二つの判決を連続的に実施するよう命じた――総計一四年である。カストロは申立てをしようとしたが、裁判官に止められ、彼は牢獄へと引き立てられた。彼が獄中で惨めに暮らしている間も、支持者たちは彼の釈放を求めて運動したが、無駄だった。最終的に彼は一八八四年、十年と半年の刑期を務めて釈放された。受刑態度の良さから、三年半の減刑を受けたのだ。牢獄の門を出た時、彼の巨体は痩せ細っていた――

投獄されていた間に一四八ポンドも体重が減ったのである。彼の妻メアリは、彼の不在の間生活ができず、救護院に入っていた。だが彼は彼女の引き取りを拒否した。多分彼が獄中にいた間に子供を二人も産んでいたからだろう。

彼は再度自分はティチボーン家の相続人だと訴えようとしたが、もはや誰の興味も支援も得られなかった。彼はイングランドのミュージックホールを回り、さらに合衆国にわたって、バー務めで糊口を凌いだ。一八八七年にイングランドに戻ってきた時、彼はミュージックホールの踊り子リリー・エネヴァーと同棲していた。カストロとリリーには四人の子供がいたが、悲しいことに、全員子供の内に死んだ。

一八九五年、〈ピープル〉紙に連載を始めた彼は、そこで自らの罪を告白し、自分がアーサー・オートンであることを認めた。新聞社からもらったカネを元手に、ロンドンのイズリントンで煙草屋を始めた。その後、またしても証言を引っ込め、あの記事はただカネのために書いたのだと主張。だが商売にも失敗し、教区の救貧院に頼らざるを得なくなった。これは社会の最貧困層を支援するシステムで、イングランドとウェールズに一六世紀から第二次世界大戦後まで存在したものである。全ての市民は教区に属していた。教区は裕福な市民に税金をかけ、そのカネで極貧者を支援していた。一八九八年四月一日の朝、カストロは一文無しのまま宿で死んだ。彼はパディントン墓地の無銘の貧窮者の墓に葬られた。その柩には、サー・ロジャー・チャールズ・ダウティ・ティチボーンと記されていた。

アンナの災難

アンナ・アンダーソンとして知られることとなった女性が、自分はロシアの最期のツァーの娘だと主張した。彼女の正体を巡る論争は何十年にもわたって白熱した。彼女は皇女アナスタシアなのか、それともただの詐称者なのか？

アンナ・アンダーソンの物語は、一九一七年のロシアでの出来事に始まる。ツァー・ニコライ二世は、一億三千万の臣民を抱えるロシア帝国を治めていた。彼はあらゆる権力を揮った専制君主であったが、時代は変りつつあった。多くの人々が、政府に不満を抱き始めていた。これに対してニコライは、その首謀者を探り出すために秘密警察のネットワークを作った。

ニコライとその妻アレクサンドラには五人の子供がいた——オリガ、タチアナ、マリア、アナスタシア、そしてアレクセイである。不幸なことに、アレクセイはヴィクトリア女王の家系の呪縛、すなわち血友病を受け継いでおり、常にどんな軽症からも身を守らねばならないという宿命があった。よく知られているように、その治療法を探し求めて、皇室は怪僧ラスプーチンを内部に招き入れることになる。

第一次世界大戦中にロシアの状況は悪化し、労働者と政治活動家は変革を要求したが、ニコライは拒絶した。妻のアレクサンドラもまた人気を落していた。出身がドイツだったからである。ストライキやデモが続き、革命の世評が蔓延した。一九一七年三月一一日、ニコライはペトログラード（今日のサンクトペテルブルク）の叛乱を鎮圧するよう軍に命じた。だが、軍人の多くが民衆に銃を向けることを拒否し、反抗した。数日後にニコライは自らこの街に到着したが、大臣や軍の上層部は彼に退位を助言した。そこで翌日、遂に彼は退位した。彼とその家族は自宅軟禁の状態に置かれることとなった。彼らは多くの家を転々とした後、最終的にはエカテリンブルクのイパチェフ館に監禁された。それは不吉なことに「特別目的館」と呼ばれていた。

市民革命が国中に荒れ狂っていた時、皇室を手中にしていたボルシェヴィキは、反共産軍が皇室一家を解放し、ニコライを再び権力の座に就けることを恐れていた。彼らの解決策は野蛮なものであった。一九一八年七月十六日の夜、一家は叩き起こされ、服を着るよう命じられた。写真を撮影するというのである。真夜中を過ぎた頃、地下室への扉が開いたが、入って来たのは写真家ではなく、十一人の兵士であった。皇室一家は処刑を告げられ、兵士たちが発砲した。娘たちは銃撃を生き延びたため、銃剣で刺殺された。彼女らは衣類に数ポンドの宝石を隠しており、それが防弾着のように弾丸を弾いたのだ。

生き残りが見つかった？

その後数年間、少なくとも一家のうちの一人がこの虐殺を生き延びたという噂が絶えなかった。常に挙げられた名前はアナスタシアである。ニコライとその家族が消えて三年後、南西に八二〇マイルのベルリンはラントヴェール運河で、一人の女性が橋から身を投げた。この自殺未遂から救われた彼女は、決して身分を明かそうとしなかった。彼女はダルドルフの精神病院へ送られたが、職員は彼女のロシアなまりに気づいた。二年後、一九二二年、別の患者が、この謎の女はニコライの娘の一人である皇女タチアナだと告げた。タチアナが生きて脱出したという噂が広まり、すぐにロシアの亡命者たちが彼女に逢いに病院に詰めかけるようになった。ほとんどの者は彼女をタチアナだと信じたが、皇族の元女官が彼女を見て、タチアナにしては背が低すぎると証言した。彼女自身もタチアナであることを否定したが、その後、ニコライのもう一人の娘、アナスタシアを自称するようになった。曰く、ボルシェヴィキの兵士の一人が家族全員を処刑した後、彼女だけにまだ息があるのに気づき、逃亡を助けてくれたのだという。彼女の身体には実際に、処刑失敗の証拠かも知れない酷い傷痕があった。再びロシアの亡命者たちはその話を信じ、彼女のご機嫌を取るようになった。もしも古き秩序が再びロシアに樹立されたならば、アナスタシアの友人や恩人たちは宮廷に出入りできるようになるかも知れないからだ。だが、ドイツの精神病院にいる一人の患者が、実際にはロシアの皇女であるなどということがあり得るのだろうか？

彼女はアンナ・チャイコフスキーと名乗っていたが、侍者たちは彼女をアナスタシアと呼ぶよう主張した。彼女をもてなし、食事をさせてくれる人はいくらでもいた。実際にアナスタシアを知る人物も次々にやって来たが、彼らは彼女がアナスタシアだとは思えなかった。その正体が調査されている間、彼女はアナスタシアの大叔父であるデンマークのヴァルデマール王子の支援を受けた。旅行をするために、彼女はアナスタシア・チャイコフスキーという名で身分証明書を作った。ヴァルデマール王子の家族が支援を止めるよう彼を説得すると、彼女はもう一人のロマノフ家の遠戚であるロイヒテンベルク公ゲオルクから、バイエルンのゼーオン城に家を与えられた。

ニコライの妻アレクサンドラの兄であるヘッセ大公エルンスト・ルートヴィヒは、アンナが詐称者であることを証明しようと決意し、私立探偵を雇って調査させた。そして手筈通り、探偵マルティン・コプフは、彼女の本名はフランツィスカ・シャンツコフスカである、と報告した——ロシアの皇女ではなく、ポーランドの工女だったのだ。軍需工場で働いていた彼女は、手榴弾の事故で怪我をしたことがあった。この事故こそ彼女の傷痕の原因だったのだ。そのすぐ後、彼女は精神病と診断され、しばらくの間、精神病院に入っていた。一九二〇年初頭に彼女はベルリンの宿泊所から姿を消し、以後の消息は掴めていなかった。彼女の物語は、アナスタシアを自称する謎の女の出現と正確に繋がっていた。

フランツィスカの兄弟がゼーオン城の近くのヴァッセルブルクを訪れ、彼女に逢った。彼は彼女を自分の姉妹と認めたが、とある宣誓供述書の中では、彼女が姉妹に非常に似ていただけだと宣言している。彼女には彼が誰だか判らなかったようだった。後に彼は、彼女が自分の姉妹だと知りながら、そのことを証言せず、彼女に真っ当な生活をさせる機会を奪ったと批難された。

西へ

アンナ・チャイコフスキーの正体の謎はさらに広がった。一九二八年、ロシアの王女でアメリカの裕福な実業家と結婚したクセニア・リーズが、旅費を出してアンナを合衆国に誘った。その途上で彼女はパリに寄り、そこでニコライの従兄弟であるロシア大公アンドレイ・ウラジーミロヴィチに会った。彼は彼女こそ本物のアナスタシアだと確信した。定期船ベレンゲリア号でニューヨーク市に着くと、ロマノフ家の侍医の息子グレッブ・ボトキンが彼女を歓迎した。彼の父は皇室一家と共に処刑されていた。グレッブ・ボトキンは自信満々にアンナは疑いなく皇女アナスタシアだと断言し、彼女を「陛下」と呼んだ。

一九二八年はニコライとその家族が消えてから十年目だった。ニコライは法的に死んだと宣言され、ソヴィエト連邦の外に残された彼の地所は親族たちに解放された。ニコライは財産を国外に移していたという噂があった。エドワード・ファローズという弁護士が会社を作って投資家を募り、ニコライの地所を買い漁った。だが、ドイツで少額の金が見つかった以外は、隠し財産はどこにも見つからなかった。

リーズ家に厄介になっていたアンナは、ロシアの作曲家セルゲイ・ラフマニノフの援助を得て、ニューヨークのヘムステッドにあるガーデンシティ・ホテルに移った。嗅ぎつけてくる記者たちを避けるために、アンダーソン夫人と登録した。今や彼女はアンナ・アンダーソンとなった。

ニコライの母君である皇太后マリアが一九二八年十月に死ぬと、一ダースもの親族が会合し、「コペンハーゲン宣言」に署名した。これはアンナ・アンダーソンに詐称者の烙印を捺すものだった。アンナの支持者たちは、親族たちがアンナを相続者から外そうと陰謀を巡らしていると批難した。

一九二九年、アンナは再び動いた。今度はニューヨーク市のパークアヴェニューで、裕福な未婚婦人アニー・バー・ジェニングスと同居し始めたのだ。そうして一八ヶ月にわたってニューヨーク社会の注目を浴びたが、徐々にその行動はおかしくなり始めた。発作的な激怒に見舞われるようになり、ある時などは激怒のあまりペットのインコを殺してしまった。また別の時には、全裸で屋根の上を走り回っているのが目撃された。一九三〇年七月、裁判官は彼女を精神病院に委ね、力尽くで収容した。一年後に退院した彼女はドイツに戻ったが、到着早々、ハノーファー近郊の精神科病棟に入れられた。そこで彼女は正常と診断されたが、アニー・バー・ジェニングスが既に六ヶ月分の部屋代を支払っていたので、そこに留まった。貴族たちにはまだいつでも彼女を援助する用意があり、病棟を出ても、泊る場所に困ることは無かった。弁護士たちはこの件で儲け続けていた。アンナの弁護士たちはニコライの地所を親族たちに明け渡すのを止めようとする一方、親族の弁護士たちは依然としてアンナの正体に異論を唱えていた。

一九三八年、アンナは再びポーランドの親戚たちと逢った。彼らはアンナがフランツィスカ・シャンツコフスカであることを確信したが、ドイツのナチ政府は、もしも彼女が詐称者であるなら投獄されねばならないと断言した。そこで当然ながら、家族は彼女に対して不利な証拠を出すことを拒んだ。支援者たちも彼女に援助を続けた。彼女は各所を転々として暮らした。戦争が終結に向かうと、彼女はしばらくの間、ソヴィエト占領下のドイツに住み、それからフランス占領下の地域へ移った。ロマノフ家の友人、親族、知人らは依然としてアンナの正体の件で割れていた。シュヴァルツヴァルトの小さな村に住んでいた時、皇后の友人が彼女を訪ね、彼女はアナスタシアであると認めた。だがアナスタシアの元家庭教師の一人は、頑として彼女がアナスタシアであると認めなかった。

彼女の物語と、本当は彼女は何ものなのかという疑問は、数多くの書物、演劇、映画を生み出した。フランスでは『アナスタシア』と題する芝居が一九五四年に上演された。それはイングリッド・バーグマンを起用して映画化され、彼女はその役でオスカーを獲った。

米国本土滞在

一九六八年、半ば意識のない状態で発見されたアンナは、病院に担ぎ込まれた。彼女のすまいは酷い状況だった。入院中に、彼女の家は清掃され、犬と六〇匹の猫は処分された。これを知った彼女は激怒し、長年の支持者であるグレッブ・ボトキンの誘いを受け入れて合衆国へ戻ることにした。彼女のビザでは、六ヶ月後には国を出なければならなかったが、ちょうどビザが失効しようとする直前に、彼女はボトキンの友人で歴史学の教授であるジョン・イーコット・マナハンと結婚した。アンナとその二十歳年下の夫は、ヴァージニア州シャーロッツヴィルに暮らした。彼女の正体を巡る多くの訴訟の最後のものが、一九七〇年に終った。残っていたロマノフ家の地所はメクレンブルク侯爵夫人に譲渡された。

一九七九年、アンナは腸を悪くして入院した。腫瘍が見つかり、剔出された。その時、当の彼女は同じ年のロシアでの発見が、アンナ・アンダーソンの物語の終章を開きつつあったことを知らなかった。その報せが世界に届くのは十年後の事で、既にアンナは世を去っていた。一九八三年、健康悪化のため入院し、弁護士が後見人に指名されたが、夫は彼女を病院から連れ出し、ヴァージニア周辺を数日にわたってドライブして過した。それが彼女にとっての最後の自由だった。遂に見つかって病院に連れ戻され、一九八四年二月一二日、肺炎で世を去った。その灰はバイエルンのゼーオン城に埋められた。

DNA鑑定

一九六〇年代、一九一八年の処刑隊の生き残りが発見され、訊問された。曰く、彼らの遺体は浅い穴に埋められたという。だが、司令官は遺体の発見を恐れ、その浸水した地面から引きずり出して焼いてしまおうとしたが、濡れていたためにできなかった。そこでトラックに乗せて別の埋葬場所に運んだが、そこで埋葬作業をしているところを何者かに見つかったので、遺体を再びトラックに積んで行った。このトラックがぬかるみに突っ込んで動けなくなったので、その地点で遺体は下ろされ、ようやく正式に埋葬された。そしてそれを隠すため、その上に鉄道の枕木が敷かれたという。

後に、ロマノフ王朝の謎を調査していた二人の素人研究家、地質学者のアレクサンデル・アヴドニンと元警官のゲリ・リャボフが、手掛かりを含む公式文書を発見し、一九七九年、九つの遺体の残骸が埋められた穴を見つけ出した。遺体は埋葬の前に焼かれていた。当初、彼らは自分たちの発見を公にしないとしていたが、この秘密は守り通すには大きすぎた。リャボフはその発見の報せを一九八九年に公開した。

残された骨からDNAが採取された。まず最初に、遺体の性別が検査された。その結果、四人の男性と五人の女性であることが判った。次なる問題は――彼らは血縁なのか？　DNA検査によって、父親と母親、それに三人の娘がいることが判った。その他の者に血縁はなかった。では、果たして彼らは何者なのか？　彼らこそロシアの皇室一家であり、アナスタシアもその中にいたのか？　英国のエディンバラ公フィリップ王配が提供したサンプルとDNAが比較された。彼の母方の祖母が、皇后アレクサンドラの姉だったのである。この検査、それにニコライの弟であるゲオルク大公の遺体から採取されたDNAなどの鑑定により、遺物はニコライと皇后アレクサンドラ、そしてその三人の娘のものであることが確認された。血族ではない遺体は皇室一家と共に処刑されたことが知られていた従者のものであるらしかった。

ロシア最後のツァーであるニコライ、その妻と三人の娘は一九九八年にサンクトペテルブルクのペトロパブロフスク大聖堂の納骨堂に埋葬された。ピョートル大帝以来、ロシアの代々の皇帝が眠る墓所だ。だが、娘の内の一人はまだ行方不明のままである。それはアナスタシアなのか？　その答が出たのは二〇〇七年、さらに二人の人間の遺物が発見された時だった。それは行方不明だった息子アレクセイと、最後の娘のものだった。それはニコライの一家の中にイパッィエフ館での処刑を生き延びた者は誰一人としていないという証拠に他ならなかった。

アンナ・アンダーソンが詐称者であったという最後の証拠は、一九七九年の腫瘍の手術の際に剔出された腸の一部に対する検査だった。このサンプルから採取されたDNAは、フィリップ王配のものとも、またロシアの皇室一家の遺物とも、あるいは他の親族のものとも一致しなかった。だが、それはシャンツコフスカ家の一員であるカール・マウヒャーが提供したDNAとは一致したのである。アンナは実際にポーランドの貧しい工女フランツィスカ・シャンツコフスカであり、皇女アナスタシアではなかったのだ。

一九二〇年代から一九九〇年代までの間に、他に少なくとも四人の女性がアナスタシアであると主張している。そして一ダースを越える人間が、ロマノフ家の他の一員であると主張しているのだ。しかもその一人は、CIAのエージェントであった！

一九五九年、CIAはポーランドとソヴィエトの秘密情報を含む匿名の手紙を受け取るようになった。CIAはこの謎のペンパルを「スナイパー」と呼んだ。MI5（イギリス軍事情報部）は彼に「ラヴィニア」というコードネームを与えた。彼は西側から洩れた高度なセキュリティがポーランドとソヴィエトまで達している、という驚くべき情報を提供した。彼の情報に基づき、英国海軍潜水艦機構に潜入していたソヴィエトのスパイのネットワーク、〈ポートランド・スパイ組織〉の存在が明らかとなったのだった。スナイパー／ラヴィニアは、英国の対外諜報機関であるMI6内部からの秘密文書にアクセスしているらしかった。MI6内の情報提供者は後に、ジョージ・ブレイクであると判明し、彼は逮捕され、投獄された。だが彼は脱獄してソヴィエト連邦に逃亡した。捕まる前に、彼はKGBにポーランドにいるスパイの存在を警告していた。それがスナイパー／ラヴィニアだった。正体が露見したと判ると、彼は合衆国に寝返り、CIAのために働き始めた。彼の本名はミヒャエル・ゴレニエフスキだった。ポーランドの情報将校として務めていた時、彼はソヴィエト連邦のためにポーランドをスパイしており、ポーランドとロシアの秘密を西側に流していた。

その時点で既に彼の人生は人並み以上に濃いものだったが、さらに彼は奇天烈な主張を開始する。一九六〇年代初頭、彼は自分が行方不明となっているロシア最後のツァー、ニコライ二世の息子であると称し、アレクセイ・ロマノフと名乗り始めたのである。彼の主張の難点の一つは、皇子アレクセイは一九〇四年生まれだが、記録によればゴレニエフスキは一九二二年生まれとなっていたことだ。彼の言い訳によれば、彼は血友病であり（アレクセイもそうだった）、そのために実際の年齢よりも若く見えるのだという！　もう一人のロマノフ家の詐称者ユージニア・スミスは、皇女アナスタシアを自称していたが、一九六三年にゴレニエフスキに逢った彼女は、彼が弟のアレクセイであると認めた。彼もまた彼女を姉のアナスタシアであると認めた。CIAは彼の主張に困惑し、一九六四年に馘首にした。

ゴレニエフスキは、皇子アレクセイを自称する半ダース以上の人間の一人に過ぎない。ロシア皇室一家の遺体が発見され、DNA鑑定によって彼ら全員が一九一八年にボルシェヴィキの暗殺者の手で殺されたことが明らかになって、彼ら全員が詐称者であることが判明したのだった。

4 法からの逃亡者たち

詐称者の中には、犯罪の刑罰を逃れ、新たな生活を始めるために、偽アイデンティティを使う者もいる。そして中には、堂々と暮しながら、偽名のIDカードだけで逮捕を免れた者もいる。伝説的なボストンの犯罪王ジェイムズ「ホワイティ」バルジャーは、指名手配を受けながら一六年にわたって逃亡を続け、ようやく二〇一一年に捕まった。当時八一歳だった彼は、一九件の殺人、薬物犯罪、マネーロンダリング、強奪等の容疑で指名手配を受けていたが、彼の財布は偽のカードでぱんぱんだった。彼は単に違うカードを出すだけで、一瞬の内にアイデンティティを変えることができたのだ。可能な時はいつでも現金払いで、逮捕の危険を最小化していた。だが、FBIによる女性をターゲットとした広報キャンペーンの末に、遂にお縄となった。バルジャーの伴侶であるキャサリン・グレイグは、美容室や歯医者に頻繁に通い、形成外科手術を受けたことがあり、そして犬好きであることが知られていた。彼女に関する情報を掴んだエージェントは、二人が住んでいたサンタモニカの家を突き止めたのだ。

最も名高い逃亡者の一人クリッペン医師は、その妻が謎の失踪を遂げた後、英国から脱出するために偽アイデンティティを採用した。もう一人、ジョン・リストは、家族を虐殺してから一八年間、偽アイデンティティで逃亡を続けた。さらにもう一人、英国の政治家ジョン・ストーンハウスは、新たな名前で新生活を始めることで、経済的困窮から脱出しようとした。クリッペン、リスト、ストーンハウスはいずれも捕まったが、ダン・クーパーという逃亡者の真の正体は今以て明らかになっていない。彼は民間航空機を乗っ取ってカネを要求し、それを持ったまま夜の闇に消えた。以来、彼を見た者はいない。

クリッペン医師の追跡

イギリス史上、最も悪名高い殺人者の一人は、警察がその妻の失踪を捜査している最中に、偽アイデンティティで国外に逃亡した。彼の逮捕は歴史に残る偉業だった。何故なら彼は、最先端の発明である無線を使って逮捕された、世界初の殺人者だったからである。

一九一〇年七月二十日、汽船モントローズ号がベルギーのアントワープを出て、カナダへ向かった。乗船者は三七三名――船員一〇七名、乗客二六六名であった。船長ヘンリー・ジョージ・ケンドールは、二人の乗客の振るまいがおかしいことに気づいた。ジョン・ロビンソンとその一六歳の息子エドマンドと称する二人である。というのは、彼らの様子はどう見ても父と子には見えず、しかも息子はどちらかというと少女のようであったからだ。ケンドールは、イギリスの警察がアメリカの医師ホーリー・ハーヴィ・クリッペンの行方を追っているということを知っていた。その地下室から遺体の一部が発見されたのである。ロビンソンにはクリッペンが蓄えていた口髭はなく、顎髭を生やしていたが、ケンドールはロビンソンがクリッペンなのではないかと強く疑った。幸運なことに、モントローズ号は新発明のマルコーニ式海陸無線通信装置を備えていた。ケンドールはこれを使って、この父子は実はクリッペンとその愛人のエセル・ル・ヌーヴなのではないかというメッセージを送った。

クリッペンの追跡が始まったのは、彼の家での陰惨な発見がきっかけである。七月十三日、警部ウォルター・デュウ率いる警官隊が、ロンドン北部のヒルドロップ・クレセントにある彼の家を捜索していた。地下室の煉瓦の床を持ち上げてみると、石灰に覆われた腐乱死体が出てきたのだ。これは失踪していたクリッペンの妻に違いない、と彼らは見たが、では当のクリッペンはどこにいるのか？

ホーリー・ハーヴィ・クリッペンは一八六二年、ミシガン州コールドウォーターに生まれた。最初の妻シャーロットは一八九二年に卒中で死んだ。ニューヨークで医者として開業しながら、彼は二番目の妻を貰った。彼女の旧名はクニグンデ・マカモツキであったが、クリッペンと出逢う前のいずれかの時点で、彼女はコリンヌ「コーラ」ターナーと改名した。彼女はプロの歌手になるという夢を持っていた。クリッペンは歌のレッスン代を援助した。ステージでは、彼女はまた別の名で知られていた――ベル・エルモアである。一八九七年、クリッペン医師と妻はイングランドに移った。コーラの仕事の手伝いにあまりにも時間を取られるので、彼は特許医薬品を売っていた会社を馘首になった。それからドルエ聾者研究所に勤め、そこで一九〇三年頃、若いタイピストのエセル・ル・ヌーヴと出会った。

クリッペンとコーラは一九〇五年にヒルドロップ・クレセント三九番地に移った。生活のために下宿人を入れざるを得なくなり、そしてコーラはその内の一人と浮気した。そして一九〇八年には、クリッペンもまたエセル・ル・ヌーヴと浮気していた。

失踪

一九一〇年一月三一日にヒルドロップ・クレセントの家で行なわれたパーティの後、コーラ・クリッペンは突如として失踪した。その後、生きた彼女の姿を見た者はない。クリッペンは友人たちに対しては、彼女は合衆国に帰ってそこで死んだと説明していた。コーラの友人たちは彼女の失踪に驚き、疑問を抱いた。彼女の死については何一つ判らなかった。ル・ヌーヴがヒルドロップ・クレセントの家に移り、コーラの宝石や毛皮を身に着けているのを見て、彼らの疑念は弥増《いやま》した。そして警察に相談したのである。

デュウ警部がヒルドロップ・クレセントを訪れ、クリッペンを訊問し、家宅捜索した。クリッペンは、バツの悪さのために嘘をついていました、と警官に告白した。実はコーラは、愛人と共に自分を棄てて出て行ったのだというのだ。

遺体発見

デュウはクリッペンの話を信じたが、クリッペンは不安のあまり逃亡した。そのため、却って警察の不審を呼び、デュウはヒルドロップ・クレセントに戻って、さらに徹底的に家宅捜索を行なった。そしてその結果、地下室に遺体の一部が発見されたのである。

それは人間の胴体部分の肉であった。頭部、四肢、骨はどこにもなかった。この遺骸を検査したところ、ヒヨスチン(スコポラミンとも呼ばれる)が投与された痕跡が見つかった。この胴体は、腹部の傷から、コーラのものと推定された。コーラもまた同様の傷を持っていたのである。

警察は医師と、やはり姿を消したその秘書であるエセル・ル・ヌーヴに対して全国的な捜査を開始した。あらゆる新聞が彼らの写真を掲載し、ヒルドロップ・クレセントでのおどろおどろしい発見についてどぎつく書き立てた。

大西洋を越える追跡

モントローズ号からの無線メッセージが警察に届くと、デュウ警部はさらに高速なホワイトスター・ラインの汽船ローレンティック号に飛び乗った。モントローズ号がセントローレンス川に入った時、デュウは水先案内人を装ってそれに乗った。彼が「ジョン・ロビンソン」に挨拶すると、クリッペンはこの男が三週間前に彼に訊問した警部だと気づいた。デュウはクリッペンとル・ヌーヴを逮捕し、汽船メガンティック号で英国に連れ帰った。もしもクリッペンがカナダではなく合衆国に向かっていれば、英国警察の手を逃れていたところであった。だが、一九一〇年のカナダはまだ大英帝国の一部であり、英国の法律に従わねばならなかった。お陰でデュウは彼を逮捕できたのである。

一九一〇年十月、ロンドンのオールドベイリーで、クリッペンとル・ヌーヴは別々に裁判を受けた。クリッペンが先だった。彼は、遺体から発見されたヒヨスチンで妻を毒殺したと告発された。ロンドンのニューオクスフォード・ストリートの薬剤師は、一月一九日、すなわちコーラ・クリッペン失踪の二週間近く前にヒヨスチンが購入された記録をつけていた。その記録には、H・H・クリッペンの署名が残っていた。地下室の遺体の身元は判らなかったが、腹の傷はそれがコーラ・クリッペンの遺体であることを強く示している、と主張された。クリッペンとル・ヌーヴの浮気、それにカナダへ逃亡しようとした彼の行動も、また彼の有罪を示唆するものだった。

弁護人は、コーラは男と合衆国に渡ったのであり、地下室の遺体は一九〇五年にクリッペン夫妻がヒルドロップ・クレセントに入居する前の住民がそこに隠したのであると主張した。遺体の「傷跡」はただの皮膚の折れ目であり、ゆえに遺体はコーラ・クリッペンではないと論じられた。検察側は、遺体と共に発見されたパジャマの断片を提出した。それはその家で発見されたクリッペン医師のパジャマのズボンと一致した。その断片には製造者のラベルがあり、「ジョーンズ・ブラザーズ」と読めた。ジョーンズ・ブラザーズの商人が、このパジャマは一九〇八年かそれ以後のものであると証言した。つまりクリッペン夫妻がヒルドロップ・クレセントに移って以後のものであり、ゆえに遺体が地下室の床室に置かれたのがクリッペンの入居前であることはあり得なかった。

有罪

十月二二日に陪審が出廷し、僅か二七分で有罪の評決を返した。裁判官は黒帽を被り、クリッペンに死刑判決を下した。三日後、エテル・ル・ヌーヴの裁判が始まった。彼女が問われたのは事後共犯の些少な罪で、すぐに無罪放免となった。クリッペンは判決を不服として上訴した。

拘置所で自分の運命を待つ間、彼は幾つかの手紙をエテル・ル・ヌーヴに送った。自分は楽観視している、上訴は上手く行くだろう、そして彼女は彼の現金と財産を受け取れるだろうと。だが不幸なことに、彼が獄中にいる間にチャリングクロス銀行が倒産し、彼はそこに預けていたカネを全て失った。上訴もまた失敗した。友人たちが内務大臣ウィンストン・チャーチルに寛大な処置を訴えたが、チャーチルはこれを拒絶した。クリッペンは辞世の手紙を書き、〈ロイズ・ウィークリー・ニュース〉紙に掲載された。それはエテル・ル・ヌーヴの無実を強調するものだった。そして彼自身はコーラに関する犯罪の全てを認めず、単に別れただけだと言い張った。

一九一〇年一一月二三日午前九時、ペントンヴィル刑務所で、処刑人ジョン・エリスと助手はクリッペンの足首と手首を皮の帯で固定し、頭にフードを被せ、吊縄を首に巻いた。数秒後に彼は死んだ。そして刑務所の敷地内に埋葬された。

この事件の後、クリッペンの有罪に関する疑義が浮上した。もしも彼が妻の頭部と四肢を、今もって発見できないほど完璧に処分できたのなら、何故遺体の残りの部分だけを家に隠して警察に発見されるような真似をしたのか？　二〇〇七年、コーラのものと考えられる遺体の肉片から採取したＤＮＡと、コーラ・クリッペンの子孫から採取されたＤＮＡが比較されたが、両者は適合しなかった。すなわちあの遺体はコーラのものではなかったのかも知れないのである。さらなるＤＮＡ検査によって、あの肉片は男性のものであることが判った。さらに、遺体から採取した「傷跡」の顕微鏡用スライドには毛包が含まれていた。実際の傷跡にはあるはずのないものである。

これらの発見は、必ずしもクリッペンの無罪を裏付けるものではないという議論もある。コーラの子孫は、実際には彼女と血の繋がりはないのかもしれない――たぶん、家庭内に何か複雑な事情があったのだ。遺体を男性のものとしたＤＮＡ検査にも異論が唱えられたが、これを実施したチームはその結果を正しいと主張している。

もしも遺体が女性で、しかもコーラ・クリッペンではないとしたら、一体誰なのか？　いつもカネに困っていたクリッペン医師が違法な堕胎を行ない、地下室にあった遺体はその際に死んだ患者のものなのではないかという説もある。もしこれが事実なら、やはりクリッペンは殺人犯ということになる。傷跡が本物なのかどうかは、いずれにしても遺体がコーラのものであるということを証明も否定もしない。

その遺体が誰であれ、コーラ・クリッペンは如何にして、そして何のために失踪したのか、それは自発的なものだったのかという問題は残る。もしも彼女が生きていたなら、夫を処刑台に送っていただろうか？　刑事事件検証委員会は二〇〇九年にクリッペン事件を検証したが、これらの疑念や疑問はいずれも、この件を控訴院に送るほどの説得力は持たなかった。ゆえにクリッペン医師の有罪判決は今も生きている。

ハイジャック男ダン

窃盗は詐称の一般的な動機だが、一部の詐称者は商用ジェット機をハイジャックして身代金を要求することまでやってのける。ダン・クーパーと呼ばれる男は、一財産盗むためにこの異常な方法を選んだ。だが、一体彼は何者なのか？

一九七一年十一月二四日、ダン・クーパーを名乗る男が、合衆国オレゴン州のポートランド国際空港に辿り着いた。四〇代、黒いスーツをスマートに着こなし、黒いアタッシェケースを持っていた。どこから見ても慣れた商用旅行に出掛けるビジネスマンで、誰も疑う者はなかった。ワシントン州シアトルへの片道切符を買い、他の三六人の客と共に、午後二時五〇分発のノースウェスト・オリエント航空に乗った。一九七一年には飛行機のセキュリティは緩いところでは大変緩く、特に合衆国内ではそうだった。荷物がX線の機械にかけられるということもなければ、乗客の検査もなかった。

「私は爆弾を持っているんです」

飛行機が飛び立つや否や、クーパーはフライトアテンダントの一人フローレンス・シャフナーにメモを渡した。またビジネスマンが電話番号を、と思った彼女は、中身を見もせずにポケットに入れた。クーパーは彼女の方に身を乗り出して言った。「お嬢さん、そのメモを見た方が良いですよ。私は爆弾を持っているんです」。シャフナーはメモを開いた。曰く、「私のブリーフケースに爆弾が入っています。必要とあらば使うつもりです。隣に座ってください。当機はハイジャックされました」。クーパーはケースを彼女が見える程度に開いて見せた。そこには赤い棒もしくは円柱のようなものがあり、バッテリと繋がっていた。だがそれが本物の爆弾なのかどうかは判らなかった。そして彼は要求を伝えた――番号のばらけた二〇ドル札で二〇万ドル、二つの背負い型パラシュート、二つの胸掛け型パラシュート、そして機が着陸した際に燃料を再給油できる準備を整えた給油車である。シャフナーはコクピットに行って、一部始終を乗員に伝えた。彼らはその報せを航空交通管制に伝え、そして話は当局の耳に入った。

機は地上で準備を行なう間、ピュージェット湾を二時間ほど旋回するよう命じられた。クーパーは眼下の地理に精通しているようだった。シャフナーと話している時、彼はここはタコマ上空ですねと言い、マコード空軍基地が空港からクルマで二〇分のところにあることを知っていた。この間、彼は大人しく、礼儀正しかった。

地上では、FBIが銀行からカネを集めていた。彼らは一万枚の紙幣を全て撮影した。彼らはクーパーに軍用パラシュートを提供しようとしたが、彼は手動の曳索《えいさく》のついた民生用を要求した。遂に機に着陸許可が下りて、午後五時四五分、シアトル＝タコマ空港へ着陸した。クーパーは乗員に命じて、機を遠く離れた、空港の明るい部分まで滑走させ、狙撃を防ぐためにキャビンのライトを消させた。航空会社の運用管理者であるアル・リーはカネとパラシュートを機に届けた。再給油の間に、クーパーは乗客全員と、シャフナーを含む二人のフライトアテンダントを降ろした。燃料パイプの蒸気閉塞に問題が生じ、再給油は予想よりも長時間を要した。二台目、さらに三台目の給油車が動員された。

一方、クーパーは次の手順を手短に乗員に伝えていた。高度一万フィート以下で、南東のメキシコシティを目指せというのだ。クーパーは高度計を持っているので、それ以上高く飛べばすぐに判る、と乗員を脅した。また、フラップは一五度にセットすること、速度は一五〇ノット、すなわち時速一七五マイルを超えないことを命じた。着陸装置は離陸後も上げない、客室は与圧しない、そして機の後部階段は飛行中も降ろしておく。航空会社は、後の階段を降ろしたまま離陸すると安全は保証できないと言った。そこでクーパーは、離陸後にそれを降ろすよう命じた。さらに乗員は再給油無しにメキシコシティまで飛ぶことは不可能だと主張したので、クーパーは給油のためにネヴァダ州リノに着陸することを許可した。

終盤戦

機は午後七時四〇分に離陸した。マコード空軍基地から、二機のコンヴェアF－一〇六デルタダート戦闘機がこれを追尾した。クーパーはフライトアテンダントのティナ・マックロウに、コクピットに行って扉を閉めろと命じた。客室を出る時、彼女はクーパーが何かを腰に巻き付けているのを見た。離陸から二〇分後、コクピットの警報ランプが着いた。後部階段が降ろされたのだ。そして乗員は気圧の変化に気づいた。後部扉が開いていたのだ。数分後、機の尾部が上に傾いた。今すぐ機体を安定させねばならない。

午後一〇時一五分にリノに着陸した機が捜索されたが、クーパーとその爆弾、そしてカネは影も形も無かった。彼は下げられた後部階段に立ち、暗闇の中に飛び降りたに違いない。普通の私服に二つのパラシュート、アタッシェケースと金の入った鞄を持って。身体に括り付けられたその鞄は、幼児くらいの大きさがあった。この機の高さからして、気温は氷点下だっただろう。彼は高さ一五〇〇フィートのベイマツの樹の林立する山腹に着陸したのだろうか。それは日中に飛ぶ熟練した落下傘兵にとってすら、苛酷なジャンプだったはずだ。

クーパーがそのフライトを選んだのは、その飛行機――ボーイング七二七－一〇〇――のためらしい。彼はその機を入念に下調べしていた。エンジンの位置、尾部の高さ、尾部の下の後部出口がエンジンの十分下にあること。これによってクーパーはエンジンの排気によって焼かれる心配が無くなる。彼はまた、一五〇ノットて飛ぶのに必要なフラップのセッティングを知っていたし、飛行機が失速することなくこの速度で飛べることも知っていた。また、この高度を選んだのも機が加圧せずに飛べるため、爆発的な減圧無しに後部扉を開くことが可能であると知っていたからだ。のみならず、機の再給油にどのくらいかかるかも知っていた。蒸気閉塞に問題が生じた時に、再給油が長すぎると指摘していたのである。さらに彼は、機の後部階段の扱いについて、乗員よりも詳しく知っていた。フライトアテンダントのティナ・マックロウが、飛行中に階段を降ろすなんてできないわと言った時、彼はできると答えたのだ。

クーパー捜索

警察とFBIはクーパーの捜索を開始した。目撃者全員に話を聞き、似顔絵を作った。機体から六六種の未知の指紋を採取した。クーパーが馬鹿で本名を名乗っていた場合に備えて、オレゴン州のD・B・クーパーという人物を訊問した。彼の疑いは直ちに晴れたが、その名は真犯人と混同され、以来彼はD・B・クーパーと呼ばれるようになった。

エージェントと警官たちは、クーパーの着地地点を見つけ出そうとした。機の後部扉が開いた時刻、そしてクーパーが飛び降りて尾翼が上がった時刻は正確に判った。判らないのは、パラシュートを開く前にどれだけの間、自由落下していたかだ。機を追尾していたパイロットたちは、そこから脱出する者を目撃していなかった。機は同じコースを再び飛ばされ、二〇〇ポンドの錘を後部扉から落して、機の尾翼の上昇運動が実際にクーパーの脱出を示しているのかを確認する実験が行なわれた。それは正しかった。彼の着陸地点は、ワシントン州エアリアル南東、マーウィン湖近辺と推察された。辺り一帯が山狩りとヘリコプターで捜索された。この間に、一つの骸骨が発見されたが、それはクーパーではなく数週前に行方不明となっていた十代の少女の遺体だった。クーパーの痕跡はどこにもなかった。

後のフライトの分析によって、元来の分析に用いられた機のコースも風向きも間違っていたことが判った。新たな着陸地点が計算され、ワシューガル川渓谷一帯が新たに捜索されたが、またしても何も見つからなかった。同年の終りには、FBIは紙幣の通し番号を銀行やカジノ、競馬場、司法当局、多額の現金を扱う企業などに通達していた。翌年初め、その番号は公開された。航空会社、ポートランドの〈ジャーナル〉紙、シアトルの〈ポスト＝インテリジェンサー〉紙はそれらの紙幣のどれに対しても報奨を出すと宣言したが、一枚たりとも見つからなかった。

一九七八年、ボーイング七二七の後部階段の下ろし方の書かれた紙が、マーウィン湖の北で見つかった。それから一九八〇年、ブライアン・イングラムという八歳の少年が、総計五八〇〇ドルの盗まれたカネが三束、エアリアルの南西二〇マイルのコロンビア川の岸に埋まっているのを見つけた。

もしもクーパーがワシューガル川近辺に着陸していたなら、それはコロンビア川と合流しているので、発見地まで流されてきたのかも知れない。カネが埋まっていた砂を分析した結果、そのカネが川辺に打ち上げられたのは一九七四年以前ではありえないことが判った。そこで問題が持ち上がる――一九七一年にハイジャックされてから、一九七四年以後のいつかに川辺に打ち上げられて埋もれるまで、そのカネはどこにあったのか？　そして何故三束だけが見つかったのか？　カネが発見されてからちょうど三ヶ月後、近隣のセントヘレンズ山が大爆発を起し、この地域一帯は厚い火山灰に埋もれてしまった。多分、これでそれ以上の痕跡は消されたのだろう。以来、カネは全く見つかっていない。

一九八一年に河岸が調査され、人間の頭蓋骨が発見されたが、それもまたクーパーではなかった。女性のものだったのである。一九八八年、コロンビア川でパラシュートの一部が発見されたが、調査の結果、それはクーパーが使ったものではないことが明らかとなった。二〇〇八年には子供たちがマーウィン湖の南六マイルのところで別のパラシュートを見つけ出したが、それは一九四〇年代のものと判明した。

法医学的分析

ハイジャックとその証拠は、新しい技術が開発される度に、何度も再分析された。DNA分析が発達すると、クーパーが機内に残していったクリップ止めネクタイが調査され、一部のDNAプロファイルが得られた。ネクタイはまた、電子顕微鏡に掛けられ、付着した花粉によってその出所が研究された。GPSと衛星地図が可能となると、発見されたカネがどこから来たのかを突き止めるために、川の流れが研究された。

当初、クーパーは熟練した落下傘兵であり、おそらく元空挺部隊員であったと考えられた。だがFBIは後に考えを改めた。寧ろ彼は未経験者である。何故なら軍用パラシュートを断って、与えられた二つの主要なパラシュートの内の低質な方を選び、それを誤って与えられた使い物にならない見本品と組み合わせて使ったからだ。そのパラシュートは訓練用を示すXマークが付けられ、開かないように縫合されていた。彼はまた、零度を下回る気温、時速二〇〇マイルの風の中に、普通の服装でヘルメットも着けずに飛び出していった。FBIのエージェントの中には、これによって彼は死んだと考える者もいた。あるいはまたもしもコロンビア川に着水したとしたら、パラシュートとカネの鞄の重みで溺死していたことだろう。金を入れた鞄が分解して、数束のカネが流され、河岸に埋まり、その後に発見されたのかもしれない。あるいは、その金は空中で鞄から落ちたのかも知れない。

ＦＢＩは千人以上の容疑者を調べたが、そのほぼ全てがシロだった。中には自分がクーパーだと自供した者もいたが、クーパーのネクタイから発見されたＤＮＡと一致せずにシロとされた。また別の者は、肉体的な特徴、特に身長がクーパーと合わなかった。またアリバイがあって、その時間に件の飛行機に乗れるはずのない者もいた。近年では、二〇一一年七月にも新たな容疑者が発見されている。

クーパーの運命は謎のままである。パラシュートで飛んだ時に死んだとすれば、友人や親族の誰一人として彼が行方不明になったことを報告していないのも妙なら、遺体の一部すら発見されていないのも変である。そしてもしも生き延びたのなら、命がけの大勝負で手に入れたカネを一切使っていないというのも同様に変である。彼の犯罪は、未解決のハイジャック事件だけだ。そして今もダン・クーパーの正体は誰にも判らない。だが、彼の偽名のネタ元らしきものは判明した。ダン・クーパーとは、フランスの漫画の主人公で、王立カナダ連邦空軍のテストパイロットの名前なのだ。ダン・クーパーの漫画は英語には翻訳されていないので、ＦＢＩはこの犯人がいずれかの時点でヨーロッパに住んでいたことがあり、おそらくそれは空軍に勤めていた時であろうと考えた。多分貨物航空機に荷を積む係で、それによって航空機とパラシュートに関する実用上の知識を得たのだろうと――荷積み人はパラシュートを身に着けるが、専門の落下傘兵ではない。そして彼は友人も家族もいない一匹狼で、ゆえに姿を消しても騒ぐ者は誰もいなかったのだろう。とはいうものの、一体彼は何者なのか？　ＦＢＩは今なお、この件を完全に解決させる重要な証拠を持つ人が現れるのを待っている。

事件は解決していないが、それは空の旅に対して長期の影響を与えることとなった。クーパーのハイジャックと何人かの模倣犯の出現の結果、クーパー・ヴェインと呼ばれる装置がボーイング七二七－一〇〇に搭載されるようになった。これは飛行中に後部階段を下げるのを止める装置である。他の航空会社はさらに、扉を封印して全く使用できないようにした。コクピットの扉には覗き穴が開けられ、コクピットの扉が閉じていても乗員は客室で何が起きているかを確認できるようになった。そして連邦航空局は、乗客と手荷物の検査を要求するようになったのである。

ブリーズノウル館殺人事件の謎

一九八九年六月一日、ヴァージニア州の温厚な会計士ロバート・クラークの家族と友人たちは仰天した。突然、彼が殺人罪で逮捕されたのだ。さらにその殺人の内容を知るや、彼らの驚きは弥増すばかりだった。

一九七一年十二月七日、ニュージャージー州ウェストフィールドにあるジョン・リストの家であるブリーズノウル館に警官隊が踏み込んだ。近隣住民はここ数週間ほど、この家に出入りする者の姿を見ておらず、リストの娘パトリシアも、演劇の授業を欠席していた。家の中で、彼らはリストの妻ヘレン、娘パトリシア、二人の息子ジョンとフレデリック、それにリストの母親アルマの遺体を発見した。全員射殺だった。不気味なことに、家の中には内部通話装置を通じてオルガン音楽が流れたままになっていた。

遺体のうちの四体はステンドグラスから陽光射し込むバスルームに、寝袋の上に置かれていた。リストの母親の遺体は屋根裏にある彼女の部屋から見つかった。全員が頭を一撃で射貫かれていたが、リストの一五歳の息子ジョンだけは、少なくとも十発撃たれていた。

この殺人は衝動的なものではないということはすぐに明らかになった。綿密な計画の下に行なわれていたのだ。リストは予め、家族全員でノースカロライナへ行くと言い触らしており、新聞と牛乳の配達も止めていた。こうして犯行の発覚を遅らせ、逃亡の時間を稼いだのである。彼はまた、家にあった自分の写真の顔の部分を全て切り裂き、警察が彼を見分けるのを困難にしていた。さらに家の照明を付けっぱなしにし、夜間にも人がいるように見せかけていた。

リストを捜索した警察は、彼が失職して多額の借金を抱えていたことを知った。抵当つきの借金は一万一千ドル。そして犯行現場には手紙が残されていた。宛先は、彼が日曜学校で教えていたルター派教会の牧師。曰く、この世界はあまりにも悪に満ち満ちており、自分は家族の魂を救うために天国に送らねばならない、と。

リストはこの殺人事件の第一容疑者となったが、はたして彼はどこにいるのか？　彼のクルマ、シヴォレー・インパラはケネディ空港で発見されたが、彼と思しき人間が飛行機に乗った痕跡は全く無かった。彼の失踪からほとんど一年後、ブリーズノウル館は放火によって灰燼《かいじん》に帰した。全国的な捜査、そして何百もの目撃例をＦＢＩと警察が追ったが、リストは発見されなかった。

アメリカの最重要指名手配者

一九八九年、検察官はこの事件をフォックスTVの番組『アメリカの最重要指名手配者』に持ち込んで、何らかの手掛かりを得ようとした。番組のプロデューサーは、法医学彫刻家のフランク・ベンダーと、犯罪心理学者リチャード・ウォルターに相談した。ベンダーは、一九八九年現在におけるリストの彫像を作るよう依頼された。四〇代の頃の彼の写真と、彼の両親の写真に基づいて、ベンダーは年老いたジョン・リストの真に迫った胸像を造った。一九八九年五月二一日、それは推定視聴者二千二百万人にものぼる番組で公開された。視聴者の一人は、この彫像がかつてコロラド州デンヴァーで隣人だったロバート・クラークに似ていると思った。警察はクラークがヴァージニアにいることを突き止めた。FBIのエージェントが彼の家を訪ねると、彼は再婚していた。妻のダローリスに話を聞いた後、彼らは彼が会計士として務めているオフィスに向かい、彼を逮捕した。彼はジョン・リストであることを頑から否定したが、その指紋はリストのものと一致していた。彼はニュージャージー州に引き渡され、そこで遂に自らがジョン・リストであることを認めた。

自供によれば、リストは職を失ったことを羞じるあまり、このことを家族には内密にしていた。そして毎朝出勤するかのように出掛け、地元のバス停で日がな一日を過していたのだ。収入がなかったので、母親の銀行口座からカネを盗んだ。同時に、彼はもうひとつの屈辱となる問題を抱えていた。妻が梅毒に罹っており、しかも一九五一年に結婚した時点で彼女はそれを知っていたのだ。第二次世界大戦で戦死した最初の夫から感染されたのである。治療はしたが、完治はしなかった。そして一八年にわたってリストに病気のことを隠していたのだ。意識喪失や痴呆の徴候、そして視覚の喪失などの一連の健康上の問題を経て、遂に彼女は一九六〇年代後半に医師たちに病の状況を告げた。検査の結果、第三期梅毒で脳障害を起していることが判った。第三期というのは、この病気の最終段階である。

耐えられぬ屈辱

ジョン・リストのような謹厳な宗教的・道徳的教育を受けてきた人間にとっては、家族が性病、まして梅毒であるなどこのうえない恥辱であり、どうすることもできなかった。それに加えて、子供たちの健康も心配だった。当時はドラッグの摂取や遊びのセックスが一般的になりつつある時代だったからである。自分自身の諸問題、そして家族が被るかも知れない恥辱と嘲笑に正面から立ち向かうよりも、リストは核のボタンを押して家族を皆殺しにすることを選んだ。彼の歪んだ論理によれば、家族を殺してその魂を天国に送るのは正義であり善行なのだった。にもかかわらず自殺しなかったのは、それが悪行であり、天国に行けなくなって家族に会えなくなるからだ、と彼は言った。

一旦計画を開始すると、もう後へは引けなかった。彼は先ず妻を殺し、しかる後に二階へ上がって母親を殺した。子供たちが帰宅すると、これもまた一人ずつ殺していった。遺体が発見されるまでの一ヶ月の間に、リストは捜査を攪乱させるためにクルマを空港に残し、コロラド州デンヴァーでロバート・クラークとして新しい生活を始めた。その後、彼はヴァージニア州リッチモンドに移った。

一九九〇年四月一二日、彼は五人の殺人の罪で有罪とされ、終身刑五回の判決を受けた。彼は第二次世界大戦と朝鮮戦争での軍務によって外傷性ストレス障害を引き起こしていた、と主張して上訴したが、却下された。リストは二〇〇八年三月二一日、肺炎の合併症で死んだ。享年八二歳。

ジャッカルのコピーキャット

英国の政治家ジョン・ストーンハウスは、経済的な問題から逃れるために偽アイデンティティを使って新生活を始めようとした。だが、地球の裏側にいた鋭敏な銀行員が、彼の計画を打ち砕いてしまった。

一九七四年、オーストラリアはメルボルンの警官たちが、監視していた容疑者を取り囲んでいた。彼はジョー・マーカムやクライヴ・マルドゥーン等の名前を駆使していたが、実のところその正体は不明だった。可能性の一つはルーカン卿で、彼は数週間前にロンドンで子供たちの乳母を殺し、妻の殺害を図った後に失踪していた。もうひとつの可能性はジョン・ストーンハウスで、元英国の政府大臣。ルーカンのすぐ後に合衆国で失踪していた。ルーカンは右脚に傷跡があることが知られていたので、逮捕された男は正体の確認のためにズボンを降ろすよう命じられた。すると正体がストーンハウスであるとわかった。

ジョン・ストーンハウスは英国政界の輝ける星だった。一九六〇年代にはハロルド・ウィルソン首相の労働党政府で逓信大臣を務めた。一九七〇年の総選挙で労働党が敗北すると、ストーンハウスには影の内閣《シャドウキャビネット》の声が掛らなかった。後に明らかになるが、チェコスロヴァキアのスパイをしていた嫌疑が掛けられていたのだ。だが告発に至るだけの証拠はなかった。政治的野心を挫かれた彼は、実業界に乗り出した。

行方不明の溺死者

ストーンハウスはいくつもの会社を作ったが、数年もしないうちに問題が生じた。しかも当のストーンハウスは既婚でありながら、秘書シーラ・バックリと浮気を始めた。経営危機と訴追に直面した彼は、逃亡を決め込んだ。彼は故人となった二人の選挙人、ジョセフ・マーカムとクライヴ・マルドゥーンの身分証明書を盗んだ。このアイデアは、フレデリック・フォーサイスの小説『ジャッカルの日』を真似たと言われている。そして彼は一九七四年十一月二〇日に死んだことにして、マイアミビーチに服を置き、如何にも泳ぎに行って溺死しましたという印象を作った。

下院が元同僚であった彼の死に敬意を払って暫く沈黙している間、彼は元気に生きていた。彼はハワイに飛び、それからオーストラリアに行った。二つの異なる偽名を使い分ければ、露見は避けられると踏んでいたが、皮肉な事に、それがむしろ彼の逮捕を早めたのだった。彼はニュージーランド銀行にマルドゥーンの名前で預金した。彼にとって不運なことに、たまたま彼の相手をした出納係が、「マルドゥーン」がニューサウスウェルズ銀行へ入って行くのを目撃し、疑念を抱いた。調べてみると、彼はそこではマーカムの名を使っていた。コペンハーゲンに行った後、オーストラリアに戻った彼を、警察は監視下に置いていた。彼は一九七四年のクリスマス・イヴに逮捕され、翌年六月に英国に送還された。その間、スウェーデンとモーリシャスに庇護を求めたが、無駄だった。

ストーンハウスは二一の罪状に問われて法廷に立った。詐欺、窃盗、捏造、詐取、警察を混乱させ、無駄な捜査をさせたこと。オールドベイリーでの六八日に及ぶ裁判で、彼は自分自身の弁護をした。だが一八の罪で有罪とされ、七年の服役が課せられた。シーラ・バックリもまた裁判にかけられ、有罪となって二年の判決を受けた。妻は一九七八年に離婚した。
ストーンハウスは獄中で三度にわたって心臓発作を起し、開心術を受けた。そして健康状態を理由に刑期を縮められ、一九七九年八月に釈放された。釈放後は慈善事業のために働き、いくつか本も書いた。中には『ある理想主義者の死』と題する自伝もある。そして一九八一年には元秘書で愛人であるシーラ・バックリと結婚した。一九八八年、TV出演中に倒れた彼は、一時は回復に向かったが、四度目の心臓発作に見舞われ、一九八八年四月一四日に死んだ。

われわれの中の殺人者

カナダの友人たちには礼儀正しい働き者だと思われていた男は、実は恐ろしい秘密を隠していた。彼の真の正体、そして過去が暴かれたのは、残酷な殺人事件が起った後の事だった。

二〇〇〇年、カナダはブリティッシュコロンビア州チリワックの人口が一人増えた。新しくやって来たのは人当たりの良いアメリカ人で、リノ・トレヴァー・ホグと名乗った。トレヴァーと呼ばれた彼は直ぐさま土地に溶け込み、友人を作った。彼は〈ストーロウ・ネイション〉という、ネイティヴ・カナディアン・インディアン共同体の組織で働き始めた。過去について問われると話をはぐらかしたが、知り合った人々はそんなことは気にしなかった。彼は〈ストーロウ・ネイション〉を通じてスーザン・ラインハートと知り合った。二人は関係を持ち、男の子が生まれた。

だが、この関係は破局を迎え、ラインハートは息子を連れてサスカトゥーンへ去った。ホグは息子に会うためにこれを追った。友人たちはそんなことは止めて裁判所に行けと助言した。

二〇〇六年七月一五日早朝、ラインハートはベッドに寝たまま、ショットガンの一撃で殺された。彼女と一緒に寝ていたデイヴィッド・リストウも負傷したが命に別状はなかった。この時、同じ家で寝ていた三人の子供たちは無傷だった。犯人はリストウの飼い猫のために開けてあったパティオの扉から建物に侵入したらしかった。警察はホグを疑ったが、彼の行方は判らなかった。そして最終的に、警察の秘密調査の結果、二〇一〇年一月八日、サスカチュワン州ノースバトルフォードで逮捕に至った。

スーザン・ラインハート殺害だけでも十分に衝撃的だったが、ホグの友人や同僚は、六年にわたって一緒に暮らしてきた男の背後の真実を知って、二重に衝撃を受けた。彼はチリワックに辿り着いた時点で、既に有罪判決を受けた殺人者だったのだ。名前を変えて過去を隠していたのである。彼の本名はジョージ・ミッチェル・オルグッド。一九八七年、元海軍コックのオルグッドは、一九八三年にメアリランド州バルティモアで老人を残虐に殺した罪で投獄三〇年の判決を受けていた。当時七〇代だった被害者は、全身を縛り上げられた上、シャベルで撲殺されたのである。

ラインハート殺害とリストウ殺害未遂の罪で法廷に現れた彼は罪を否認したが、予審の段階で告訴理由があると認められていた。彼の裁判は二〇一三年末に予定されている。

5 ペテン師と略奪者

作家パトリシア・ハイスミスの「リプリー・シリーズ」はカネに困ったトム・リプリーの物語で、彼は大金持ちのビジネスマンの息子であるディッキー・グリーンリーフを殺し、そのまま彼になりすます。リプリーは無名の本物でいるよりも偽の大物である方が良いと信じている。富の追求は、現実世界でもまた詐称者にとって強力な動機だ。だが幸いな事に、現実のペテン師や略奪者は『太陽がいっぱい』の主人公ほど残虐ではない。彼らの目的は、カモを口車に乗せて、自分から喜んでカネや財産を差し出すよう仕向けることだ。そしてペテンの道具は偽の商売上の取引や、危ない投資である。相応しいカモを選んで取引を魅力的なものに見せかければ、欲に目の眩んだカモは自ら罠に落ちる。話に説得力さえあれば、全く架空の国に投資したり、エッフェル塔を買わせることもできるのだ!

有名人（あるいは有名人の息子）を上手く演じられれば、人々は列をなしてカネを払い、家でもクルマでも何でもくれる。成功の鍵はなりすます人物のさじ加減で、それはカモがその名前くらいは聞いた事があるが、誰もが顔を知っているほどの有名人であってはならない。デイヴィッド・ハンプトンは、自分がシドニー・ポワティエの息子であるとカモに思い込ませた。クリストフ・ロカンクールはロックフェラー家のフランスの親戚を騙った。実はシドニー・ポワティエには息子はいないとか、ロックフェラー家にはフランス人の親類はいないという事実は障害にはならなかった。何故ならカモのほとんどは詐称者に関する最も基本的な調査を怠っていたからである。

ルイス・モーガンにとって、完璧な嵌り役はランディ・マイズナーだった。「ランディって誰？」と言うのはあなただけではない。ランディ・マイズナーはロックバンド、イーグルスのベーシストだった。一九七〇年代のロックミュージックに夢中なら、イーグルスの名前くらいは聞いた事があるだろう。だがたとえ彼らの音楽のファンであっても、バンドのメンバーの名前を言えと言われれば四苦八苦するだろうし、その顔を見分けられるとなればさらに少ないだろう。モーガンは先ず、同じイーグルスのメンバーであるドン・ヘンリーになりすましたが、一九八八年にラスヴェガスで逮捕されてしまった。この頃にはヘンリーはソロで大成功していて、なりすますには少々無理があったのだ。モーガンは保釈中失踪して、より無名なランディ・マイズナーに矛先を変えた。この詐欺は一〇年近く上手く行った。ある女性は、二週間分の彼の支出を引き受けて、三千ドル近い請求書を残された。モーガンはまたギター・メーカーからギターを騙し取り、何千ドルものカネで売ったり質に入れたりした。最終的には一九九八年に逮捕され、一六ヶ月を獄中で過すこととなる。彼はこのランディ・マイズナー詐欺を繰り返しているところを時折目撃されているが、スマートフォンのお陰で、本物の有名人になりすますのはますます困難になっている。モーガンに出くわした人間は、即座にスマートフォンで本物のランディ・マイズナーの写真を見る事ができるからだ。

エッフェル塔を売った男……しかも二度も！

フランスの政府高官に成りすましたヴィクトル・ルスティヒは、それがあまりにも巧みであったために、エッフェル塔を売る事に成功した……しかも二度もである！

一九二五年、エッフェル塔はかなり錆びて老朽化し、修繕が必要となった。この有名なパリのランドマークは、一八八九年に建造された時点で、寿命はただの二十年と考えられており、整備すべき期限はとっくに過ぎていた。三流の犯罪者ヴィクトル・ルスティヒは、この塔の酷い状況に関する記事を読み、金儲けのチャンスと見た――それも大金だ！　彼はフランス最大の屑鉄業者たちを招いて、パリのオテル・ド・クリヨンで面談した。ルスティヒはエッフェル塔を管理している省庁である郵政省の副長官に化け、業者に対して、政府はコストの問題から塔の修復を行なわない事を決定した、つまり塔は解体されると説明した。

今日の感覚からすれば、フランス人があのエッフェル塔を取り壊すなどということはとても考えられないが、一九二〇年代には全くあり得る話だったのだ。あの一等地にあんな塔など要らないと考えるパリジャンたちは大勢いた。この巨大な鉄の構造物は街の景観を毀損しており、パリ万博の望ましからざる残滓であると考えられていたのである。政府は移築を考えていたが、そのためのコストは文字通り法外なものだった。長年の間にエッフェル塔は無残な状態となり、パリジャンはその撤去を望んでいた。

七千トンもの鉄が手に入るという期待に屑鉄屋は胸を躍らせた。政府には時間が無い、とルスティヒは告げ、一週間以内に入札しろと業者たちに促した――しかもこの取引は極秘次項であると。業者たちは最高額の入札をした者が勝つと考えたが、実際にはルスティヒは既にカモを選んでいた――野心的な実業家で屑鉄屋のアンドレ・ポワソンである。ポワソンは二度目の面談に呼ばれた。ルスティヒは彼の呈示した二五万フランで大丈夫だと思うが、ある程度の賄賂を支払えば落札は確実だ、と唆した。これを聞いたポワソンは、この取引相手が本物の政府高官だと確信した！　彼は唯唯諾諾と七万ドルの賄賂を支払った。その見返りに、彼は今や彼こそがエッフェル塔の所有者である旨を記した売渡証という名の紙屑を受け取った。ルスティヒは直ちに出国し、オーストリアに身を隠した。てっきり指名手配されると思っていたのだが、何も起らなかった！　詐欺に遭ったことに気づいたポワソンは屈辱のあまり、警察に届け出なかったのだ！　そして信じがたい事に、ルスティヒは手配されていないことを知るや直ぐさまパリに戻り、他の屑鉄屋相手に同じ策略を使った！　だが、この屑鉄屋は意に反して警察に訴えた。ルスティヒは合衆国に逃げて逮捕を免れた。

犯罪人生

ルスティヒは終生一博徒であり、詐欺師であった。一八九〇年一月四日にボヘミア（現在のチェコ共和国）に生まれ、父はエルベ川沿いの小さな街ホスティネーの町長だった。若きヴィクトルは聡明な子供だったが、何かというと面倒を起す癖があった。パリ大学の学生だった時には、勉強もせずに大半の時間をトランプとビリヤードに費やしていた。語学が堪能で、英語、フランス語、ドイツ語、イタリア語、チェコ語を流暢に操った。いくつもの偽アイデンティティを使って、ケチな犯罪者としてヨーロッパを回った。ヨーロッパ中で、二二の偽名の下に四五回も逮捕されたと言われている！　巡航客船や大洋航路船の裕福な乗客からカネを毟《むし》り取るために、しばしば伯爵を名乗った。だが一九一四年に第一次世界大戦が勃発すると、この儲かる詐欺はできなくなった。そこで彼は合衆国へ渡って犯罪を続けた。彼は悪名高いギャングのアル・カポネをカモにして、しかも死ぬまで逃げおおせた数少ない人間の一人である。五万ドルを投資すれば、六〇日以内に倍にして返す計画がある、とカポネに持ちかけたのだ。だがそんな美味しい計画などあるはずはなかった。ルスティヒは二ヶ月後にカポネのもとに戻り、取引が上手く行かなかったからと言ってカネを全額返却した。カポネはルスティヒの「正直さ」に感心し、相当額の報酬を与えた！　カポネは自分がカモにされていたことすら気づかなかったのである！

ミズーリでは、ルスティヒは農場を買って、その代金を自由公債で支払った。さらに一万ドル相等の公債を現金に変えた。そして何とか公債と現金の両方を持ち逃げしようとしたが、カンザスシティで追い詰められ、逮捕されてしまった。だが、海千山千の詐欺師は舌先三寸で告発を免れた。ひとたび自由になると、いつものように姿をくらまし、国外に脱出した。フランスに戻ったところで、エッフェル塔詐欺を決行。そして第二のカモが警察に駆け込んだため、ルスティヒは再び合衆国に逃亡した。

合衆国では、「ルーマニアの箱」と呼ばれる悪名高い詐欺を働いた。マホガニー製の箱をカモに見せ、カネを複製する機械だと称するのである。カモの前で、紙幣とただの紙をその中に入れ、レバーとつまみを操作してみせる。暫くすると、その箱から元の紙幣とその完璧なコピーが出て来るのである。それからルスティヒはその箱を巨額でカモに売りつける。通常は一万ドルだが、「客」の中には四万六千ドルを支払った者もいた。言うまでもなく、その箱は何も複製することはできない。実演で使った紙幣は両方とも本物だった。

裏切り

一九三〇年代になる頃には、ルスティヒの悪名は非常に高まり、彼のために諜報部の特別班が編制されるほどになった。幸運にもタレコミを得た彼らは、ニューヨークへ向かった。一九三五年三月十日、ブロードウェイをぶらついていたところを、ルスティヒは逮捕された。そのコートのポケットには鍵が入っていて、それは地下鉄タイムズスクエア駅のロッカーのものだった。そこには一組の印刷版と、何万ドルという偽札が入っていた。ルスティヒは総計数百万ドルの偽札を作ったと考えられている。最初に諜報部の目を惹いたのは他でもない、国中に出現したこの偽札の量だった。その印刷版は、ルスティヒのためにネブラスカの化学者トム・ショーが作ったものだった。彼の逮捕に繋がったタレコミは、ルスティヒの情婦ビリー・メイによるものだった。彼がショーのパートナーであるマリーと浮気していることを知った彼女は、彼を裏切ったのだ。

ルスティヒはニューヨーク市の連邦留置所に入れられたが、何と脱獄してしまう！　そして二七日にわたって逃亡した後、ピッツバーグで再び逮捕された。一九三五年に裁判を受け、有罪となる。判決は一五年、さらに逃亡罪で五年。そしてサンフランシスコ湾の悪名高いアルカトラズ刑務所に入れられた。一二年後、病に倒れた彼はミズーリ州スプリングフィールドにある連邦囚人医療センターに移されるが、一九四七年三月一一日に肺炎で死去した。

バッファローを去る

眩しい大都会の輝きは、誘蛾灯の蛾のように若者たちを引寄せる。中には成功する者もいれば、破滅する者もいる。一九八〇年代、バッファロー出身のとある若者が、興奮を求めてニューヨークに向かった。

デイヴィッド・ハンプトンは、バッファローから出たくてうずうずしていた。初めてニューヨーク市を訪れたのは一九八一年、一七歳の時だ。ほとんどの人にとっての決まり切った日常――大学の授業に出て、就職し、ひたすら家賃を払い続ける――なんてまっぴらであった。誰かにカネを出させて、必要なものを手に入れる。一九八三年、彼はコロンビア大学周辺を彷徨いて、学生に声をかけては、寮に住まわせてくれと頼んだ。ある夜、マンハッタンの有名なナイトクラブ、〈スタジオ54〉を訪ねたが、扉口まで来て引き返した。それからもう一度戻って来て、アカデミー賞俳優シドニー・ポワティエの息子を名乗った。成功。店内で、彼は俳優のグレゴリー・ペックの息子と名乗る人物に紹介された。後に彼はその時の事を「魔法の瞬間」と述べている。

数日後、依然として無職で無一文で空き腹を抱えていた彼は、同じ策略を使った。レストランへ言って、二人分のテーブルを頼む。彼と、ちょっと遅れてくる父シドニー・ポワティエの分である。当然ながらポワティエは来なかったが、彼はタダで食事にありついた。次に彼は寝場所を探すのに同じ手口を使い始めた。俳優ゲイリー・シニーズが女優メラニー・グリフィスの部屋に滞在していた時、飛行機に乗り遅れてしまった悲運のハンプトンの話を聞いた彼は、その「デイヴィッド・ポワティエ」を彼のカウチに寝かせた。彼はまた、コネティカット・カレッジの学生相手に、父が監督する映画の配役を決めているのだ、と長々と話して聞かせた。希望に満ちた学生たちは彼を寮に泊めた。

大学にいる間に、ハンプトンは有力なニューヨーカーたちの住所と名前の掲載された住所録を手に入れた。その本の所有者から盗人呼ばわりされたハンプトンは猛烈に言い返した。彼は自分の住所氏名をそこに書込むために借りたのであり、単に返すのを忘れていただけだというのだ。その内容は、ハンプトンのような詐称者、詐欺師にとっては金鉱脈だった。その本に載っていたお偉方に自己紹介すると、彼らは大喜びでシドニー・ポワティエの息子を自分たちの大邸宅に招いてくれるのである。場合によっては、カネや衣類を貰う事もあった。元〈ニューズウィーク〉の編集長で、コロンビア大学ジャーナリズム大学院の学長であるオズボーン・エリオットの家に逗留していた時、ハンプトンは夜中にこっそり友人を家に入れた。翌朝、その男がハンプトンの隣で寝ているのを見つけると、エリオットは彼を放り出した。実に驚くべきことに、ハンプトンの被害者たちの誰一人として、シドニー・ポワティエに息子がいるのかどうか調べてみることをしなかった――そして実際、彼に息子はいなかった。

ハンプトンが詐称者であると発覚したのは、ペテンにかけられた二つの家族が、最近の出来事に関する記録を比較し合った結果である。発覚に気づくと、彼はエリオット家に電話して釈明した。インガー・エリオットが相手をしている間に、夫が警察に電話した。ニューヨークのアヴェニュー・オヴ・ジ・アメリカズの公衆電話近辺を警官隊が包囲し、彼を逮捕した。取り調べてみると、彼の余罪は軽窃盗から重窃盗、公務執行妨害、料金不払い、不法侵入、住居侵入など、多岐にわたっていることが判明した。彼は罪の軽い住居侵入で有罪を認めることに同意し、執行猶予を受けた。後に彼は、被害者たちに対する態度についてこう述べている。「連中が会った中で俺は最高の人間だったぜ」。

再び脚光を浴びる

彼は暫くの間、バッファローに戻っていたが、その放浪癖は止まなかった。ヨーロッパでバーテンダーやウェイターをやった後、一九八九年に合衆国に戻る。今回は西海岸に活路を求めた。暫くの間、カリフォルニアでペンキ屋をやっていたところに、驚くべき報せが飛び込んできた。劇作家のジョン・グェアが『私に近い六人の他人』という戯曲を書いたのだが、それはハンプトンの物語を元にしているというのだ。ハンプトンはニューヨークに戻り、著名な弁護士を雇って、無断で自分の人生を書いたとして一億ドルの賠償金を求めて訴えを起した。今度は意気揚々と法廷に立ったが、敗訴してしまった。後に彼はグェア氏に対する嫌がらせを告発されるが、法廷では無罪となった。『私に近い六人の他人』は大成功を収めた。ニューヨーク演劇批評家サークル賞、ローレンス・オリヴィエ最高新作賞、そしてオービー賞（オフブロードウェイ劇場賞）に輝いたのだ。さらににピューリッツァー賞のファイナリストとなり、四つのトニー賞のノミネーションを受けた。映画化もされ、ストッカード・チャニングがゴールデングローブ賞とアカデミー賞の主演女優賞にノミネートされた。

ハンプトンは役者を目指すと公言したが、昔からの悪癖は直らなかった。彼はニューヨーク大学の学生たちに、『私に近い六人の他人』を書いたのはグェアではなく自分だと主張したと言われている。寝る場所を求めて四六時中電話をかけ始めるに及んで、学生たちは彼にうんざりするようになった。その後すぐ、タクシーの支払を拒んで逮捕。そして出廷もせず、交通事故で入院していたと言い訳した。その裏付けとして救急車の記録を提出したが、それが捏造と判明、お陰で刑期は延びて一九ヶ月の投獄となった。独房に監禁されながらもなお、以前のカモをもう一度欺そうとするのを止められなかった。彼らに電話し、今自伝を執筆中だから、カネを送ってくれれば好意的に書いてやるというのだ。

彼の最後のカモの一人は、二〇〇一年のとある夜に彼と出かけた男である。ハンプトンはデイヴィッド・ハンプトン＝モンティリオと名乗っていた。この夜のデートでカモは千四百ドル損をすることになったが、にもかかわらず、後にこう言ったという。「この夜のデートは最高でしたよ」。

デイヴィッド・ハンプトンは二〇〇三年七月一八日に、マンハッタンのベスイスラエル病院で、エイズに関連した合併症により、三九歳の若さで死んだ。

フランスのロックフェラー

ロングアイランドのハンプトンズには、合衆国で最も高価な家々が犇《ひし》めいている。二〇〇〇年、著名な姓をもつ若者がそこにやって来た。彼の名はロックフェラー。あの並外れた金持ちと同じ名前だった。

クリストファー・ロックフェラーは頼まれれば二つ返事で投資機会に対する助言を行ない、そして人々は自分の代わりに投資して貰おうと、巨額のカネを喜んで彼に渡した。最高の投資先がどこかを知っている者がいるとしたら、それはロックフェラーに違いないと彼らは考えたのだ。

ヒネス・セラン＝パガンという画家が、ロックフェラーに疑いを抱いた。頻繁にパガンのアトリエを訪れるロックフェラーがマツダ車に乗っている事に気づいたのだ。あのたまげるほどカネの有り余っているロックフェラー家の者が、マツダ車になど乗るものだろうか。そこで彼はこの謎の男を調べるために食事会を計画した。その夜、ロックフェラーはほとんど尻尾を出さなかったが、客の一人がカメラを出して彼の写真を撮ろうとしたところ、騒動が起った。ロックフェラーの「側近」が大慌てで雇い主に駆け寄り、彼を守ったのだ。それから彼は、何千ドルでもいいからカメラのフィルムを買い取る、と言い出した。夕食の後、ロックフェラーはパガンの銀行口座の詳細を訊ねた。パガンの絵を何枚か買って、電信為替で口座に送金するというのだ。パガンは、「ロックフェラー」によって口座が空にされてしまうのではないかと恐れ、この申し出を断った。

もう一人のハンプトンズの住人ケヴィン・マクラリーもまたマツダ車に気づき、金持ちであるはずの男にしては奇妙な選択だと思った。ウェブでロックフェラー家を検索してみると――この方法を思いついた唯一の人物らしい――クリストファー・ロックフェラーなる人物は実在したが、一七九〇年に死んでいた！　ロックフェラーは既にマクラリーの友人から一万四千ドルを騙し取っており、彼はこれを取り戻そうとした。マクラリーが尾行すると、彼は近くのアマガンセットという街のミル＝ガース・カントリー・インというところに入って行った。警察がミル＝ガースを捜査したところ、まさにその日、ロックフェラーは宿泊料金八千ドルを踏み倒して逃げた後だった。刑事たちは彼がイーストハンプトンのジムから出て来るところを発見し、逮捕した。取り調べたところ、彼はファビアン・オルトゥーという名前のパスポートを携帯していた。

警察は彼の指紋を採取、ニューヨークでの余罪を調べたが、一件もなかった。だが彼らは、それ以外の場所での未解決の犯罪については特に何も調べなかった。保釈金は四万五千ドルと定められた。彼はそれを支払い、再び姿を消した。ロサンジェルスでの犯罪が明るみに出るのは、ロックフェラーの詐欺がマスコミに取り上げられ、見出しになった後の事だ。

多くの名前を持つ男

ロサンジェルス地区検事総長オフィスの捜査主任ジョージ・ミュラーは、既にロックフェラーの真実を知っていた——彼は詐欺師で、過去に少なくとも一ダースもの偽名を用いていたのだ。彼はレースカーのドライバーであり、ボクサーであり、ベンチャー・キャピタリストだった。映画業界の人間を欺す時は、ディノ・デ・ラウレンティスの甥のクリストファー・ラウレンティスを名乗った。カモがファッション業界人なら、オスカー・デ・ラ・レンタの甥のクリストファー・デ・ラ・レンタ。それ以外に、ガラッィン゠クリスト公、ファビアン・オルトゥー、クリストファー・ロイドとクリストファー・レイズという名前も持っていた。レイズとは〈プレイボーイ〉誌のモデルであった彼の妻ピア・レイズの旧姓。そして彼の本名はクリストフ・ロカンクールであった。

ミュラーが初めてロカンクールに気づいたのは一九九七年の事で、彼の詐欺に遭った被害者からの訴えの結果だった。実業家の女性が、彼がオープンさせる計画のファッション・ブティックに二〇万ドルを投資したのだ。彼は別の女性に、ビジネスに必要な四二〇万ドルの貸与を申し出た。そのかわり、ビジネスの分配金と、先払いの「手数料」として一〇万ドルを要求した。彼女は支払った。とある映画のエキストラは、巨額の儲けを約束されて彼に一万五千ドルを投資した。そしてとあるフランスのポップ歌手は、彼に二五万ドルを持って行かれたという。ロカンクールは最終的にＬＡから姿を消すが、この時彼はリージェント・ビヴァリー・ウィルシャー・ホテルに何千ドルにもおよぶ未払いの請求書を残していた。

どこへ行こうと、彼にはベニーというボディガードが付き添っていた。だがこの二人は最終的には訣別することとなる。ロカンクールに提供された部屋に逗留していたベニーは、そこにピストルやライフル、手榴弾などが隠されているのを見つけ出し、さすがにもうロカンクールにはついていけないと決意したのである。彼は警察に赴いて、詐欺と武器について、知っている事を洗いざらいぶちまけた。さらにロカンクールは役人に贈賄して不法なパスポートを入手している、と主張した。パスポートの件は詐欺よりも起訴するのが容易だった。後者は、被害者である実業家が法廷に出るのを嫌がるからである。そこでまず捜査員はパスポートの件から洗う事にした。

ベニーの証言に基づき、ミュラーは一九七七年五月にロカンクールのホテルのスウィートの捜索令状を取ったが、この令状を執行する直前にロカンクールは姿を消した。残されたスウィートにミュラーは銃とカネ、金儲けの計画書、不正なパスポートなどを発見した。ロカンクールはアジアに高飛びしており、香港、ジャカルタ、マカオ、バンコクの最高級ホテルで一ヶ月あまりを満喫していた。それから、捜査されていると知りつつ、彼はＬＡに戻った。その途上、彼はローマのコピー屋のオーナーから三万五千ドルを騙し取った。ハリウッドでは俳優のミッキー・ルークと友人になり、一九九七—八年の冬は彼の家に転がり込んだ。まだピアとは夫婦を続けていたが、この時期の彼が常時付き合っていたのはもう一人の〈プレイボーイ〉誌のモデルであり女優のロンダ・ライデルだった。

発砲

一九九八年三月、ロカンクールがハリウッドのナイトクラブでパーティを開催していた時、一人の男が彼の前に立って、殺してやると脅した。クラブ員らが争いを止めるために二人の間に割って入った。翌日、ロカンクールは保安官のオフィスに駆け込み、前夜彼を脅した男に以前、銃で撃たれたと訴えた。かつて故ダイアナ妃の元パートナーであったドディ・アルファイドが所有していたロカンクールのハマーが、道路の交差点で乗り捨てられているのが見つかった。警察がこのクルマを調べたところ、弾痕が発見されたが、その全てはクルマの中から撃たれたものだった。その弾を撃った銃はグロックのピストルで、ロカンクールはその免許を所持していない事が判った。その後、警察が型どおりの取り調べをしたところ、彼はパスポートの偽造で指名手配されていることが判明した。ライデルとピアの両者が保安官のオフィスに到着し、ピアが彼の妻であることをライデルが知ると、問題はさらに紛糾した。

彼は保釈金を積んで釈放されたが、今度は彼がカモにしたフランスのポップ歌手が雇った調査員が彼を見つけ出した。彼らは四六時中彼について回って動向を監視したが、彼はどうにかして彼らを撒き、保釈中に失踪した。そして次の狩り場――ハンプトンズ――に入り込み、クリストファー・ロックフェラーになりすましていたのである。

ハンプトンズでの大活躍の後、彼は二〇〇一年四月にカナダのヴァンクーヴァーに現れた。そして年配の夫婦を不動産詐欺で欺して一〇万ドルを巻き上げた。必ず星を挙げると評判のカナダ騎馬隊が、噂通りロカンクールを逮捕した。容疑は詐欺罪で、妻も共に逮捕された。彼女は彼の犯罪については何も知らないと主張したが、彼がしばしば名前を変えていたのは知っていた。彼はカナダの夫婦を騙した罪を認め、既に服役していた期間（一四ヶ月）プラス一日の判決を受け、逮捕された時に発見されたカネと財物（現金一万六千ドル、ロレックスの時計、ラップトップ・コンピュータ）を被害者に返却すること、および損害賠償として一一万二千ドルの支払を命じられた。さらに彼は合衆国への送還に同意し、銃に関する罪と不正パスポート入手のための贈賄、ハンプトンズでの詐欺を認めた。これに対する判決は投獄五年、罰金九百万ドル、そして被害者に対する一二〇万ドルの返還だった。獄中で彼は自伝を書いた。

卑しい出自

クリストフ・ロカンクールは一九六七年、フランスのオンフルールに生まれた。アル中のペンキ屋だった父は路上で凍死し、母は十代で売春婦となった。一九七六年、九歳の時に棄てられた彼はサン＝ジェルマン＝ヴィラージュの孤児院で育った。職員は、彼が常に口八丁で厄介事を切り抜けていたことを覚えている。一二歳の時に彼を引き取った家族は、何とか彼を真人間にしようとしたが、無駄だった。一八歳の時、逃亡してパリに出た彼は、最初の偽アイデンティティを創った――ロシア貴族ガラツィン＝クリスト公である。窃盗と文書偽造をはじめとする一連の犯罪で、二五になる頃には五回も投獄されていた。パリの建物の捺印証書を偽造し、一四〇万ドルで売ったと言う。それから、一九九一年にスイスで四〇万ドルの窃盗に関与した疑いが持たれると、合衆国へ逃亡した。クリストファー・ローカンコートとしてロサンジェルスに落ち着いた彼は、カモにする金持ちたちには事欠かなかった。

一九九二年、グライ・パークという女と結婚。彼女がナイトクラブで働いている時に知り合った。彼女は徐々に彼に疑いを持つようになり、遂にFBIを呼んだ。数分もしない内に、エージェントがドアをノックした。彼らは既にスイスでの窃盗の件でロカンクールを追っていたのだ。彼のカモにされた人間を見つけるのは簡単だったが、彼自身の足取りが掴めなかったのである。最終的に携帯電話から彼を追い詰め、彼を捕えた。彼はスイスに送還されたが、訴訟は取り下げられた。スイス当局は彼をフランスに引き渡した。彼はフランスでも指名手配されていたのである。だが、一九九四年の数ヶ月を獄中で過した後、彼はまたもや釈放された。パークは彼との結婚を無効にした。彼女は一九九八年にロサンジェルスに戻ったが、彼も後を追った。だが彼女はよりを戻す事を拒否した。そして一九九九年、彼は再びニューヨークに姿を現す。新妻ピア・レイズと息子ジーウスと共に。

二〇〇一年の逮捕に続く司法取引の一環として、彼は釈放後の出国に同意していた。二〇〇六年、フランスに戻った彼は、本やインタヴュー、写真、果ては服の販売から生活費を得た。さらにフランスのTV番組シリーズの司会まで務めた。妻とは別れ、元ミス・フランスのソニア・ロランと関係を持った。娘が生まれたが、彼女ともやはり別れた。あるインタヴューでは、さまざまな計画から得たカネは四千万ドルに上ると豪語している。「ペテン師」という言葉を嫌い、そして奇妙な事に、盗みは絶対にしていないと主張している。彼は自らを説得力のある役者だと見做しており、人々は喜んで彼にカネを支払ったのだというのだ。

二〇〇八年、彼はファッションモデルのナオミ・キャンベルを伴ってカンヌ映画祭に現れた。キャンベルと共に俳優としてのデビューを宣伝するためだ。作品名は『バッド・ラヴ』。彼の役？——キャンベル演ずる映画スターと恋に落ちる詐欺師である。監督カトリーヌ・ブレイヤは、病気の療養中ロカンクールに七〇万ユーロを搾取されたと批難した。その後、彼は映画から降りた。彼女はロカンクールとの出逢いを描いた本を書いた。題して『弱さの濫用《アビュ・ド・フェブレス》』。同書はその後、同じ題名で映画化された。

ロカンクールは次に何をするつもりなのか？　多分彼は顔を知られすぎて、昔のやり方に戻る事はできないという事は解っているだろう。あるセレモニーで、彼は当時のフランス大統領ニコラ・サルコジに逢った。その後彼は、今度は政治家を目指すつもりだとほのめかした！

現実世界のモル・フランダーズ

ダニエル・デフォーの小説『モル・フランダーズ』は、裕福な未亡人を演じて裕福な男性を惹きつける女性の物語である。出版は一七二二年。そしていつものように、事実は小説よりも奇なり。その数十年前、決然たる詐欺師が既に「モル」を何度もやっていた。だがそのために恐ろしい代償を支払う事となったのだった。

メアリ・カールトンがこの世に生を受けたのは一六四二年。ケント州カンタベリーのメアリモーダーズに生まれた。幼少期に関してはほとんど知られていないが、見習い靴職人のトーマス・ステッドマンと結婚。二人の子供を産んだが、いずれも幼くして死亡。ステッドマンとの貧しい生活を悲観した彼女は彼のもとを去り、より良い生活を望んで港町ドーヴァーへ行った。そこで彼女は将来により見込みのある外科医と結婚したが、ステッドマンとの結婚を解消していなかった。このため、重婚罪で初めて法廷に引き出される。ステッドマンは貧乏で、裁判のためにメイドストーンまで行く旅費が捻出できなかったので、この件は証拠不十分で却下された。釈放されると、すぐに彼女はイングランドを去り、大陸へ向かう船に乗った。ケルンに辿り着いた彼女は、娼家で働き、裕福な客の注目を集めた。特に熱心なファンの一人は彼女に高価なジュエリーと巨額のカネを贈り、結婚を申し込んだ。彼女はその男から搾り取れるだけ搾り取ると、最後に結婚を承諾した。だが、いよいよ結婚式という時、彼女は金目のものを全て盗んで鞄に詰め込み、ロンドンに戻った。

そして彼女はドイツ貴族、ハインリヒ・フォン・ホルウェイ卿の娘を自称し、三度目の結婚をした。三人目の夫であるジョン・カールトンは、匿名のタレコミから彼女が過去に二回も結婚していることを知り、通報した。彼女は逮捕されて悪名高いロンドンのニューゲート監獄に連行された。そしてオールドベイリーで一妻多夫の罪で裁判にかけられた。この刑事裁判所は、現在もなお同じ場所に建っている。だが、ステッドマンも二番目の夫も法廷に来て証言できなかったため、またしても彼女は有罪判決を免れた。

次に、彼女は舞台が気に入り、彼女自身のスキャンダラスな生活を描いた『ドイツの姫』と題する芝居に出た。その演技によって彼女はまたしても新たなファンを獲得した。有名な日記作家サミュエル・ピープスもファンの一人だったと言われている。他のファンは、生活費を全て出すから同棲してくれと迫った。断るには美味しすぎる話だった。だがだいたい予想がつくように、ひとたびこの哀れな馬鹿のカネと金目の物を自由にできるようになると、直ちに彼女は彼のもとを去った。

彼女は詐欺師としては極めて有能だった。存在しない金持ちの家族からの手紙を偽造し、あるいは他人に偽造させ、それを「不注意」で家主の目につくところに置き忘れてくるのである。これを読んだ家主は、カールトンの地位と富を確信した。この家主もまた欲深で、カールトンと自分の甥をくっつけようとした。カールトンは兄が死んでその地所を相続する事になっていたが、父親が彼女を嫌な男と結婚させようとしている、という物語を信じ込ませていた。恋人は彼女を守るために自分の家に連れて来て——おわかりのように——家に着くや否や、彼女は全てのカネと金目の物を持って行方を眩ませた。

放浪と帰還

カールトンの犯罪活動は、ロンドンはコヴェントガーデンの酒場で銀のジョッキを盗んだとして逮捕された時に、遂に終りを迎えるかと思われた。今回は有罪判決を喰らい、死刑を宣告された。だが判決は後にジャマイカへの島流しに変った。だがそれでも彼女は止めなかった！　二年もしない内にイングランドに戻った彼女は、また昔の詐欺を再開したのである。いつものように裕福な相続人を演じて薬屋を誘惑し、彼と結婚して全ての財産を奪い取ったのだ。その額は三〇〇ポンドに上ると言われているが、これは一七世紀当時には一財産である。宿屋に逃げ込んだ彼女は、そこの女中と一儲けを企んだ。カールトンは家主とただ一人の宿泊客である時計職人を連れて芝居を見に行った。皆が出て行くと、女中は家の鍵を全て破壊し、金目の物を全て盗んだ。カールトンは客を置いてきぼりにして逃げ出し、女中と落ち合って、犯罪の収穫を山分けした。

彼女が最後に逮捕されたのは、純然たる不運のためだった。南ロンドンのサザックの酒屋が荒らされ、店主はテムズ川南岸の王座裁判所監獄の看守に助けを求めた。犯人の目星はついていると考えた彼らは、近くの宿屋を当たった。ある家を捜索していた時、そこにいた一人の女が怪しいと感じた。それがカールトンだったのである。彼らは彼女を連れ出した。警察は彼女を法廷に出すよう命じた。一ヶ月後、一六七三年一月、彼女は再びオールドベイリーの被告人席にいた。罪状は許可無く島流しから戻ったことである。これは非常に重い罪で、言わば脱獄に等しかった。彼女は罪を認め、有罪となった。死刑を恐れた彼女は、「腹を嘆願した」（妊娠後期にあると主張した）。これは女性にとって、死刑を免れる一般的な方法だった。原則的には、子供を産むまで処刑が延期されるだけだったが、実際には妊娠を嘆願した女性は釈放されるか、流罪になるのが常だった。

婦長が呼ばれてカールトンは検査を受けたが、妊娠の徴候はないと診断された。恐れていたとおり、やはり判決は死刑だった。刑の執行を待つ間、ニューゲート監獄で手枷足枷をかけられた彼女のもとに、この悪名高い重婚者を一目見ようとする見物人が引きも切らずやって来た。

一六七三年一月二二日、遂に彼女の手枷足枷が外された。彼女はジョン・カールトンの肖像を袖に留めた。監獄から引き出された彼女は荷車に乗せられ、タイバーンに連行された。そこには彼女の死を見届けようとする群衆が犇めき合っていた。そこで彼女は、これまでの自分は虚栄心の強い女だったと告白し、神に許しを乞うた。そこでニューゲートカレンダー（処刑の公式記録）は単にこう記している。「彼女は首を括られた」。一時間後、その身体は切り分けられ、安物の柩に入れられて、近くのセントマーティンズ墓地に埋葬された。

ポヤイスの酋長

一八〇〇年代初頭、ブリトン人は南アフリカで新生活を始めたいという誘惑に駆られた。もちろんそれには莫大なカネが必要だったが、支払おうという者は何百人もいた。だが、人生を賭けたチャンスを彼らに提供した謎の「酋長」とは、実際には誰だったのか？

一八二〇年、ポヤイスの酋長《カシーク》を自称する男がロンドンにやって来た。カシークとは南北アメリカの部族の長である。この酋長は、ホンジュラス湾にあるポヤイスと呼ばれる自国についてあらゆることを語った。政府と行政は、その国の首都であるセント・ジョセフに置かれている。まだ若い国で、土地を耕したり、新しい街を建てたり、金銀の鉱山を採掘するのに新しい移民を必要としている。イギリス商人はこの新興国への投資と、貿易の話に熱中した。

一八二二年十月二三日、酋長は二千枚の債権を一口百ポンドで売りに出した。それは完売して、二〇万ポンドがのカネが集まった。一八二二年当時としては大金である。百ポンドが出せない人のために、彼は土地を一エーカー当り数シリングで売った。中には老後の蓄えを全額ポヤイスに投資した人もいた。酋長はまた自ら紙幣を刷り、投資家や移住者にそれを現金化するよう促した。一八二三年には、彼は億万長者になっていた。

ポヤイスで新生活を始める二百人以上の移住者のために、二隻の船、ホンジュラスパケット号とケナーズリーキャッスル号がチャーターされた。到着したら真っ先に首都の壮大な建物を訪ね、買い取った土地を検分しようとしていた彼らだったが、そこにあったのはただの荒れ地だった。彼らは上陸する港を探したが、それすらもなかった。ようやく岸辺に船をつけると、そこにあったのは以前、この地を開拓しようとした際の打ち捨てられた小屋が数えるほどで、周囲は蛇の蔓延るジャングルだった。金銀の鉱山もなければ首都も無く、耕作すべき肥沃な土地もなかった。簡単に言えば、ポヤイスなどという国はなかったのである。全ては嘘だったのだ。移住者たちは最終的には救助され、英領ホンジュラスに連れてこられたが、多くの者は熱帯性の病と長い船旅の疲れで死んだ。生きて英国に戻れたのは僅か五〇人だった。彼らはポヤイスの話を語り、新聞がこの悲しい物語を伝えた。ポヤイスの債権は一夜にして紙屑となった。移住者と投資者は全員、そのカネを失った。

ポヤイスの酋長の正体は、スコットランドの兵士グレガー・マグレガーだった。半島戦争の際にはポルトガルで戦闘に参加し、一八一〇年に軍隊を辞めてスコットランドに戻った。そのすぐ後に彼はロンドンに住み、サー・グレガー・マグレガーを自称し始めた。どうやら彼は兵士としての生活を恋しく思っていたらしい。妻が死ぬと、財産を売り払って南アメリカに赴き、ベネズエラ軍に入って大佐の地位を得た。そして直ちに実戦に参加し、准将に昇進した。軍の司令官が王制主義者の軍に捕えられると、彼は新妻を伴ってキュラソー島へ逃亡し、それからニューグラナダ（今日のコロンビア）へ行って、解放軍に入った。そこの兵士や官憲は特に彼に感銘を受けることもなく、彼はただの大言壮語するハッタリ屋だという噂を立てられた。一八一五年に海岸沿いの街カルタヘナデインディアスが包囲されると、マグレガーは人々を組織して海路でジャマイカへの大量逃亡を計った。翌年、彼はシモン・ボリバルの下で、ベネズエラ侵攻に参加した。

一八一七年、彼は巧みな作戦を成功させた。小部隊を率いてフロリダ沖のアメリア島を制圧しに行ったのだが、予め、千人の精強な部隊が来るという噂を広めておいたのだ。攻撃を開始すると、スペインの数少ない駐屯兵は、圧倒的な敵が襲来したと考えて逃亡してしまった。マグレガーはこの島を支配し、政府を作って新憲法を作らせた。彼が架空の国ポヤイスの計画を思いついたのはどうもこの時らしい。彼は地元の長であるモスキート海岸国家の国王ジョージ・フレデリック・オーガスタスから、モスキート海岸の土地を授けられたと主張した。

英国で詐称者であり詐欺師であると露見すると、彼はパリに逃亡、そこで同じ詐欺を再び試みた。フランス当局に存在しない国へのパスポートが申請され始めると、当局はフランスの移住者をポヤイスに連れて行こうとしていた船を差し押さえた。マグレガーは身を隠したが、結局は見つかって逮捕される。そして裁判にかけられたが、驚くべきことに無罪となった。一八二六年にロンドンに戻った彼は、一八三七年まで、何度も何度も同じ詐欺を重ねる。二番目の妻が死ぬと、彼はベネズエラに戻り、一八四五年に死ぬまで軍人恩給を受けて暮らした。

ケペニックの大尉

一九〇六年十月一六日、プロイセンの陸軍士官が、兵士の一団を率いてベルリン近郊の街にやって来た。彼は町役場を占領し、金目の物を略奪して姿を消した。残された人々は呆気にとられ、一体何が起ったのか、そしてこのプロイセンの陸軍士官とは実際には何者だったのかと訝った。

その十日後、フリードリヒ・ヴィルヘルム・フォイクトという職業的犯罪者が逮捕された。彼の破滅の要因は、その顕著な見かけだった——折れた鼻、がに股、濃い灰色の口髭を生やして、顎は剃っている。

フォイクトは一八四九年二月一三日、東プロイセンのティルジット（現在のロシアのソヴィエツク）に生まれた。その犯罪歴は早くも十代初期から始まっていて、学校の級友から盗みを働いたと告発され、浮浪罪で逮捕された。結果として放校となった彼を、父親は靴職人として訓練した。だが初めての監獄生活だけで彼が犯罪人生を卒業する事はなかった。一五歳から四二歳までの間に、窃盗や文書偽造で総計二五年以上の判決を喰らったのである。最終的に釈放されたのは一九〇六年二月だった。彼は街から街を転々とし、あらゆる仕事に就いたが、最終的には北の港町ヴィスマルの工場で靴職人の定職を得た。

彼にとって、パスポートを持つ事は死活問題だった。規則では、パスポートの無い者には仕事もなく、家も無い。厄介事を避けて真面目に生きようと決意したフォイクトは、市役所に登録し、税金を払い、故郷のティルジットにパスポートを申請した。だが、パスポートを取得する前に、当局は彼を追放してしまった。出獄以来、警察の監視下にあったからである。一九〇六年五月、彼は仕事を奪われ、ヴィスマルを去る事となった。仕事を転々とし、結局ベルリン郊外のリクスドルフに住む姉妹の家に転がり込むこととなった。だがベルリン当局に発見された彼は、ベルリンからも追放される。そしてハンブルクへ向かったとされたが、密かにベルリンに留まり、非合法に働いた。彼は社会の最底辺だった。だが今や、彼は新たな計画を企んでいた。

彼は古着屋から陸軍将校の軍服のパーツを買い集め、一着の軍服を作った。それから、その軍服を着て、兵舎に戻る途中の兵士の一群を呼び止め、さらに射撃練習場にいた別の一団にも声を掛けた。彼はよほど演技が上手かったに違いない。兵士たちは何の疑問もなく彼の命令に従ったのだ。兵の輸送の手配をしている時間は無いと言って、列車で彼らをケペニックへ向かわせた。町役場に着くと、兵に銃剣を着用させ、建物の出口の警備に当たらせた。地元の警察が来て何が起っているのかに気づくと、彼は外の広場の人払いを命じた。さらに郵便局を封鎖し、電話や電報による外部への連絡手段を断ち切った後、町長と出納官を不正経理の疑いで逮捕させた。彼は街の財源である三五五七マルクを「没収」し、最後に入った監獄の刑務所長の名前で署名した。その後、徴発した二台の馬車で町長と出納係をベルリンの営倉へ送った。それから役場を占拠している兵士たちを棄てて失踪した。

当局はすぐに何が起ったのかを知ったが、一体誰が悪いのか見当も付かなかった。この謎の「大尉」を見た者は全員訊問を受けた。彼が偽物であることは直ちに明らかとなった。陸軍大尉にしては年を取り過ぎていたし、軍服の細かい点も違っていた。だが誰もその時は気づかなかったのだ。彼の逮捕に賞金が出され、街中に人相書きが貼り出された。彼は十日後に逮捕された。監獄で一緒だった人物が彼を疑い、警察に告げたのだ。元雇い主が、フォイクトの写真を警察に渡した。証人たちはそれをみて、彼こそが「大尉」だと証言した。

フォイクトは裁判にかけられ、有罪判決を受けた。四年間の投獄。だが、世論はフォイクトに味方した。獄中で裁判を待つ彼に、支持者たちから花やチョコレート、そして現金が届けられた。人々は彼が腐敗した権威主義の役人たちに一杯喰わせたことに喝采したのだ。だが彼らはまた、それが誰であれ軍服を着ている者に盲目的に従うというのは色々不味いということを思い知らされた。皇帝はこの話を面白がり、二年後にフォイクトに恩赦を与えた。フォイクトは既に五九年の人生のうちの二九年以上を獄中で過していた。そんな彼はたちまち有名人になった。彼はレコードを録音し、講演を行ない、舞台に立ち、署名を売った。外国にも行って顔見せを行なった。一九〇九年には自伝が出版されたが、その中で彼は、ケペニックの町役場を襲撃したのは必要なパスポートを得るためだったと述べている。とは言うものの、もしそれが本当だったとしても、彼は標的を誤っていた。ケペニックの町役場はパスポートの発行は行なっていなかったのだ。

彼はルクセンブルクに移り、そこで一九一〇年にようやくパスポートを得た。だが第一次世界大戦中に全ての財産を失い、一九二二年に貧窮の内に死んだ。墓地の賃貸契約が切れると、匿名の寄付者とサーカス団が引き継いで支払うことになった！　彼の遺体は一九七四年に掘り出されることになっていたが、世間の激しい抗議を受けて、ルクセンブルク市は最終的に彼の遺体を無期限に墓の下に残すことを許した。

フォイクトの偉業は、今日でもケペニックの町役場の階段の「大尉」の像として記念されている。この事件を題材とした芝居と、何本かの映画も作られた。

任せなさい、私は医者だ！

偽医者というのはいつの世にも存在する。白衣を着て患者たちの感謝を受ける快感は、一部の人にとってはたまらない誘惑なのだ。医療当局の努力にも関わらず、偽医者は今もその網を潜り抜けている。

一九五〇年代、連続的詐称者のフェルディナンド・デマラは軍医になりすまし、負傷した兵士に対して、たった一冊の医学書だけを頼りに手術までやってのけた。だが幸いな事に、全ての偽医者が患者の治療に当たっていたわけではない。彼らの多くは自分の仕事を上手くやり遂げるために医師免許と医療経験を偽造する。イングランドのバース大学の研究によれば、一九九〇年代の英国で百人以上の偽医者が見つかったという。その三分の二は、医療行為以外の目的のために偽の医師免許を用いていた。その他の者については、医療ミスを冒して正体が露見した者もいれば、医療と関係の無い調査——例えば入国審査などによって露見した者もいる。

ほとんどの偽医者は嘘の医師免許と医療経験を捏造するが、稀に本物の医者のアイデンティティを盗む者もいる。フェルディナンド・デマラは本物の医者であるジョゼフ・シール博士のアイデンティティを盗んだ。ジェラルド・バーンバウムもまた本物の医者のアイデンティティを盗み、カリフォルニアで二〇年にわたって医療に従事していたが、二〇〇一年に患者の一人を死なせてしまい、それをきっかけに調査が入って正体が露見した。だが、バレてもバレても彼は怯まなかった。彼は五回も投獄されたが、釈放されると直ちにまた偽医者に戻ったのだ。

バーンバウムの犯罪人生は一九七〇年代に始まった。イリノイ州の薬剤師免許が、詐欺の調査の結果、無効にされてしまったのだ。そこで彼はジェラルド・バーンズと名を変えた。カリフォルニアに実在する医者の名前である。そして事故によって書類が破損してしまったのだが、新しい仕事に就くために書類の写しが要ると言って、本物のバーンズ博士の資格認定書の写しを入手した。彼はその書類を使ってカリフォルニアで仕事を確保した。その後、一九七九年に彼が家に帰らせた患者が死んだ。その結果、バーンズは三年の投獄を宣告された。出所後、彼はバーンズという名の本物の薬剤師の資格認定書を使って医師・薬剤師として仕事を続けた。そして何度も何度も逮捕された。ある時などは、法執行官、例えばFBIのエージェントを診察してその健康状態を査定したこともある。一九九六年、彼は再び仕事を辞めさせられ、投獄一二年半の判決を受けた。驚くべきことに、釈放の準備のプログラムの一環として付き添い無しの外出が認められた時、彼は逃亡し、またしても偽医者として診療所に勤め始めた。そして一ヶ月後には再び逮捕された！

偽医者なんて過去の話だと思うなら、それは間違いだ。二〇一二年の一ヶ月だけで、インドのムンバイでは八人の偽医者が逮捕されている。

オーストラリアのシドニーでは、二〇〇八年、ヴィトミル・ゼピニクという人物が、医師を自称したとして六つの訴因で有罪となっている。それでも懲りずに、翌年彼はロンドンのバーツ（聖バーソロミュー病院）とロンドン医科歯科大学で精神医学の上級講師として働いていた。五ヶ月後にかつて有罪判決を受けていた事が明らかになって、彼は馘首になった。二〇一〇年、彼はハーグの戦争犯罪裁判で証言したが、その時もまだ医者を名乗っていた。

二〇一〇年、オーストラリアのアリス・スプリングズ病院は、医師の一人が無免許であることに気づいた。バラジ・ヴァラトハラジュというこの人物は、四百人を越える患者を診察したと考えられているが、アデレード大学で医学を学んだものの、学位を得ていなかった。

二〇一一年、フィンランドで、退院後僅か三日目の女性が死んだ時、退院許可を出した医師エサ・ライホを死んだ患者の娘が訴えた。その後の調査で、不穏な事実が明らかとなった――この「医師」は、資格のある医師でも何でも無かったのだ。記録によれば彼はロシアのサンクトペテルブルクにある大学で医師免許を取ったことになっていたが、その書類は捏造だった。彼は実際には合衆国で医学を学んでいたが、大学を中退していたのである。彼は十年の間に、南フィンランド一円の病院、医療センター、老人ホームなどで、数千人の患者を診察していた。

フィンランド医療当局は、さらに多くの偽医者が、同じような嘘の免許で働いているかもしれないと疑念を抱いた。そして国内に登録された二万四千五百人の医師の内、五百人がユーロ圏外の組織から免許を得ていた事が判明した。そして不穏な事に、そのほとんどは、ライホと同様、ロシアで取得していたのである。これらの医師たちをより厳密に調査したところ、さらに多くの詐称者がぼろぼろと出て来た。

南アフリカでは二〇一二年、二七歳の元性産業従事者が、ダーバンの二つの病院に、心臓内科医で癌の専門家だと売り込む事に成功した。彼はこれらの病院と契約する約束をして、大金を稼いだ。そして数ヶ月務めた後、偽者であることが発覚した。彼は聴診器と医者の制服を買って医者に化け、必要な書類はウェブからダウンロードしていた。そして医者に化けたのは、自分で必要な高額の医療費を賄うカネが必要だったからだと述べた。だが、ダーバン裁判所は彼を信じなかった。彼は投獄六年、執行猶予三年の判決を受けた。

二〇一二年十二月には、英国の偽医者が、国家医療制度の仕事で稼いだ二十五万ポンド以上の返金を裁判所から命じられた。コンラード・デ・スーザの詐欺が露見したのは、子供の養育費の支払を免れるためのDNA検査で不正を働いている現場を押えられたからだ。過去と医師免許が調査された結果、彼は一九八〇年代に医科大学に学んでいたが、卒業はしていなかったことが判った。だがそれでも彼は資格のある医者だと主張し続け、十年にわたって医療現場で働き続けた。ただし、直接患者は診ていない。非常に似た名前の本物の医者の免許と登録番号を盗む事でそれを行なっていたのだが、結局彼は二年の投獄を命じられ、後に詐欺で稼いだカネの返還を求められたわけである。

通常、医師たちはなるべく早く偽医者を閉め出し、法廷に向かわせるべきである。だが時には、医者から別れを惜しまれるような詐称者が現れることもある。ウィリアム・ハンマンはパイロットと心臓内科医という経験を活かして、より効率的な仕事の仕方と患者のケアを向上させる方法を医師たちに教えていた。そして緊急治療室のようなプレッシャーの高い状況下で働く医師たちのために、チームワークの訓練セッションを行なった。教育者として自分の仕事に関する講演を行ない、学術的な医学雑誌も彼の論文を掲載した。

誰もが、他人は何らかの調査を受けているはずだと決めてかかっているようだが、それは間違いだ。最終的に、ミシガン州ロイヤルオークのウィリアム・ボーモント病院の職員が背景調査を行ない、ハンマンは確かにユナイテッド航空に務めていた経験豊かなパイロットではあったが、医師でも心臓内科医でもなく、彼の言うような医療経験は全く無いということが判明した。彼と共に働いていた医師たちはこれを聞いて驚倒し、多くの者は彼が去ることを残念に思った。彼らは彼に受けた訓練の価値を評価し、彼が立派な仕事をしていたと見做していたのである。

6 偽インディアンたち

アメリカインディアンは多くの人にとって魅力的な存在だ——自然と調和した誇り高き先住民。遥かな太古からこの地に住み着き、その習慣は先史時代にまで遡る。ほとんどの人はネイティヴアメリカンを賞賛するだけで満足するが、さらにその先へ行く者も少数ながらいる。自分のアイデンティティを変えてインディアンを名乗るのである。部族はその一員を名乗ることに関して厳密な決まりを持っており、詳細な記録や部族に特有の役割を設けていて、それが部族の一員である資格の証明になっている。

場合によっては、映画やＴＶで西部劇が人気になっている時、映画産業やＴＶでの仕事を獲得するために偽インディアンになりすますこともある。彼らは偽者と発覚する危険を抱えつつ、俳優として働いている本物のインディアンと肩を並べる。ネイティヴアメリカンは、またそれ以外のエンターテインメントでも人気者だ——プロレスである。インディアンのレスラーは羽毛のついた頭飾りを着けて闘技場に入り、「出陣」する。敵側が挑発すると、部族の歌を大声で歌ってこれに応える。観客はこういう見世物が大好きだ。タタンカやビリー・トゥー・リヴァーズは本物のインディアンだったが、中にはそうではない者もいる。中でも有名なのは、二〇一二年に八三歳で世を去ったチーフ・ジェイ・ストロングボウである。彼はオクラホマ州パフスカ出身の純血のインディアンだと称していたが、実際にはフィラデルフィア出身のイタリア系アメリカ人ジョー・スカーパだった。四〇年に及ぶリング経験の中で、彼は何度かチャンピオンのタイトルを獲得した。

ネイティヴアメリカンに対する態度は、長年の間に変化した。ネイティヴアメリカンは今日では、過去の時代よりも尊敬をもって、正しく取り扱われている。とはいうものの、偽インディアンは今も時折出現する。偽インディアンを名乗れば、詐称者はネイティヴアメリカンの歴史の悲劇を背負いつつ、同時にまた今日のネイティヴアメリカンに相応しい尊敬を得ることができるのだ。さらに詐称者の仕事に箔もつく。商業的な魅力が増したり、尊敬や一種の権威が自然と身に付けられるのである。これらの文化的詐称者はネイティヴアメリカンの気分を著しく害する。何故なら彼らは本物のインディアンや部族、その歴史と文化を誤って伝えるからだ。このことは重大である。ほとんどの人は本物のネイティヴアメリカンと接する事なく生涯を終えるからだ。ネイティヴアメリカンの文化や歴史に関する彼らの乏しい知識は、ネイティヴアメリカンのイメージを一般社会に投影する僅かな声に由来するものだ。そしてもしもそのイメージが偽者なら、われわれは全員、ネイティヴアメリカンとその支持者の双方に酷い扱いをしていることになる。

ロング・ランス

チーフ・バッファロー・チャイルド・ロング・ランスは、ブラックフット・インディアンの酋長の息子だった。

少なくとも彼はそう称していた。彼の出自はかなり異なることが判明したが、彼は詐称者と言えるのか？

一九三二年三月二十日の早朝、アニタ・ボールドウィンは、アノアキア館と呼ばれる豪奢なカリフォルニアの邸宅の中のどこかで鳴り響いた大きな銃声を聞いて仰天した。彼女は夜警のサージェント・ジョセフ・ハナを叩き起こし、屋敷内を調べさせた。図書室で、彼はチーフ・バッファロー・チャイルド・ロング・ランスの遺体を見つけた。自ら頭を撃ち抜いていたのだ。ピストルは握ったままだった。それは彼の華麗な生涯の劇的な最後だった。

ロング・ランスは一九二八年に自伝を出版して有名になった。その中で彼は一九世紀末にモンタナ州で生まれたと述べている。彼の語る平原インディアンの生々しい話は各界の賞賛を受け、ロング・ランスは超有名人となった。上流階級のパーティには好んで呼ばれる客となり、そこではタキシードの紳士、優美なガウンの淑女たちが、彼のインディアンの物語に聞き惚れた。講演活動でも、彼はスターだった。一回の講演で、ほとんどのアメリカ人の月給分を稼いだ。女たちは彼の熱狂的なファンとなった。ルドルフ・ヴァレンティノの未亡人ナターシャ・ランボヴァのダンスの相手を務め、女優や歌手とデートし、ヨーロッパの王族たちの知遇を得た。

やがてロング・ランスは、その名声を使ってネイティヴアメリカンの苦境を訴え始めた。彼らの多くが飢餓に苦しみ、病に伏せり、悲惨な生活状況にある。ロング・ランスは多くの北アメリカインディアンの生活向上のために、法改革とインディアン局の再編成を訴えた最初の著名人の一人となった。

アイデンティティの疑問

ロング・ランスが次の本を書くと、出版社はその原稿の写しをインディアン局に送付してその反応を見た。その返事はセンセーションを巻き起こした。局は、同書がフィクションであると断言したのだ。彼らは既にロング・ランスを調査し、純血のインディアンの酋長であるという主張が嘘であることを見出していた。曰く、彼は酋長という名誉称号を与えられただけであり、一九二二年にカナダのブラッド保護地での学校の同窓会でバッファロー・チャイルドと名付けられたのだという。彼はその前年にその地でジャーナリストとして過し、インディアンに関する新聞記事を調べた。その時はオクラホマ出身のチェロキー族であると名乗っていた。その記事に対する感謝を表明するために、彼らは彼を同窓会に招いて講演させ、ブラックフット族の名前を贈ったのである。それ以上のことは彼らは何も知らなかったし、その出自も知らなかった。

一方、ロング・ランスはカナダで撮影中だった映画『沈黙の敵』にインディアン役として雇われていた。彼にとっては不安な時期だった。映画に出ている本物のインディアンにいつ何どき偽者だと暴露されるかもしれなかったし、インディアン局の調査の報せも既に届いていた。このプレッシャーのために、彼はいつになく短気になっていた。そんな時、偶然にも彼がたまたま口論となった地元カナダのオジブワ族の女はグレイ・アウルの娘だった。このグレイ・アウルは後に、彼自身もまた偽者だったことが発覚する。同じ役者の一人であり、本物のスー族の酋長であったイエロー・ローブは、徐々にロング・ランスに疑いを抱き始めた。彼はロング・ランスの身振り言語とネイティヴ・ダンスの誤りを見抜いたのである。また彼の愛想の良い外交的な性格は、平原インディアンというよりも白人のそれだった。撮影が終ると、ロング・ランスはニューヨークに戻った。何とか正体を暴露されることもなく映画は出来上がったし、インディアン局の調査についてもそれ以上のことは聞かなかった。これで疑いは晴れた、と彼は思った。

一九二九年、彼はニューヨークの探険家クラブに誘われた。それは非常な名誉だった――ネイティヴアメリカンでそのメンバーになったのは彼が初めてだったのだ――だがここでもまた、アメリカの文化と歴史に精通しているクラブのメンバーから目をつけられることとなった。その一人は、ネイティヴアメリカン文化を専攻する人類学者クラーク・ウィスラー博士だった。ロング・ランスの自伝を読んだウィスラーは、直ちにその著者が偽者であることを見抜いた。

シルヴェスターの発見

一九三〇年初頭、ロング・ランスは直接その正体を問われる羽目に陥った。『沈黙の敵』の製作会社の弁護士が、イエロー・ローブの抱いた疑念を聞きつけたのだ。ロング・ランスの正体と血筋は映画会社にとっては切実な問題だった。何故なら彼はその映画の宣伝キャンペーンに華々しく採り上げられ、純血のインディアンと喧伝されていたからだ。弁護士に会いに行った彼は、開口一番、こう挨拶された。

「こんにちは、シルヴェスター」。

弁護士の調査により、ロング・ランスの本名はシルヴェスター・ロングであることが判明していた。だがロング・ランスは、自分はシルヴェスター・ロングなど知らないし、自分はインディアンであると主張した。曰く、子供の頃は大西部ショーとサーカスで働いていたが、事故で大怪我をした。そこでチェロキー族の家に引き取られ、健康を回復し、学校へも通い始めた。だが、その学校の元教師に問い合わせたところ、彼とチェロキー族との関係については何も知らないと言われた。元教師によればロング・ランスの本名はシルヴェスター・ロングで、アフリカ系アメリカ人であり、ノースカロライナで生まれたという。父親は学校の用務員だった。

この暴露は、人種差別が一般的であった当時の合衆国においては一触即発ものだった。ロング・ランスの正体に関する噂が駆け巡ると、人種差別が横行する時代では、彼がアフリカ系アメリカ人である可能性が大問題となった。かつての社交界の友人たちの多くは彼を見捨てた。そんな時に彼の味方になってくれた少数者の一人が、彼の正体を暴くきっかけとなったスー族の酋長イェロー・ローブだった。イェロー・ローブの体調が悪化し、『沈黙の敵』の宣伝の仕事ができなくなると、彼は自分の代役としてロング・ランスを指名したのだ。映画会社は懸念を抱きながらも、とりあえず宣伝ツアーには彼も連れて行った。彼は当時最高のハリウッドの映画スターたちと混じることとなった。あるイベントでは、彼はアイアン・アイズ・コウディというインディアン俳優と共に伝統的な部族のダンスに参加したが、このコウディも後に偽者であることが判った。

彼のいない間に、映画会社の弁護士はシルヴェスター・ロングの過去を洗うためにノースカロライナに調査員を派遣していた。彼はロングの両親を発見した。彼らは、自分たちはチェロキー族であると言った。さらなる調査で、ロングには白人とチェロキー族、それにクロアタン族の祖先がいることが判った。クロアタン族にはアフリカ系アメリカ人の血が入っていることが知られている。だが調査員は、シルヴェスター・ロングは白人とインディアンの血統であると報告した。映画会社も弁護士も、ただ彼がインディアンの血統でありさえすれば、あとは何族であるかとか、何故出自について嘘をついていたのかなどはどうでも良いことだったのだ。こうしてロング・ランスは厄介事から解放された。

真実の人生

現在では、彼の幼少期の生活は自伝に描かれたとおりではないということが明らかになっている。彼はモンタナ州のティピー〔訳注：インディアンの円錐形のテント小屋〕でブラックフット族の酋長の息子として生まれたことになっている。だが実際には、シルヴェスター・クラーク・ロングはノースカロライナ州ウィンストン＝セイラムで生まれた。いろいろな人種の血が混じっていたため、ロング家は「有色人」と呼ばれた。シルヴェスターは一三歳で学校を辞め、幾つかのサーカスと大西部ショーで働いた。彼はインディアンのパフォーマーたちと親しくし、しばしばインディアンと間違われた。一九〇九年にはペンシルヴェニアのカーライル・インディアン学校に入るため、断片的なチェロキー語とその習慣を覚えた。彼はこれを、ノースカロライナでの二級市民の生活から脱出する機会と考えた。

彼は学校の新聞と雑誌にインディアン問題について書き始めた。同級生の友人たちから可能な限りインディアンの歴史と文化を吸収し、その詳細を彼自身のこれまでの生活史の中に採り入れ始めた。

インディアン学校を出た彼は、カーライルのディキンソン・カレッジで一年を過す。だがこの学校が気に入らず、ニューヨークにある閉鎖的なセントジョンズ士官学校に入ろうと試み、成功した。士官学校は彼に洗練された物腰と自信、そして将校階級らしい挙動を叩き込んだ。彼は一九一三年から一九一五年までセントジョンズに在籍した。それから彼は、大統領ウッドロウ・ウィルソンに手紙を書いて、ウェストポイントにある有名な米国陸軍士官学校への入学許可を乞うという驚くべき決断を行なう。その結果、彼はウェストポイントの入試に招かれたが、期待に反して、彼は不合格となった。

だが常に臨機応変な彼はそれにめげることなく、すぐに荷造りをしてカナダ行きの列車に乗った。一九一六年八月四日、カナダ軍に入隊。二ヶ月後にはイングランドにいて、訓練を受けた後、既に二年もの間、第一次世界大戦の猛威に曝されていたフランスに渡った。ロングが到着した頃、カナダ軍はアラスの戦いの一環として、北フランスのヴィミーの尾根を攻撃する準備をしていた。

凍えるような寒さの中、塹壕から塹壕へ、爆弾穴から爆弾穴へ、カナダ軍はかなりの数のドイツ人レジスタンスを倒し、戦線を二マイルも推し進めた。大虐殺の現場をいくつも無傷で潜り抜けたロングだったが、その後に負傷してしまう。そしてロンドンでカナダ軍での軍務を終えた。一九一九年に除隊されると、彼はカナダに戻り、アルバータに落ち着いた。そしてカルガリーの〈ヘラルド〉紙の記者となった。読者に自己紹介する記事で、彼は自分の過去に関する奇想を凝らした長い物語を書いた。生まれをオクラホマに変え、位は大尉に昇進させ、ウェストポイントに入ってイタリア戦線に従軍した、と。またその英雄的な活躍により、フランスから戦功十字章を受けた事にした。全部嘘八百であったが、誰も調べたりする者はなかった。ロングの記者証は、カルガリーの社会のあらゆる部分への扉を開いてくれた。

インディアンの著述

彼の活動のほとんどはカルガリーで行なわれたが、一九二一年五月、ブラックフット族保護区についての記事を書く調査のために東へ送られた。編集長はその記事をいたく気に入り、さらにロングを他の部族、例えばサルシー族やブラッド族などの取材に送り込んだ。その度に彼はインディアンの生活様式についての知識をどんどん吸収していった。彼が特に感銘を受けたのはブラッド族だった。彼らは他の部族よりも独立心が旺盛で、政府の援助に頼ろうとしなかった。このブラッド族の記事のお陰で、彼は招待を受け、そこでブラックフット族の名前である「バッファロー・チャイルド」を贈られたのだった。

ロングは記者として大成功を収めていたが、一九二二年、とある悪ふざけが裏目に出て、馘首になった。市役所での嫌になるほど長ったらしい会議の取材に飽き飽きした彼は、場を盛り上げようと、役人たちの中に偽の爆弾を投げ入れたのだ！ その結果、彼はカルガリーを去ってヴァンクーヴァーへ向かい、そこでフリーランスの記者として、カナダのインディアン部族についての記事を書いた。この頃には彼は自らチーフ・バッファロー・チャイルド・ロング・ランスと名乗るようになっていた。そしてますます、インディアンたちが直面している困難や不正を意識するようになっていった。彼らには権利がほとんど与えられず、その権利もしばしば悪用されていたのである。

そこで彼は、アイデンティティの大きな変化が必要だと決めた。「文明化された」チェロキー族では、大衆は彼に興味を持たない。だがもしも彼が大平原で生まれたブラッド族なのなら、よりエキゾティックで面白い話を語っていただろう。ブラッド族はブラックフット族の一部族だ。ロング・ランスはブラッド族かブラックフット族である方がより「売れる」。カナディアンパシフィック鉄道が彼を部族の代表として雇い、一九二五年、彼は合衆国に講演旅行に出掛けて大成功を収めた。彼の出現は、多くの群衆を引寄せた。

彼の物語の一つが一九二七年に〈コスモポリタン〉に発表され、センセーションを巻き起こした。その中で彼は、カスターの最後の抵抗は無かったと断言した。カスターは戦いの終りに自殺したというのだ。歴史家や開拓者、そしてカスターの未亡人らはこの物語を嘲笑したが、大衆はロング・ランスが嘘をついているとは思わなかった。実際、記事や講演の中にどれほどのフィクションを織り交ぜようとも、それが発覚することは無かった。そしてロング・ランスに草原インディアンとしての人生を本に書くように促したのは〈コスモポリタン〉の書籍出版部だった。それは『ロング・ランス』と題する自伝となり、彼を有名にし、スターダムにのし上げた。

ヨーロッパへの帰還

一九三〇年、自伝が成功し、映画俳優としても人気を得たのに続いて、彼はロングアイランドを目指し、そこで飛行機の操縦を学んだ。そしてこれがすっかり気に入ってしまった。彼はすぐに曲乗り飛行とパラシュートを覚えた。そして青天の霹靂か、彼は予想もしなかった仕事のオファーを受けた。ハリウッドにいた頃、彼は裕福な実業家で競走馬のブリーダーでもあるラッキー・ボールドウィンの娘、アニタ・ボールドウィンに出逢っていた。彼女はインディアンの歴史と文化に魅了されていた。ロング・ランスが彼女に深い印象を与えたのは間違いない。というのも、その後も彼女は彼と連絡を取り続けたからだ。そして今、彼女は一九三一年に計画しているヨーロッパ旅行に備えて、彼に秘書兼ボディガードの仕事を依頼してきた。彼はこれを受けた。

第一次世界大戦中に兵士として渡欧した時とは違って、今度の旅ではパスポートが必要だった。彼はその申請の際に嘘をつき、生まれはモンタナ州スウィートグラスで、誕生日は一八九六年一二月一日だと述べた。さらにピターという虚構の父を作って、一九〇〇年にスウィートグラスで死んだということにした。一方、実父であるジョーは存命だった。このように嘘八百の情報を使ったのにもかかわらず、申請はすんなり通り、ロング・ランスはパスポートを得た。

一九三〇年代初期、ヨーロッパの一部では経済がメルトダウンを起していた。ロング・ランスはドイツの恐るべき状況を見て、どうすればこれが終るのだろうと考えた。ヨーロッパ滞在中に、彼の奇行は始まっていたらしい。雇い主であるアニタ・ボールドウィンは後に、彼が自殺未遂を犯したと証言した。また酒を浴びるように呑んで泥酔し、ボールドウィンのもう一人の同行者を殺すと脅した。

合衆国に戻ると、状態は落ち着いたようだったが、カリフォルニア滞在中にまたしても飲酒を始めた。彼はよくアニタ・ボールドウィンを訪ねていた。彼女はその膨大な蔵書を、調査のために彼に自由に使わせていたが、徐々に彼の行動に驚かされるようになっていった。一九三二年三月一九日の朝にやって来た時、彼は泥酔しており、ボールドウィンは知らなかったが、銃を持っていた。彼は異常なほど平静だったので、ボールドウィンは彼を図書室に残して床に就いた。そこで銃声を聞いたのである。

詐称者とはおしなべて狂人か悪人であると考えたくなるものだが、ロング・ランスはそのどちらでもなかった。彼は自分を拒絶する世界で生き延び、成功する唯一の道を見出した人物であり、また北アメリカインディアンの窮状を広く知らしめた人物でもあるのだ。

夜に飛ぶ男

一九三七年、未来の女王エリザベス二世は、バッキンガム宮殿への特別の訪問者に夢中になった。当時一一歳だった王女は、華麗な鹿革を纏ったカナディアンインディアンの話を興味深く聞いた。だが彼の死後に明らかとなったことだが、彼の真の出自はカナダの荒野よりも遙かにバッキンガム宮殿に近いところにあった。

この男はグレイ・アウルと呼ばれていた。二度目の英国旅行も終りに近づいていた。カナダの荒野での丸太小屋での生活について講演して回っていたのだ。三ヶ月の内に百回以上も講演して、もうへとへとになっていた。だが北アメリカに戻ると、さらに厳しい日程が待っていた。そして遂に辺鄙な故郷に隠退できるようになった時、彼は肺炎に倒れた。病院で昏睡状態を彷徨い、二度と意識を取り戻すことはなかった。彼は一九三八年四月一三日に死んだ。死後数時間の内に、グレイ・アウルに関する真実が世に出始めた。

彼はアパッチ族の母とスコットランド人の父の間に生まれたと主張していた。生まれたのは、両親が一八八七年にイングランドを巡回したバッファロー・ビルの大西部ショーに参加して、合衆国に戻った直後だったという。彼はまだ十代の頃にカナダ西部で荒野の案内人として働き始め、その後、オンタリオ州で毛皮を獲る罠猟師となった。そして一九二六年までは猟師として良く稼いでいた。だがこの年は不作で、彼は翌年の春から猟に出るようになった。通常ならやらないことで、何故なら生まれたばかりの動物を殺してしまう恐れがあるからだ。そして最悪の予感が的中した。罠の一つが見当たらなくなり、その近くにビーバーの仔が隠れていたのだ。もしもその仔の母親が無くなった罠にかかって死んでいたのなら、残された仔らが生き延びるチャンスはほとんど無い。パートナーであるモホーク゠イロコイ族の女性アナハレオ（別名ポニー）に散々叱られた彼は、そのビーバーたちを引き取り、マクギニスとマギンティと名付けた。そして彼らを飼っているうちに、罠猟がすっかり嫌になってしまった。

彼は遠くの湖へ行った。そこなら一群のビーバーを罠猟師から守りながら生活できると考えたからだ。つれづれにビーバーについての話を書き始めた彼は、そんな作品の一部を、これ以上もなく似つかわしくない出版社に送った――英国の〈カントリーライフ〉誌である。奇妙な選択だったが、原稿は意外にも気に入られ、一九二九年から雑誌に載るようになった。

ちょっと旅行に出てまたビーバーのところに戻った彼は、古い友人から悪意の無い贈物を貰って戦慄した。友人は彼がカネに困っているだろうと考えたのだ。その贈物とは、彼の飼っていたビーバーの毛皮だった！　マクギニスとマギンティは助かっていたが、その後すぐに彼らも姿を消した。彼は新しいビーバーを手に入れ、ジェリー・ロールと名付けて、再び飼い始めた。

罠猟師から自然保護論者へ

グレイ・アウルの記事は、故郷の近くで関心を呼び起こした。彼はカナダで講演を依頼された。聴衆の前に立つ経験は恐ろしいものだったが、講演は大成功を収めた。非常に多くの聴衆が詰めかけ、荒野での暮しや自然保護の重要性を説くカナディアンインディアンの話を聞いた。記事と講演は定期収入をもたらし、もう罠猟の事は永遠に忘れる事ができるようになった。彼は最初の本『最後のフロンティアの人々』を書き、一九三一年に出版した。

カナダの国立公園局は、グレイ・アウルが観光事業の発展に有用な人材だと気づき始めた。彼らは彼のビーバー村に関する映画『ビーバーの人』を製作した。さらに、サスカチュワンのプリンスアルバート国立公園にあるアジャワーン湖にビーバーの楽園を作った。彼は依然として著述も続けた。一九三二年には、彼とアナハレオにはシャーリー・ドーンという娘ができていた。

アナハレオが一攫千金を求めて彼のもとを去ると、グレイ・アウルはヨーロッパでの講演旅行を承諾した。それは大成功を収めたが、彼はへとへとになってしまった。ようやく帰途についた彼に、休んでいる時間はほとんど無かった。彼は新作『無人の小屋の物語』を書いたが、それが彼の最後の著作となった。映画ももう一本作った。それから一九三七年に、もう一度英国への講演旅行に同意し、その最後にバッキンガム宮殿で王と王妃、それに二人の王女に会ったのだった。

過去の発覚

死の直後から、新聞記事は彼の出自を問題にし始めた。地元紙〈ノースベイナゲット〉は彼の本当の過去を知っていたが、少なくとも二年間はそれを伏せていた。そしてひとたび〈ナゲット〉がその記事を公開すると、そのニュースは瞬く間に広まった。グレイ・アウルの本名はアーチボルド・スタンスフィールド・ベラニーだった。彼は一八八八年九月一八日にイングランドのヘイスティングズの近くで生まれた。両親のいずれも、ネイティヴアメリカンの血は引いていなかった。彼らは合衆国に移民したが、アーチーは祖母とその娘たち、つまりアーチーの叔母であるキャリーとアダのもとに残していった。

彼は子供の頃から大西部とネイティヴアメリカンに魅了され、近隣の森でインディアンごっこに興じた。一九〇六年、僅か一七歳の時、彼はイングランドを出てカナダに渡り、トロントで農業を学んだが、すぐに北オンタリオに移り、罠猟師兼荒野の案内人となった。そこで彼はオジブワ族の女性アンジェレ・エグウナと出逢った。二人は一九一〇年八月二三日に結婚し、アーチーとアンジェレは一人娘を設けたが、彼は二人を棄てた。そしてこの時、彼は親がアパッチ族であるという嘘を考え出し、オジブワ族に加わるために合衆国から移民してきたのだと主張した。

第一次世界大戦中、彼は軍に入ってフランスに派遣された。一九一六年に二度にわたって負傷し、マスタードガスに冒された。治療のためにイングランドに短期間滞在中、元恋人のコンスタンス・ホームズと結婚したが、彼女との生活も長くは続かず、後に離婚した。一九一七年にカナダに戻され、軍を除隊されたが、負傷のために恩給を支給されることとなった。辺鄙な故郷に戻って苦労したが、オジブワ族に助けられた。彼らは彼を受け入れ、面倒を見てくれた。彼は部族の生き方を学び、最終的には正式に受け入れられた。部族は彼にワ・シャ・クォン・アシン（夜に飛ぶ男、あるいは灰色の梟）というオジブワ名を与えた。

グレイ・アウルは詐称者であることが判明したが、彼が現代の環境運動が始まる何十年も前に、自然とその保護に心から関心を寄せていたことは事実だ。彼の講演、著作、映画は数え切れない人々を楽しませ、影響を与えた。一九九九年、リチャード・アッテンボローは彼の人生を描いた『グレイ・アウル』という映画を作り、元ジェイムズ・ボンド役のピアース・ブロスナンを起用した。まだ十代の頃、アッテンボローと弟のデイヴィッドは一九三六年のグレイ・アウルの講演を聴き、深い感銘を受けたのである。デイヴィッド・アッテンボローはその後、世界的に有名な動物学者となった。

落涙するインディアン

最もよく知られたアメリカインディアンの一人は、インディアン問題の衆知に重要な貢献を果たした。だが彼の出自は実際には彼が自称するチェロキー＝クリー族の血統よりも、地中海に近かったのかも知れない。

一九七一年の地球の日（環境問題について教育する年に一度の日）、合衆国のTVコマーシャルは、ほとんど無名の役者を全国的な有名人に変えた。「落涙するインディアン」として知られる広告は〈アメリカを美しく〉キャンペーンが製作した一分間のCMフィルムで、一人のネイティヴアメリカンが、徐々に汚染されていく川でカヌーを漕いでいく姿が映されている。彼は煙を吐き出す工場の煙突を過ぎ、それから汚い河岸へカヌーを上陸させる。彼がハイウェイの傍に立つと、通り過ぎるクルマから大量のゴミが彼の足下に撒き散らされる。カメラに向き直ると、彼の頬を涙が伝う。そこにナレーションが被さる。「汚染を始めたのは人間だ。それを止められるのも人間だ」。

このCMの主役は、アイアン・アイズ・コウディという俳優だった。彼は一九二〇年代から一九八〇年代まで、百を超える映画やTV番組にネイティヴアメリカンとして登場した。チェロキー＝クリー族の末裔と自称していたが、一九九六年にとある新聞記事が、アイアン・アイズ・コウディは実際にはイタリア系アメリカ人だと断言した。

記録によれば彼は一九〇四年四月三日、エスペラ・デコーティとしてルイジアナ州カプランに生まれた。シチリア島出身のイタリア人移民の息子だった。彼が五歳の時、父親は地元のギャング団とのいざこざが元で家族を棄て、テキサスに移り住んだ。母は再婚した。オスカーと呼ばれていたエスペラが十代の時、彼は二人の兄弟と共に父親と暮らすためにテキサスに移った。彼はこの時コーティと改名していた。子供たちもまたコーティを名乗った。一九二四年に父親が僅か四五歳で亡くなると、彼らはハリウッドに移って再び改名し、コウディとなった。三人兄弟は全員、映画産業に仕事を得た。子供の頃からインディアンの格好をしていたオスカーは、アイアン・アイズ・コウディと名乗って西部劇の端役となった。一度役をやると次の役が来るようになり、いつしか彼はインディアン専門役者となっていた。彼はカメラの前だけでなく、日常生活もアイアン・アイズ・コウディとして生き始めた。そして彼は成功し、その名はハリウッドのウォーク・オヴ・フェイムに刻まれるほどとなった。

コウディのインディアン問題への貢献は、ただ形だけのものではなかった。彼はインディアンの関心と問題の支持者・唱道者となった。ハリウッド・アメリカインディアン・コミュニティは、彼が本物のネイティヴアメリカンではないことを知りながらも、インディアンの生活の表現への貢献を認めていた。彼はインディアンの女性と結婚し、二人のインディアンの男の子を設けた。彼は常に、本物のインディアンではないという主張を否定していた。アイアン・アイズ・コウディは一九九九年一月四日、九四歳で世を去った。

薬草酋長

チーフ・トゥー・ムーン・メリダスは、その羽根と角で飾られた頭飾りを颯爽と着こなしている。だが彼は本物のインディアンだったのか?

一九〇〇年代初期、インディアンの医術は合衆国で大人気だった。抗生物質のできる前は、「通常の」医術には限界があり、ネイティヴアメリカンは薬草医術に関する千古の秘密を知っていると考えられていたのである。これに便乗した偽医者やペテン師が、効果の無い、それどころか時には危険な強壮剤だの万能薬に、如何にもインディアン風の名前を付けて売っていた。

チーフ・トゥー・ムーン・メリダスは、当初、街頭で細々と薬草売りを始めた。一九一四年、彼はコネティカット州ウォーターベリーに、妻と共に居を構えた。一九一八年にインフルエンザが猖獗《しょうけつ》を極め、全世界で五千万人が死んだが、少なくともその内の五十万人は合衆国内だった。だがメリダスの客には誰一人死んだ者はおらず、その結果、彼の仕事は大評判を呼んだ。一九二一年には彼はウォーターベリーの店舗付き新居に移っていた。

彼のベストセラー商品は「ビターオイル——魔法の強壮剤」で、頭痛、胃病、便秘、肝臓病、腎臓病、膀胱病に効くとされた。有能な薬屋は皆、チーフ・トゥー・ムーン薬草会社の製品を売り、ポスターだの、あるいは民族衣装を着飾ったチーフその人の等身大の切り抜きだのを使って宣伝した。彼はまた、通信販売で商品を全国津々浦々に売りまくった。事業は瞬く間に成長し、間もなく何十台もの運送トラック、十台のクルマに自分専用の運転手、そして飛行機まで手に入れた。そして需要に応えるために研究所も建てた。

全国から、チーフその人に会おうと人が集まった。日曜の朝ともなると、小さな街に大量のクルマが大集結し、臨時の警官が出て交通整理に当たらねばならなかった。彼に会って健康問題を相談しても、カネは一切受け取らない、というのが彼の主義だった。カネはただ買った商品の分さえ払えばそれでよく、それだけで彼は大金持ちになった。そして密かに、貧しい人々に多額のカネを寄贈していた。この隠れた善行が人に知られるようになったのはその死後のことである。また彼は、特にサウスダコタ州のパインリッジ・インディアン保護区に関心を抱いており、そこにカネや家畜を寄付し、医療を提供していた。その行為に対して、八千人のインディアンが参加したオグララ・ラコタ部族会議は、一九三〇年八月、彼にスー族の名誉酋長の位を与えた。一ヶ月後、彼はヨーロッパを訪問して教皇ピウス一一世に拝謁した。

彼はニューヨーク州とコネティカット州で、正統な資格や免許なしに医療と自然療法を行なったとして起訴された。一九三二年、彼はサウスダコタから二六人のスー族の酋長をウォーターベリーに連れてきて、証言台に立たせた。保護区を離れたインディアン一人あたり千ドルの補償金を払い、旅費と宿泊費も負担した。その直後から彼は胃痛に悩まされるようになった。病状はどんどん悪化し、ついに一九三三年十一月三日に彼は死んだ。検屍の結果、肝臓の静脈破裂と肝硬変が見られた。肝硬変は酒の呑み過ぎの結果としてよく起る病気だが、彼が酒呑みだという話は無く、友人たちも彼が呑むところなど見た事もなかった。一時、彼の薬が疑われたが、肝臓に損傷を与えるような成分は見つからなかった。

彼の死後何年も経ってから、実は彼は重度の酒呑みだったが、人前では上手く隠していたという可能性が出てきた。彼の死後は妻が事業を引き継いだが、一九六九年に隠退して店を畳んだ。

彼の前半生についてはほとんど知られていない。彼はチコ・コロン・メリダンとして、同じ名前のメキシコ人の父の下に生まれた。死亡診断書によれば、生誕地はサウスダコタ州デヴィルズレイクだが、それを裏付ける証拠は発見されていない。出生日もまた確実では無い。結婚許可書によれば、一八八八年生まれということになっている。結婚の時点では彼はニューヨークに住み、金属細工師として生活費を稼いでいた。彼はブラックフット族とプエブロ族の血を引くと主張していたが、名前の「トゥー・ムーン」は母親の名前であるメアリ・トゥムーンから作ったもので、何らかの理由で姓のメリダンをメリダスに変えた。一二歳になるまで住んでいたサウスダコタ州の保護区で薬草医療を学んだという。カーニヴァルの一座と共に全国を回りながら薬草を作り、宣伝して、それが最終的に彼の生計の手段となった。

彼を批判する人や事業の競合者らは、彼にペテン師の烙印を捺し、本物のインディアンなどではないという。彼は人生のほとんどを使って、自分がネイティヴアメリカンの血を引いている事を証明しようとしたが、内務省は彼をアメリカインディアンとは認めていない。彼は議員や役人に手紙を書いて助けを求めたが、結局インディアンの血筋を証明する事はできなかった。彼は大昔から伝わる自然薬の処方に関する生涯に渡る経験を積んだ本物のネイティヴアメリカンであったのかも知れないし、商売のために偽インディアンのアイデンティティを掴んで離さなかった詐称者だったのかもしれない。チーフ・トゥー・ムーン・メリダスに関する真実を掘り出すことはもはや誰にもできないのだ。

7 途轍もない空想家たち

他人になりきるのは子供の遊びに共通する特徴だが、中には成長してもそれを脱却することのできない人もいる。彼らは現実の人生よりも遙かにエキサイティングで興味深いエキゾティックなアイデンティティを創り出す。彼らは空想家である。そういう人間は、何百年にもわたってわれわれの中に紛れ込んできた。

最も有名な虚構の空想家はウォルター・ミッティである。彼は一九三〇年代にアメリカの作家ジェイムズ・サーバーが創造した人物だ。ミッティは上品な男性で、ヒロイック・ファンタジーな人生を夢見ている。彼の物語はあまりにも有名になったので、心理学にも彼の名が採り入れられた——ウォルター・ミッティ症候群である。これに罹った者は、自分は実際よりも遙かに重要な存在であると空想する。

過去数世紀、隣町より遠くまで出掛けるような人間が稀であった時代においては、地球の裏側から来た人や、ほとんどの人が聞いた事のないような遠くの場所から来た探険家の真似をするのは、楽しい娯楽だった。ジョージ・サルマナザール、王女カラブー、ルイ・ド・ルージュモンらのもとには、未知の国、変った習慣、奇妙な生物の話を聞きたがる人々が引きも切らなかった。彼らはしばしばネタの中に人肉を喰う話を入れた。

今日では、世界中の至る所に科学者や映画製作者や写真家が足を踏み入れており、華麗な高解像度写真や3Dに収めてられていない場所など全く無い。だから怪物だの人魚だのの話は説得力を失った。空想家たちも、新しい領域へ移らざるを得なくなった。合衆国の911の攻撃の後、何十人もの人々が、やれ自分は倒壊するビルから脱出しただの、他人を助けただの、瓦礫に埋まっていたところを助けられただのという作り話をした。だが片っ端から、彼らは単に同情と注目を集めたいだけの嘘つきだということが発覚した。飛行機の搭乗員も、しばしば馬鹿者に出くわす。ハードな訓練もしておらず資格も持っていないのに、自分はパイロットだと考えるのが好きな空想家である。そして軍事の世界は、常に軍隊に紛れ込もうとする軍服マニアたちに神経を尖らせている。

地球最大の大嘘つき

一八九八年八月から一八九九年五月までの間、イングランドの〈ザ・ワイドワールドマガジン〉は、オーストラリア奥地のアボリジニたちと三〇年を共に過したと主張するヨーロッパ人男性の驚くべき記事を連載した。

この男性とは、ルイ・ド・ルージュモンである。彼の語る空飛ぶウォンバットや砂漠の金鉱脈、アボリジニたちの人肉食の空想的な話はセンセーションを巻き起こした。ド・ルージュモンは講演に招かれてその体験を語った。彼は一八四四年にパリに生まれ、両親の離婚後は母親の手でスイスで育てられたという。一九歳の時、父の願い通りフランス軍に入るのが嫌で、極東旅行に出掛けた。バタヴィア（今日のジャカルタ）の真珠採りの船のコックとして働いていたが、ある時は真珠採りが恐るべき人食い鮫に襲われ、またある時は船全体を海に引きずり込んでしまうほど巨大な蛸と遭遇した。ある時は血に飢えた原住民の攻撃を辛くも生き延び、またある時は猛烈な嵐によって彼自身と船長の犬を除く全員が海の藻屑となった。その犬はブルーノというテリアだった。

ティモール海の島々を小舟で漂流していた時には、島の原住民にブーメランを投げつけられた。最終的にボートは嵐によって浅瀬に叩きつけられるが、ド・ルージュモンはブルーノに引きずられて荒れ果てた島の海岸に辿り着き、そこで彼らは二年半を共に暮らした。この条は、ダニエル・デフォーのロビンソン・クルーソーの話を彷彿とさせる。同書が最初に出版されたのは一七一九年のことであった。ド・ルージュモンの島はクルーソーの島より小さく、飛んで来る鳥以外に動物はいなかった。彼によればその島は長さ百ヤード、幅十ヤードほどで、海抜僅か八フィートしかなかった。クルーソー同様、ド・ルージュモンもまた、まだ浅瀬に突き刺さったままだった難破した舟を解体し、いろいろなものを作った。牡蠣の殻で小屋を作り、裏返した海亀の甲羅に穀物を植えた。それは海亀の血で栄養豊富だった。島を訪れるペリカンから魚を横取りし、亀の背中に乗って遊んだ。

時折、水平線の彼方を行く舟影が見えたが、助けに来てくれるものはなかった。ある夜、嵐で航路を外れた原住民が来て、彼をオーストラリア本土へ連れて行ってくれた。彼は原住民から、エミューやカンガルー、蛇や鳥を捕える方法を学んだ。彼はまた、隣り合う部族同志の血みどろの戦闘の後、人肉食の宴が行なわれたと述べている。海路を辿って文明世界へ戻ろうとしたが、嵐に吹き戻された。そこで彼は、ヤンバという原住民の女と犬のブルーノを連れて陸路、徒歩で南を目指した。オーストラリアを縦断するこの驚くべき旅の途上で、彼は探険家アルフレッド・ギブスンに会ったという。だが彼は病に倒れ、この世を去る一部始終をド・ルージュモンは見届けた。ギブスンは一八七三年のジャイルズ遠征隊の一員で、ダーウィン＝アデレード電信線から出発してオーストラリアを横断し、西海岸を目指していた。だがジャイルズとギブスンは途中で引き返すことを余儀なくされ、この時ギブスンは最後に残っていた馬に乗っていったが、ジャイルズは徒歩でこれを追った。ギブスンは道に迷い、二度とその姿を見た者はなかったが、アーネスト・ジャイルズは生還し、行方不明となった友人の名を採ってその一体をギブスン砂漠と命名したのであった。

ド・ルージュモンは大陸をさらに進み、金や宝石に溢れる場所を見つけたという。この頃、仲間のヤンバが病気になって死んだ。最終的に彼は西オーストラリアのマーガレット山近傍で、金の探鉱者たちのキャンプに辿り着いて助けられた。そして遂にブリスベインに到着し、そこでニュージーランド行きの船に乗った。そこから汽船ワイカト号でロンドンへ向かい、遂に一八九八年三月に帰還を果たしたという。

試練の時

〈デイリークロニクル〉紙は何ヶ月にもわたって、ド・ルージュモンの話の真偽を巡る手紙を掲載した。彼の支持者は、ポール・デュ・シャイユの例を挙げた。彼は赤道直下のアフリカから帰還した探険家で、巨大な毛むくじゃらのヒトに似た猿や、小人の話をした。彼は嘲笑されたが、後にその報告は他の探険家によって、ゴリラとピグミー族のことだと実証されたのである。ド・ルージュモンに反対する人々は、ジョージ・サルマナザールの例を挙げた。彼は詐称者であり、虚構の人生と台湾での生活に関するほら話を語った人物だ。

ド・ルージュモンの冒険譚がオーストラリアに伝わると、シドニーの〈イヴニングニューズ〉紙は、この話は英国の大衆が世界一の大馬鹿者であることを裏付けるものだと報じた。ちょうどド・ルージュモンが彼の冒険に関する芝居で主役を演じようとしていた時、シドニーの〈デイリーテレグラフ〉紙が全てを変えてしまう劇的な記事を掲載した。同紙がド・ルージュモンの似顔絵を載せると、何人かの読者が彼の本名に気づいてしまったのだ。彼はルイ・ド・ルージュモンでなく、正しくはアンリ・ルイ・グリアンだったのである。このグリアンは自分が訪れたと主張するエキゾティックな場所に関する信じがたい話をする事で知られており、中には海亀を捕まえたりその背中に乗ったりする話もあった。さらにエリザベス・ジェイン・レイヴンズクロフトという女性が、その男は自分との一四年間の結婚生活の果てに、一八九七年オーストラリアで彼女と子供たちを棄てて出て行った元夫だと証言した。彼は一八八三年にシドニーでエリザベスと結婚した。七人の子を設けたが、育ったのは四人だけだった。もしもこれが本当でド・ルージュモンがグリアンなら、彼が三〇年間奥地で過したというのは明らかにあり得ない話だ。

その内に、真実が解明された。ド・ルージュモンは事実、アンリ・ルイ・グリアンだった。彼は一八四七年十一月一二日、アンリ・ルイ・グランとしてスイスのヌーシャテル湖近傍のグレシというころの農民の家に生まれた。十歳の時、家族は近くのイヴェルドンの街に移った。一六の時、両親と仲違いして家出する。そして英国の女優ファニー・ケンブルの旅行の世話人として働き始めた。彼女のために働いている内に、彼は英語を覚えた。一八六九年にその仕事を辞め、ロンドン在住のスイスの家の従者になった。だがその家族が従者を必要としなくなると、彼はスイスに戻った。一八七四年、新任の西オーストラリア総督サー・ウィリアム・ロビンソンの奥方であるロビンソン夫人の執事としてオーストラリアに渡る。だがロビンソン夫人は彼に嫌気がさし、彼は数ヶ月で馘首になった。次に、彼は試しにとばかりに船乗りになることにした。一一トンのカッター型帆船エイダ号を買い、その船長として働いた。船を登録するには、英国の市民にならなくてはならない。そこで同時に名前をグリアンに変えた。

彼は真珠採りで一儲けしようと考えたが、事業は失敗に終る。自棄になった彼は二人の男を雇ってアボリジニを攫わせ、エイダ号に監禁した。海に出てしまうと、不運な人々は真珠採りを強制された。二ヶ月後、雇った男の一人が警察に自首した。正当防衛で潜水夫の一人を殺してしまったというのである。だが、この件を目撃していたアボリジニの証言の結果、この男は正当防衛では無く殺人罪で告発され、有罪となって投獄五年の判決を受ける。話を聞いたグリアンは、逮捕を免れるためにティモール海に脱出した。二ヶ月後の一八七七年四月、彼はオーストラリアの反対側のケープヨーク半島に現れ、一刻も早くエイダ号を手放した。そして運試しに北クイーンズランドのパーマー金鉱地で医者を開業してみたのだが、その仕事に耐えられなかった——たぶん医学を学んだ事が無かったからだろう！　次に彼はカメラを買って、写真家になった。これにもまた失敗すると、真珠採りの船のコックを始めた。

彼は一八七九年にシドニーに着いた。ちょうど街はシドニー万博で沸き返っていた。グリアンはそこでスイスの展示場に職を得た。万博が終ると、ホテルの台所係になったが、僅か二週間で辞めてしまう。その台所が耐えがたいほど暑かったからだ。数週間後、彼はまたもや真珠採りの船に乗っていたが、その船が浅瀬礁で座礁してしまう。そこで次に、彼が発明したと称する新しい写真術で投資家を説得しようとするが、彼が何をやらせても失敗ばかりの男だという事実は既に知れ渡っており、彼に投資する危険を冒す者は誰も居なかった。

一八八三年、エリザベスと結婚した時、彼はウエイターとして働きながら、採鉱と写真で一発当てようと考えていた。会った人によれば、彼はしばしばオーストラリアの辺鄙な所に行って一儲けするつもりだと語っていたという。

一八九六年、彼は新式の潜水服を開発した。曰く、それを着ればより深くまで潜れるようになるのだという。保険会社がそれに興味を持った。引き上げ作業に役立つかもしれないからだ。だが、シドニー港で試験中に、不運な潜水夫は死んでしまった。こうしてまたしても新たな失敗を重ね、さらに生活費の支払を求めて妻から法廷に訴えられた彼は、そのまま失踪してしまう。この時数冊のノートを持って行ったが、それはハリー・ストックデイルという探険家が書いたものだった。彼はストックデイルが通っていたカフェのウエイターをしていた時に顔なじみになって、彼の本を借りるほどの仲になっていたのだ。

失踪したグリアンは、実際にはニュージーランドに行っていた。さらに仕事と金儲けの計画に失敗した彼に、嘘の物語を売るという考えが閃いた。真珠採りの冒険の話に尾鰭をつけ、これまで読んだ本(ノンフィクションもあればフィクションもあった)、それにストックデイルのノートから創作したスリルとドラマをこれでもかと盛り込んだ。スイスの兄弟の意見では、遠い場所の方が話はよく売れるだろうということだったので、それで多分イングランドでの出版を考えたのだろう。そこでグリアンは、ド・ルージュモンとなって一八九八年、汽船ワイカト号に乗り、一路ロンドンを目指したのであった。

舞台の嘘つき男

詐称者の烙印を捺された彼は、イングランドから姿を消した。一八九九年末にかけて、彼は南アフリカに現れ、「地球最大の大嘘つき」としてミュージックホールを回った。ド・ルージュモンにとって幸いな事に、ちょうど第二次ブール戦争が勃発した。そのため、非番の兵士が娯楽を求めて彼のもとに集まった。そして戦争を取材に来た記者たちもまた、ド・ルージュモンの舞台の様子を記事にした。南アフリカで一年かそこら過した後、彼はオーストラリアで舞台に立つという途方も無い決断をする。だが何度も何度も無慈悲に野次り倒され、ついにはブーイングで舞台を降ろさる羽目となってしまう。慌ててロンドンに退却した彼は、そこで、一九〇六年、ヒッポドローム劇場に水着で登場した！　そして彼の前には、生きた海亀と巨大な水槽が置かれた！　自分は海亀の背中に乗った話をして嘲笑を浴びました、と彼は観客に告げ、海亀を水槽に押し込むと、その背中に乗った。そして水槽の中を右に左に亀を乗りこなして見せたのである。支持者たちは、彼の話の中の亀の条が事実なら、残り全部も本当に違いないと思って満足したが、もちろんそうは思わない人もいた。

一九一五年、最初の妻との結婚を解消しないまま、彼はサーザ・アン・ウルフと結婚した。英国は戦争中で、食糧不足に見舞われていた。ド・ルージュモンは肉の代わりになる代用食を発明したと主張したが、例によってそれに投資する酔狂な者はいなかった。結婚生活も破綻を迎え、サーザは彼のもとを去った。彼は最後の数年間を貧窮の中で暮し、路上でマッチを売ったり、雑役夫として働いた。人目を避けるため、ルイス・レッドマンと名乗っていた。一九二一年六月九日、彼は短期間病に伏せった後に世を去った。

歩く死者

イングランドの貴族バッキンガム卿が英国の港に着いた時、入国管理官は困り果てた——彼がバッキンガム卿であるはずがないことを知っていたからだ！

二〇〇五年一月十五日、ドーヴァーの警察にフランスのカレから情報が入った。クリストファー・バッキンガム卿を名乗る乗客が船に乗り、ドーヴァーへ向かったというのだ。だが、定例の調査の結果、クリストファー・バッキンガムは既に死んでいることが判ったのである！

死んだ男にしては驚くほど血色の良いバッキンガムは、下船しようとしたところで警官に呼び止められた。彼はスイスの運転免許証と、英国のパスポートのコピーを持っていた。彼は拘留され、さらに詳しい取り調べが行なわれた。彼は貴族院の一員であると主張したが、そのリストの中に彼の名は無かった。かつては実際にバッキンガム卿がいたが、その称号は既に一七世紀に消滅していた。訊問を受けたバッキンガムは、自分は真実を語っているし、パスポートも本物だと言い張った。英国の市民権の他に、彼はスイスとドイツのパスポートも持っていると主張したが、スイスとドイツで調べたところ、彼の名前のパスポートは記録には無かった。

警察は彼が嘘をついていると確信していたが、拘禁を続ける証拠はあまりにも少なかった。彼は詐欺によって英国のパスポートを取得したと告発された。パスポートは無効にされ、一週間後にさらなる訊問を受けるという条件で釈放された。

その間、警察は本物のクリストファー・バッキンガムに関する情報を集め、偽バッキンガムが語った話の全てを精査した。彼が在籍したと主張したロンドンのウェストミンスターにあるセントクリストファーという学校は存在しなかった。家族に関する話も事実と一致しなかった。

ノーコメント

警察は、バッキンガムが約束の時間に戻って来るとは思ってもいなかった。どこかに逃亡したものと決めつけていたが、驚いた事に、彼は約束を守ったのである。警察は集めた情報を元に彼を問い詰め、彼は本当は何者なのかと訊ねた。彼の答え？「ノーコメント」。彼は拘禁され、その朝に裁判官のもとへ送られた。正体が判明するまでバッキンガムを監禁しておくべきだと主張していた警察は、裁判官が彼を保釈したのを見て仰天した。彼をクルマのところまで連れて行った時、警官の一人はふと、バッキンガムは実は英国のスパイなのではないかと考えた。偽アイデンティティを使って旅する諜報部員が、時に港で止められることがあるからだ。だがバッキンガムはのらりくらりと言い逃れするだけだった。

後に警官は諜報部局に問い合わせてみたが、バッキンガムに適合するような記録はなかった。

その後、警察は彼の元妻を見つけ出した。電話をかけてみると、彼女は訊ねた、「彼が誰だか判ったんですか?」！　曰く、彼の過去に関する話が嘘であることは判ったものの、結局彼の正体は彼女にすら判らなかったのだという。二人はドイツのホテルで働いていた時に出逢った。そして一九八四年に結婚、そのすぐ後にイングランドに移住した。二人の子供もできた。男の子と女の子である。バッキンガムはITとコンピュータ・セキュリティの仕事をしていた。彼は時折、説明も無しに数日間、姿を消すことがあった。妻は浮気を疑い始めた。また彼は過去の事について話したがらなかった。夫婦は次第に疎遠になり、一九九六年に離婚。妻は彼を調査したが、出逢う前の彼に関する情報は一切得られなかった。離婚後、一九九七年に彼女は遂に捜索を諦めた。

警察は本物のクリストファー・バッキンガムの母親を見つけ出した。DNA検査の結果、偽バッキンガムは彼女と血の繋がりは無いことが判った。英国とスイスのDNAデータベースを調べたが、既知の犯罪者の中に適合者はいなかった。こうして全ての手掛かりが途絶えた。

パスポートの件で法廷に現れたバッキンガムは、スイスへの帰国を許されるかと訊ねた。そこでなら自分のアイデンティティを証明する証拠が出せるというのだ。裁判官がこれを拒否すると、彼は有罪を認めた。警察はバッキンガムには微罪であるパスポートの件以上の何かがあると確信したが、捜査は行き詰まっていた。

ジャッカルの檻

警察は彼の写真を公開し、一般の協力を仰いだ。さらに、彼が関係しているかも知れない幾つかの国に指紋を送った。新聞は彼を「ザ・ジャッカル」と呼んだ。フレデリック・フォーサイスの小説『ジャッカルの日』の登場人物にちなんでである。彼はバッキンガムと同様、死んだ赤ん坊のアイデンティティを用いていた。一方、バッキンガムの裁判は有罪判決が出て、二一ヶ月の投獄となったが、上訴によって九ヶ月に短縮された。

投獄中、警察はチューリヒに彼の恋人がいることを見つけ出した。彼女は看護婦で、交通事故に逢った彼の世話をしていた。バッキンガムは彼女が自分のアイデンティティを証明する書類を出してくれると主張したが、それはできなかった。

彼が釈放されると、当局は問題を抱える事となった。彼が誰なのか、どこから来たのか、誰も知らない。ならば彼をどうすべきなのか？　彼が外国人だと証明できるなら、国外退去もできる。だが彼は、国籍の無い人間として入国管理局に監禁されているのだ。

終盤

それから事件以外な転回を見せる。バッキンガムの娘にケヴィン・ストップフォードなる人物が接触し、彼女の父親の正体を知っていると主張したのだ。彼はバッキンガムの若い頃のように見える写真を彼女に送った。曰く、バッキンガムの本名はチャールズ・オルバート・ストップフォードで、ケヴィンの兄弟なのだという。そしてイギリス当局に、バッキンガムの指紋を合衆国に送るよう働きかけろ、と助言した。その通りにすると、実際に彼の正体はチャールズ・オルバート・ストップフォードで、元合衆国海軍の軍人だったことが判った。ストップフォードは一九八三年、二一歳の時に失踪し、その同じ年にバッキンガムが出現したのだった。

警察に以上の事実を突きつけられたバッキンガムは、自動車事故で記憶を失い、アメリカでの生活や家族については何も覚えていないと主張した。イギリス当局は直ちに彼を合衆国に強制送還する手続きに入った。二〇〇六年七月、彼はフロリダ州オーランドへ向かった。そこでも彼は自らをクリストファーと呼び、イングランドのアクセントで話し続けた。そして記憶喪失のため、何故合衆国を離れたのかも判らないし、イングランド貴族のアイデンティティを採用したのかも判らないと主張し続けたのである。

偽台湾人

一七〇三年、ロンドンは珍客到来の報せに沸いていた。ジョージ・サルマナザールと名乗る人物が、人々に生れ故郷の話をして喜ばせていたのだ。それは遙か極東の島、台湾であった。

ジョージ・サルマナザールはエキゾティックな外国の有名人、文明化された野蛮人の役割を楽しんで演じていた。ほとんどの人々は疑いを差し挟むこともなく彼の話を信じたが、一部の者はこの白い肌でブロンドの髪を持ち、アジアなまりの全く無い男に疑心を抱いた。自らも東南アジアを訪れたことのあるイエズス会士の天文学者ジャン・ド・フォンタネは、サルマナザールを「偽台湾人」と呼び、実際にはフランドル人かオランダ人のようだと述べた。サルマナザールにとって幸運な事に、当時の反カトリックのイングランドでは、このイエズス会士の話に耳を貸す者はほとんどいなかった――最後のカトリックの王であるジェイムズ二世が、五年前に退位したばかりだったのだ。

王立協会の総裁である偉大な科学者サー・アイザック・ニュートンが座長となって、サルマナザールは詰問に掛けられた。ハレー彗星の名付け親として知られるエドモンド・ハレーが、サルマナザールに有効な質問をした。台湾では太陽が煙突の底を照らすことがありますか、と。サルマナザールは否と答えたので、ハレーは彼をペテン師と判断した。台湾は熱帯であり、時に太陽は真上にまで登って、煙突の底にまで光が届く事があるのだ。だがサルマナザールは、台湾では煙突はくねくねと曲っているので、陽光が底まで到達することはありませんと言い抜けた。

その肌の白さについて問われると、自分は貴族の生まれなので、日中は屋内で過し、外で働いたことが無いからだと答えた。このような気の利いた答えを連発したにもかかわらず、王立協会は彼を信じなかった。が、敢えて何も言わないことにした。サルマナザールが既に民衆の間で大人気になっていたからである。

読者を楽しませる

一七〇四年、彼は『台湾の歴史と地理』という本を書いて、その名声をカネに変えた。翌年、ロンドン司教は彼をオクスフォード大学のクライストチャーチ・カレッジに送り、神学を学ぶと共に台湾についての講義をするように命じたが、僅か一学期で彼は大学を去った。この時、彼は同書の第二版を準備していて、読者を楽しませるために、悪魔崇拝と人肉食についてさらにセンセーショナルな話を盛り込もうとしていた。彼の話は常に極端化する一方なので、さすがに人々も彼がペテン師であることに気づき始めた。そこで人気回復のために『日本人と台湾人の対話』と題する小冊子を書いたが、これは失敗に終った。そうこうする内に、匿名の著者による驚くべき本が出版された。そのタイトルは（大きく息を吸ってください！）『台湾のジョージ・サルマナザールに対する反論の研究。カンディディウスを初めとするヨーロッパの著述家による台湾の人々と言語に関する話、それにサルマナザールに関するジュネーヴとサフォークからの手紙が、彼の話と矛盾するものではないことが証明された』！　この匿名の著者たちは自らを教育を受けていない平民と称していたが、真の著者はサルマナザール自身なのではないかという疑惑がある。同書の結論によれば、サルマナザールの話で間違いであると証明されたものはひとつもないし、だから彼は自称する通りの人物であるというのだ。だが、既に彼の人気は過去のものとなっていた。

著名な外国人としての暮しができなくなった彼は、自分の名前を使って商品やクスリを売り出そうとしたが、これもまた失敗に終った。彼は扇に絵を描いたり、言葉を教えたり、竜騎兵連隊の職員として働いたりした。彼を哀れに思ったとある牧師が、残された数少ない支持者から年間二〇ポンドを募り、彼を赤貧から救った。最終的に彼は〈グラップストリート〉で文士の仕事を得た——それはロンドンの文学界、ジャーナリズム界の辺境で働く売文屋や編集者、本屋のコミュニティだった。

一七二〇年代には、彼は偽アイデンティティに飽きていたようである。また、『敬虔な聖なる生活への真剣な呼びかけ』という本を読んで感銘を受けた。同書は、自分の生き方を振り返り、人生から何を得たかを考えるよう読者に推奨していた。彼は四〇年に亘って〈グラッブストリート〉で退屈な売文屋として働き、実に数多くの本に携わった。その中のひとつ『地理学の全大系』の中に、彼は自分自身の話を入れている。曰く、彼は台湾の原住民を装い、若気の至りで人々にちやほやされて、途方も無いほら話をして聞かせたのだと。そして自分の死後に真実を公開するとも述べている。そして彼はその約束を守った。一七六三年に八四歳で世を去って一年後、その回想録が出版されたのだ。

サルマナザールになる

サルマナザールは一六七九年にフランスで生まれた。学校を出ると、自ら人生を切り開こうと、まずはラテン語の教師として暫く働くが、稼ぎは少なく、窮乏に陥り、ついには物乞いにまで身を落とす。それから、父親と別れていた母親の所へ行って一緒に暮らそうと決意する。教会から盗んだ聖職者の外套によって、ローマへ巡礼に向かうアイルランドのカトリック教徒に化けた。多分、途上で施し物（カネと食べ物）を受けるためだろう。巡礼としての旅は危険を減らす効果もあった。巡礼は盗まれるようなものは何も持っていないからだ。

母親は彼を養うことはできなかったので、彼は徒歩でドイツの父の家を目指した。だがそこでも暮らし向きは良くならなかったので、運試しにネーデルランドへ行くことにした。この時まだ一五歳。この旅で、彼は日本人旅行客を装った。日本のことはまだほとんど知られていなかったので、見破られることはないと踏んだのである。日本は一六四〇年以来、鎖国していた。

その途上、彼はいくつもの下賤な仕事をして、一時はスパイとして投獄された。ドイツ軍の連隊に入ってオランダと共にフランスを相手に戦ったこともある。ヨーロッパでは戦争が頻発していたが、この時はスペイン継承戦争である。スペイン王が死んで、その玉座がフランス王の孫のものになろうとしていたのだ。そうなれば、イングランドの敵の二大強国が連合することになる。イングランドはヨーロッパの強国と大同盟を結び、フランス＝スペイン連合に対抗した。

サルマナザールの連隊がネーデルランドのスロイスに到達した時、彼は近くで戦っていたスコットランド連隊の従軍牧師アレクサンダー・インズ師に出逢った。インズはサルマナザールを試した。彼はラテン語のテキストの一部を日本語に翻訳してみろと命じた。後に彼は同じラテン語の一節を再び翻訳させた。二つの翻訳を比較すると、両者は全く異なっていた。サルマナザールは自分の嘘が発覚したと気づいたが、驚いたことに、インズは今後はもっと気を付けるようにと言っただけだった。インズはサルマナザールがこれまでのキャリアを伸すことを望んだのであり、彼が偽物であることは気に掛けていなかった。

インズはロンドン司教に手紙を書いてサルマナザールのことを報告した。曰く、イエズス会が彼を誘拐して、フランスのアヴィニヨンに連れて行った。彼はカトリックへの改宗を拒んだが、インズは首尾良く彼を英国国教会に改宗させて彼を洗礼したと。この話に感銘を受けた反カトリックの司教は彼らを招待した。ロンドンへの途上で、サルマナザールは偽日本人を止めて台湾人にすることにした。ジョージ・サルマナザールという名前も、インズが考えたのかも知れない——聖書に出て来るアッシリアの王、シャルマナサルからヒントを得たのだろう。ただ彼の回想録でも解けない謎が一つある——つまり、彼は何者なのか？　彼は決して本名を明かさなかった。今日に至るも、ジョージ・サルマナザールの正体を知る者は誰もいない。

空想の王女

詐称者の中には、王位を主張したり、遺産を狙ったり、あるいは単に生活費を稼ぐために偽りの人生を選ぶ者もいる。そうかと思えば、そうしなければ得られなかったはずの同情や援助を得るためにエキゾティックな偽アイデンティティを採用する者もいる。カラブー王女として知られる女性もその一人だ。彼女は最も華やかで情熱的な詐称者の一人である。

一八一七年四月三日木曜日の夜、殷賑な港町ブリストル近傍の小さな街アーモンズベリーに、奇妙な女が現れた。二〇代、およそ五フィート二インチ、清潔だが貧しい身なりの黒いガウンで、首周りにフリルが付いていた。頭にはショールで作ったターバンをだらしなく巻いていた。彼女は寝る場所を求めてあちこちの家の戸を叩いていた。意思の疎通には手振りを用いており、英語ができるようには見えなかった。

ナポレオン戦争の終結から僅か二年の事で、謎の外国人はスパイの疑いで大いに警戒された。その女が訪ねた夫婦は不安に駆られ、教区の救貧院の管理人に報告した。管理人は執政官サミュエル・ウォラルの指示を仰いだ。ウォラルはその女を連れて来るよう管理人に命じ、彼はノウルパークの執政官宅に彼女を連れて行った。ウォラルも、またギリシア人である彼の従者も、彼女の話す奇妙な言語を理解できず、また彼女は身元を明かすような書類の類を何も持っていなかった。彼女は全くの謎だった。

ウォラルの妻エリザベスは特にこの女に興味を抱いた。彼女は女中と下僕に命じてこの女を村の宿に連れて行き、その女主人に、部屋と十分な夕食を用意させた。宿に着くと、女は壁に掛っていたパイナップルの絵を見て、興奮した様子でそれを指した。部屋に通されると、女主人の娘はベッドというものの用途を自ら実演してやらねばならなかった。女はそのまま床に寝ようとしたのである。

翌朝早く、ウォラル夫人は女の様子を見に宿を訪れた。地元の牧師が、外国の絵の描かれた本を何冊か携えてやって来た。女はその絵を一通り見て、中国の絵を認識したようだった。

ウォラル夫人はこの女をノウルパークへ連れて帰ろうと決めたが、ペテン師かもしれないと疑ったウォラル夫人はこう言った。「若い女の人、私はあなたが私を欺しているのではないかととても恐れています。あなたは私の言葉が判り、それで返事をすることができるのではありませんか。もしそうなら、そして何か困ったことがあってこんな事をしているのなら、私はあなたの味方です。私もあなたと同じ女です。あなたの気持ちも解ります。お金と服もあげます。そして誰にもこのことは秘密にして、あなたを送り出します。けれどもそのためには、あなたが本当のことを話すという条件があります。もしも私を欺しているのなら、はっきり言っておきますが、夫のウォラルは執政官です。あなたを監獄に入れる権力があります。あなたに強制労働させ、そして浮浪者としてあなたの教区へ送り返すことができるのです」。

女は言われたことが判らないようで、自分の言葉で答えようとした。ウォラル夫人は紙に自分の名前を書いてそれを発音した。女は自分自身を指して言った、「カラブー」。

翌日、カラブーはブリストルに送られ、市長の検分を受けた。だが彼女が何者なのか、どこから来たのかも判らなかったので、彼は彼女をセントピーターズ・ホスピタルへ送った。ブリストルの浮浪者が収容されている救貧院である。この頃になると、彼女の状況が広く知られるようになっていた。人々は彼女を一目見ようとホスピタルに詰めかけた。彼らは彼女の出自が判るかと期待してしばしば外国人の友人を連れて来たが、誰にも判らなかった。

ウォラル夫人は彼女をホスピタルから救い出して、ブリストルにある夫のオフィスに連れて行った。そこで彼女は家政婦の世話を受けることになった。訪問客は引きも切らず、そして遂にその一人が彼女の正体を突き止めた。この客はマヌエル・エイネッソというポルトガルの船員だった。彼は彼女の話を聞いて、彼女は東インド諸島から来た王女だと言った。自分の意思に反してイングランドまで連れてこられ、棄てられたのだという。そして彼女の話している言葉は純粋な方言ではなく、スマトラ島と他の島の言語の混合であるという。この説明を聞いて、ウォラル夫人はカラブーが本物だと確信したらしく、彼女をノウルパークへ連れ戻した。

カラブーの物語

東インド諸島へ何度か航海したことのある船乗りパーマー船長が、カラブーの話に興味を持った。彼は彼女に会い、そしてエイネッソと同様、彼女が話している言葉が判ると主張した。そして彼女の話の詳細を書き留めた。それによれば、カラブーはジェスー・マンドゥという中国人男性と、マレー人女性の娘なのだという。そして彼女は自分が暮らしていた島を「ジャヴァスウ」と呼んだ。

話によれば、自宅の庭を散歩していた時、彼女はチーミンと呼ばれる男が率いる海賊団に捕えられた。彼らは彼女を縛り上げ、猿轡《さるぐつわ》を嵌めてチーミンの船に連れ込んだ。そして海賊たちは、タッパ・ブー号という船の船長に彼女を売った。この船はヨーロッパに向かう途上で、一一週間後、タッパ・ブー号がブリストル海峡に入った時、カラブーは船から飛び降りて逃亡、岸まで泳ぎ着いたのだという。それまで彼女は金の糸で刺繍された素晴らしいドレスを着ていたが、助けを求めて入った家で、今着ている服と交換した。彼女は田舎道を六週間も彷徨った末、アーモンズベリーに辿り着いたという。

財布や扇、中国製パズル等の中国の品々を見せられると、彼女はそれが何かを理解したようだった。スカーフを与えられると、まずは中国風に、それから彼女の島であるジャヴァスウ風に身に着けて見せた。ココナッツや胡椒、珊瑚など、他の品々も、母の国であるマレーのものだと認識した。また自国の文字も披露した。

ノウルパークで過している間、彼女は自分の食事は全て自分で料理した。カレーを好み、パンより米が好きで、水か茶しか飲まなかった。火曜日には断食し、庭で弓矢を使い、杖で剣術も披露した。彼女は熟練した剣士のようだった。そして庭に東屋を作り、礼拝所とした。アーモンズベリー周辺の農民や住人は彼女のことを知り、気に入るようになった。

パーマー船長が訪ねてきて、クリースと呼ばれるマレーの短剣を持って来た。それは先端を植物毒に浸して使うものだという。カラブーはその短剣を手に取り、近くの植物の葉をその刃に擦りつけて自分の腕に当て、気絶する真似をした。まるでその使い方を熟知しているかのように。

ある日、彼女は姿を消して、汚れた服で夜に戻って来た。その後、病に伏せったため、ウィリアム・モーティマー医師が呼ばれた。モーティマーはカラブーに疑いを抱いた。その肌は白く、身体の特徴もヨーロッパ人のものだったからである。後に彼は別の医者を連れて戻って来た。カラブーの前で、医者の一人がカラブーの病状は大変深刻で、多分すぐに死ぬだろうと言った。これを聞いて彼女の顔は紅潮した。これで彼女が偽物であることははっきりしたと彼らは思ったが、彼女の世話をしていた女中によれば、彼女はこれまでにも何度もこんな風に顔を紅潮させた事があるという。

チャールズ・ハミングズ・ウィルキンソンというバースの医者がカラブーに逢っていたく感銘を受け、〈バース・クロニクル〉に彼女に関する記事を書いた。やがてウォラル夫妻のもとに、彼女の出自を推理する手紙がイギリス諸島全域から届くようになった。ある日、彼女はまたしても行方を眩ませた。そしてこの時には、〈バース・クロニクル〉でウィルキンソンの記事を読んだ人が、バースで彼女を見つけた。彼はウィルキンソンに彼女の居所を報せた。ウィルキンソンは彼女をパックホースという宿で見つけた。あまりにも多くの人が彼女を一目見ようと集まって来たので、ウィルキンソンは二人の女性に、彼女の安全のためにひとまず彼女らの家に連れ帰ってくれと頼んだ。それから彼は、彼女を引き取りにバースまでやって来たウォラル夫人と会った。ウォラル夫人を見たカラブーは、跪いて泣き出した。そしてウォラル夫人に、何が何でもジャヴァスウに帰って両親に会いたかったから逃げ出したのだと言った。ウォラル夫人はノウルパークに戻るよう言い聞かせた。

真実の発覚

　ある日、ウォラル夫人はこれからブリストルへ行って、エドワード・バードという画家にカラブーの肖像画を描いて貰います、と告げた。だがバードのアトリエに行く代わりに、ウォラル夫人は実際にはカラブーをモーティマー医師の家に連れて行った。彼女が一つの部屋を見せられている間に、ウォラル夫人は別の部家でニール夫人という人物と逢っていた。ニール夫人は新聞でカラブー王女の記事を読み、自分は彼女を知っていると思ったのだ。

　ニール夫人はブリストルのルーインズミードで下宿屋を営んでいた。数ヶ月前、カラブーそっくりの女がそこに逗留していた。彼女はイギリス人だったが、時にでっち上げの言語で話すことがあった。最後に見かけた時、彼女は新聞記事にあったのと同じターバンを巻いていた。ニール夫人の話を聞いて、ウォラル夫人はカラブーに問いただした。当初、カラブーは泣き出して謎の言語で話していたが、ウォラル夫人は動じなかった。ゲームの終りを悟った「カラブー」は遂に、きつい北デヴォンなまりの英語で話し始めた。彼女は初めて真実を語った。しかもそれはかなり悲惨な話だった。

　彼女は一七九一年にデヴォン州ウィザーリッジにメアリ・ウィルコックスとして生まれ、八歳の時から羊毛紡績工として働いた。夏にはよく農場へ行き、馬に乗ったり穀物畑の草抜きをやったりした。一六歳の時、家族のために働きに出、子供たちの世話をし、農場の周囲で仕事をしたが、あまりに給金が少なかったので家を出た。エクセターで仕事を見つけたが、低賃金の重労働で、僅か二ヶ月で辞めてしまった。そしてエクセターの路上で乞食をしていたが、あまりにも不幸なのでいっそのこと木から首を吊ろうと考えた。だがまさにその瞬間、「人を殺し、主に背く者は呪われる」という言葉が聞えた。

それで死ぬのを止めてふらふらしていると、一人の男に出逢った。彼は彼女を憐れんで五シリングを恵んでくれた。そのカネで彼女はトーントンに数日間宿を借りた。

そこから彼女はブリストルへ行った。そして路上で乞食をして宿代を集めた。宿代が無い時は野宿した。ブリストル近郊の村でドアからドアへ物乞いをして歩いていた時、巡査が彼女を逮捕し、翌朝下級判事のところに連れて行くつもりだったが、彼女は窓から逃げ出した。なるべく早くその地域を離れ、旅を続けて、ロンドンから三〇マイルのところまで来たが、そこで病に倒れてしまった。

そこで休んでいると、二人の女性を連れた馬車が止って、彼女を乗せてくれた。さらに食べ物と飲み物まで与えてくれた。だが病状があまりに重く、それらを受け付けなかった。ロンドンに着くと、駅者は女たちをハイドパークコーナーで降ろした。二人の女性はメアリを病院まで連れて行った。彼女はたった一人、戸口で待っていた。それ以上行けなかったのだ。暫くすると、警備員が来て彼女を見つけた。彼が連れてきた医者が診察したところ、彼女の病気は非常に重篤で、熱病棟への入院を勧められた。そこで彼女は吸角法という治療を受けた――頭髪を剃り、頭皮に切り込みを入れて、熱したガラスを皮膚に押しつけ、血を吸い出すのだ。

回復し始めると、新鮮な空気を吸いに外に出ることを望んだが、まだ駄目だと言われた。だが彼女は強情だった。遂に医者は折れて、薬罐《やかん》を持って病棟を端から端まで歩ける力があるなら外に出ても良いと言った。薬罐には熱湯が満たされていた。これを運ぶ途中で彼女は転倒し、火傷を負った。その結果、彼女はさらに一ヶ月間病床に監禁されることとなった。

新たな始まり

遂に退院の日が来たが、彼女には行き場が無かった。病院の牧師は彼女がマシューズ夫人という人のところへ身を寄せるよう手筈を整えてくれた。マシューズは彼女に良くしてくれ、読み書きを教えてくれた。だが彼女は口論の末にマシューズ家を飛び出した。ブラックフライアーズロードにマグダーレンと呼ばれる場所があるのを見た彼女は、それを修道院であると思い込み、そこに入って尼僧になろうと決めた。だが実際にはマグダーレンは「堕落した女」のための施設だった。中に入ると、メアリはいろいろ質問されたが、混乱して泣くばかりで、答えることができなかった。施設長は彼女を憐れんで、入所を許可した。彼女はアン・バージェースという名前でマグダーレンの世話になることとなったが、六ヶ月後、彼女が売春婦ではないということが発覚し、入所のために嘘をついたと責められて追い出されてしまった。

強盗や人殺しに襲われるのを恐れた彼女は、男装して両親の家を目指した。母親は彼女に住む場所を与え、皮鞣し職人の許で働かせた。彼女は動物の皮を庭の荷車から運ぶ役をやらされたが、その臭いと重い皮から滴る血のために気分が悪くなり、仕事を辞めてしまった。そしてロンドンに戻り、ヒラー夫人という魚屋と一緒に住み始めた。

愛と結婚

そして買い物をしていた彼女に、身なりの良い紳士が目をつけた。メアリは後に、さまざまな名前で彼を呼んでいる――ジョン・ヘンリー・ベイカー、ベッカーステット、ベイカーステーント、ベッカーステイン。お好きなのをどうぞ！　彼はマレー人のハーフの元船員で、颯爽たるイケメンであったに違いない。彼女に声をかけ、名前と住所を聞き出すと、手紙と花を送った。そしてヒラー夫人が留守の時に彼女に逢いに来るようになった。僅か二ヶ月後に二人は結婚した。ジョン・ヘンリーはメアリに幾つかのマレー語を教え、これを後に彼女は活用することになる。夫婦は仕事を求めて街から街へと放浪したが、上手く行かなかった。ジョン・ヘンリーは後で迎えに来ると言い残してカレへ去ったが、それっきりとなった。そして今や彼女は妊娠していた。生活費を稼ぐために彼女は出産するまで、ロンドンのトトナムコートロードの宿屋クラブトゥリーで働いた。

彼女はシティロード産科医院で男の子を産み、夫の名を採ってジョン・ヘンリーと名付けた。退院すると、赤ん坊をファウンドリング・ホスピタルへ連れて行って、そこに預けた。自分で育てることができなかったからだ。

ファウンドリング・ホスピタルは一七四一年に実業家で慈善家のトーマス・コーラムという人物が、「行き場のない、遺棄された幼い子供たちの教育と保護」のために作った養護施設である。彼はロンドンの路上で飢えて死んでいく捨て子や幼い子供たちを見て心を動かされ、この施設を作ったのだった。今日では、ファウンドリング・ホスピタルの場所の一部は世界的に有名なグレートオーモンド・ストリート小児科病院の近くの児童公園なっている。ファウンドリング・ホスピタル自身は無くなったが、それを運営していた慈善組織はまだ存在しており、トーマス・コーラム児童基金、あるいは単に「コーラム」と呼ばれている。

メアリは月曜日毎にファウンドリング・ホスピタルを訪れ、赤ん坊の様子を聞いた。そしてある日、その子が死んだことを告げられる。その後すぐ、彼女はウィザーリッジに戻った。そして暫くするとブリストルへ行って、ニール夫人のところで下宿した。そしてある日、冗談でターバンを巻き、外国人の振りをして物乞いをした。この頃には、彼女はある船の船長と約束して、アメリカへ渡る手筈を整えていた。一五日後には出発するというので、それまでに船賃五ポンドを用意しなければならなかった。そのために、彼女はアーモンズベリーとウォラル家へ行くことになったのだ。

ノウルパークから失踪して泥だらけで戻って来た日には、彼女は畑を横切ってリューインズミードのニール夫人の下宿へ行っていた。そしてトランクに荷物を詰めて、アメリカ行きの船の出る波止場まで行ったのだが、辿り着いた時には既に船は出航していて、仕方無く彼女はノウルパークに戻って来たのだった。

真実を求めて

一度欺されていたウォラル夫人は、メアリの話の全てをすんなり信じたわけではなかった。彼女はメアリの話がどこまで真実なのかを明らかにしようと決意した。彼女はパーマー船長をウィザーリッジに派遣してメアリの両親を探させた。彼は、最近隠退したばかりのウィザーリッジの元教区主管者代理でティヴァートン在住のディケンズ氏を訪ねた。ディケンズ氏はメアリの家族をよく知っており、メアリ・ウィルコックスのような学のない少女がよくもまあそんな嘘をつけたものだと仰天した。彼は彼女の両親とは二五年にわたる親交があった。アーモンズベリーの奇妙な事件のことも読み知っていたが、まさかその中心人物である少女がウィルコックスの娘だなどとは夢にも思わなかった。彼はパーマーと共にウィザーリッジを訪ねた。そしてメアリの両親に会い、メアリの状況についてどれほど知っているのかを訊ねた。

父親は靴の修繕屋だった。躾には厳しい人物で、何度かメアリを革帯で打ち据えたこともあった。そして彼女が一五の時にリュウマチ熱の発作を起して以来、頭がおかしくなったと証言した。彼の妻は身体が弱り、酷い咳に悩まされていた。二人は十一人の子を設けたが、七人は幼児の内に死んだ。

一家は「囲い込み《エンクロージャー》」までは比較的裕福な生活をしていた。「囲い込み」というのは議会が通した一連の法律で、それまで解放されていた土地を囲い込むものであった。囲い込み法が成立するまで、地元の人々はこの共有地に家畜を放牧し、薪を集めていた。これらの法律によってイングランドの土地の五分の一以上が囲い込まれ、農民や地主がより生産的に土地を使うようになった。それまで自給自足していた村人たちは、その結果として貧困に追いやられた。囲い込み法によってウィザーリッジ全体が貧しくなり、ウィルコックス氏の常連客のほとんどは靴を新調することができなくなった。村人たちの生活が苦しくなる中、ただ郷士だけは土地の囲い込みで利益を得た。

娘の行状の話を聞いたウィルコックス家の人々は驚倒し、ウォラル夫人が彼女を許してくれることを望んだ。ブリストルに戻ったパーマー船長は、両親の語ったメアリの人生の物語は、ほとんどの点でメアリ自身の話と一致するとウォラル夫人に断言した。そこでウォラル夫人はメアリにアメリカ行きの旅費を与えた。そして教師として働くためにアメリカへ渡る三人の女性の庇護の下でフィラデルフィアへ船出した。ウィルコックスやベイカーという名前は知れ渡っていたので、彼女はメアリ・バージェースと名乗った。

メアリはアメリカへ行きたい理由を決して明らかにしなかったが、訪問客の一人に、四頭立ての馬車に乗って戻ってきたいと洩していたことから、多分新世界で一財産作ろうと考えていたのだろう。彼女がどうなったのかは誰も知らないが、話によれば、イングランドに戻って来たという——四頭立ての馬車に乗ってはいなかったが。ロンドンで、依然としてカラブー王女を演じている彼女を見たという記事もある。彼女はブリストルに落ち着き、一八二九年にそこで女の子を産んだ。そして噂によれば、一八六四年に亡くなるまで、ブリストルの診療所に蛭を売りつけて生計を立てていたという。彼女はブリストルのヘブロンロード墓地の無銘の墓に葬られ、今もそこに眠っている。

トムの最後の戦い

ジョン・ニコルズ・トムは実際のところ、極めて変った男だった。彼は自らをエルサレムの王にして世界の救世主だと主張したのだ！　そして彼はイングランドの地で戦われた最後の戦いの一方を指揮する栄誉を得た。

トムは一七九九年にイングランドのコーンウォールに生まれた。母親は精神病院で死に、彼自身の精神状態も脆弱だったようである。そしてしばしば憂鬱の発作に陥り、異常な行動をしたとされている。彼は先ず、トルーロでワイン業者と共に働き始めたが、この事業が失敗すると、トムは自らワインと麦芽、それにホップを売り始めた。そしてどこからどう見ても大成功したのだが、一八三一年の終りに何らかの精神病を発症したらしく、卒中もしくは精神錯乱を起したと記されている。そして当時は普通の治療法だった瀉血《しゃけつ》を受けた。一九世紀末までの二千年間、放血はあらゆる病状に対する標準的な「治療」だった。人間の身体は四つの体液と呼ばれるものに満たされており、そのバランスの取れた状態が健康であると信じられていたのだ。病気というのは体液のバランスの崩れによって起るのであり、放血によってそれが是正されると考えられていたのである。

道を誤る

一八三二年五月、トムはモルトを満載してリヴァプールに旅立ったが、そのまま失踪してしまった。後に語ったところによれば、レイディ・ヘスター・スタナップという女性を追ってベイルートに行っていたのだという。彼は彼女に夢中になっていたが、ただ振られただけだった。だが記録によれば、彼が海外にいたと主張している期間、実際には彼はロンドンにおり、スクワイア・トンプソンと名乗っていたことになっている。

一八三二年秋、彼はケント州カンタベリーにトルコ人の扮装をして現れ、モーゼス・R・ロスチャイルド伯爵を自称した。数週後、彼はサー・ウィリアム・パーシー・ハニーウッド・コートニー・オヴ・パウダーハムと名を変え、デヴォン伯爵の相続人にしてエルサレム王、そしてマルタ騎士であると主張した。そして一八三二年には国会議員の選挙に立候補した。彼は有権者には深い印象を与えたに違いない。金のマルタ十字の刺繍された赤いビロードのスーツを着て、鍔広のスペインのソンブレロを長い野性的な黒髪の上に載せ、帯剣までしていたのである。そして三七五票という、かなりの票を獲得した。

当選者の半分近い得票である。

彼は大人気を博し、その演説には押すな押すなの大群衆が詰めかけたが、その珍妙な服装と振舞いのために、一部の人は彼は頭がおかしいと思った。一八三三年、彼はとある刑事裁判に証人として出廷したが、その証言はどこからどう見ても作り話だったので、偽証罪で自分自身が裁判にかけられることとなった。有罪となった彼は、オーストラリアへ流罪の後に投獄という判決を下された。友人たちは当局に掛け合い、彼は頭がおかしいので監獄ではなく精神病院に入れるべきだと主張した。四年後に、彼は健康であると判断されて釈放された。だが明らかに完治していたわけではなかった。彼には妻も父も誰だか判らなくなっていたのだ。

終末は近づいた

精神病院を出た彼は再びサー・ウィリアム・コートニーを自称し、自分は救世主であると説いて巡回説教師になった。さらに、自分の剣はアーサー王の伝説の剣「エクスカリバー」であると述べた。ここから彼の不幸な軍人としての経歴が始まった。彼には百人ほどの部下がいたが、彼らは、剣も銃弾も自分たちを傷付けることはできない、何故なら自分たちは信仰によって不死身になっているからだ、と確信していた。さらにまた、彼はただ手を打つだけで一万人を殺すことができるし、例え自分が殺されることがあっても、三日目には復活する、と主張した。

トムと部下たちはケントの田舎や街を行軍した。トムの「軍団」に労働者を取られた農民が、労働者を逮捕するよう執政官に訴えた。彼らを捕えるために警官が派遣された。トムは彼を射殺し、三〇人から四〇人の手下を引き連れてボッセンデンの森に入った。そして彼らに一人あたり四〇から五〇エーカーの土地を与えると約束した。

当局は、トムの活動に終止符を打つべき時だと判断した。第四五歩兵連隊の兵士たち百名がトムとその部下たちの逮捕に向かった。彼らは森を包囲し、トムに降伏を求めた。トムは返事の代わりに司令官の一人ベネット中尉を射殺した。これを受けて兵士たちは発砲を開始し、トムと数人の部下を殺した。残りの部下たちは散り散りに逃げた。兵士たちはその内二五名を捕えた。この小競り合いはボッセンデンの森の戦いと呼ばれ、イングランドの地で行なわれた最後の戦いとなった。そしてトムの検屍が行なわれた。検屍官は、彼が死後三日目に復活すると述べていたという話を聞いて、彼の心臓を剔出させ、塩漬けにした……万が一のために！

階級を持たない軍人たち

軍服を着る権利は然るべき手順を経て獲得しなければならない。軍人は、資格もないのに軍服を着ている人間を快く思わない。それは正式に軍服を着る権利を手に入れた人間、特に軍務で負傷や戦死した人間の名誉を穢す行為だからだ。

退役軍人の組織は常に戦争の英雄の偽者に目を光らせ、発見しようとしている。正式に与えられたものではない軍服や勲章を身につけることは、多くの国で違法とされている。合衆国は特にこの問題を真剣に考えている。二〇〇五年の軍功詐称法は、授与されたものではない勲章を身に着けることは連邦法違反行為であり、その勲章の性質によっては一年未満の投獄に処すと定めている。だがたとえそうでも、際立った手柄による賞賛と尊敬は、一部の者にとっては抗しがたい誘惑なのだ。

　エリート部隊や特殊部隊は、特に詐称者の垂涎の的である。二〇〇二年、合衆国海軍シールズ〔訳注：上陸作戦時に偵察、海中障害物の除去などを行う特殊部隊〕の一員を自称する千人以上の男たちが調査を受けた。その中で、本当のことを言っていたのは僅か三人だけだった！　つまり、本物の海軍シールズ一人に対して、詐称者は三百人以上いたということになる。ブライアン・レナード・クリークマーとジョン・スミスもそうした詐称者だ。クリークマーは退役した元海軍シールズで、二十年以上も軍務に就いており、その間二つのシールズ・チームに所属していたと主張していたが、彼がこの話で気を惹こうした女性が疑念を抱いた。そして彼女から連絡を受けた本物の元シールズ隊員によって、クリークマーが偽者であることが暴かれてしまった。スミスもまたシールズで、ヴェトナムでヘリコプターを撃墜され捕虜にされたと主張していた。海軍の記録を調べると、彼は確かに海軍には所属していたが、シールズではなかった。二〇〇二年、ジョセフ・Ａ・カファッソは、フォックス・ニュースチャンネルに対して特殊部隊の中佐を自称し、自ら体験したアフガニスタンでの実戦経験を語った。実際にはその後の調査で、彼の軍務は一九七六年、ニュージャージー州フォートディックスの新兵訓練所で過した四四日間だけであり、上等兵として無事故除隊されていたことが判った。記者も管理職も本物の将校たちも皆、彼の嘘に欺されていたのだ。

目覚ましい戦争の記録は、政治キャリアの役にも立つ。ダグラス・R・ストリングフェロウ（一九二二―六六）は一九五二年にユタ州から下院議員となった。その要因の一つは彼の華々しい戦争記録である。彼は第二次世界大戦、戦略情報室（OSS）に務めていた。OSSは諜報機関で、CIAの先駆者であり、戦時中は敵陣の背後でスパイ活動をしていた。

ストリングフェロウは、原子科学者オットー・ハーンを捕え、イングランドに連れてくる作戦に参加したと語っていた。一九四五年、ハーンとその他九名のドイツ人物理学者は実際にアルソス作戦と呼ばれる秘密作戦で居場所を特定され、ソヴィエトの手に落ちる前にドイツから連れ出された。ストリングフェロウはベルゼン強制収容所に捕えられたと主張した。そこで残虐な拷問を受けた彼は対麻痺の後遺症が残ったが、銀星章を受けた。彼は演説や、あるいは〈ジス・イズ・ユア・ライフ〉という全国的な人気番組に出て自分の人生を語った。

だが、一九五四年の再選に立候補しようとしていた時、ストリングフェロウの戦争記録が事実ではないという記事が〈アーミー・タイムズ〉に掲載された。当初、ストリングフェロウは自分の記録に疑問を呈する記事は政敵の卑劣な仕業だと主張していたが、数日後、彼はTVに出て涙ながらに告白した。彼はOSSに務めていたこともなければ銀星章を受けたこともなく、対麻痺ですらなかったというのだ。実際の彼は単に陸軍航空隊の一兵卒に過ぎず、敵陣の背後でエージェントとして極秘指令に従事していたという物語は捏造だったのである。彼の傷はフランスでの通常軍務の地雷の爆発によるものであり、以来彼は杖をついて歩くようになった。政治家としての成功を棄てた彼は、以前の職業、すなわちユタ州のラジオアナウンサーに戻った。そして一九六六年、僅か四四歳で心臓発作で死んだ。

ラファイエット・キートンは第二次世界大戦や朝鮮戦争、ヴェトナム戦争での軍務についてオレゴンの学童や退役軍人たちを相手に講演したことで有名だった。この八〇歳の退役軍人は朝鮮戦争で銀星章を得て、ヴェトナムでは三度の軍務で遊撃手を務めた。だが、オレゴン州ポートランドのローカルＴＶ局が、彼の主張が嘘であることを二〇一〇年に暴露した。実際には彼が軍に入隊したのは第二次世界大戦後のことで、朝鮮に赴任したのも戦争終結後、そしてヴェトナムには参加すらしていなかったのである。

時に、偽軍人は胸に偽勲章を飾ったり、うっかりした振る舞いをして馬脚を現す事がある。ＦＢＩの特別エージェント、トーマス・Ａ・コットン・ジュニアが二〇〇五年に陸軍葬に出席した時、会葬者の中にいた海兵隊大尉が、彼の目に留った。コットンの本業には、偽軍人の調査も含まれていた。彼は直ちにその大尉の胸にある勲章や徽章に疑いを抱いたが、何よりの決め手は鼓笛隊が海兵隊讃歌の演奏を始めた時の大尉の振る舞いだった。本物の海兵隊員なら、即座に気を付けの姿勢を取るはずである。だがこの大尉は何もしなかった。この人物はニュージャージーのバスの運転手ウォルター・カールソンで、軍務に就いたことは一度もないということが判明した。軍服や勲章は買い求めたものだった。

本物の軍人ですら、時には嘘の軍務や勲章をでっち上げる。二〇〇四年、合衆国海軍の大佐ロジャー・Ｄ・エドワーズは、偽の勲章をつけていたとして有罪となった。その中には銀星章や四つの紫心章、防衛功績賞の金星章、勲功記章の金星章、統合軍務褒賞メダル、実戦行動綬章、軍遠征記章、落下傘部隊双翼章、殊勲飛行十字章が含まれていた。

偽飛行士たち

偽パイロットが偽造書類を使って飛行機のコクピットへ潜り込むと、乗客の命が危険に曝される。今日の民間航空では、ありとあらゆる証明書、免許証、医学検査、警備体制が施されているが、少数の偽飛行士は今もなお潜入を続けている。

二〇〇七年、とある中国人「パイロット」が北京から貴州への飛行の後に逮捕された。同機の別のパイロットが、彼の知識の欠如に疑いを抱いたのだ。この偽飛行士はインターネットで制服を買い、偽造書類をダウンロードしていた！　彼は十日間の保護観察と罰金六五ドルを課された。二〇〇八年、中国民航すなわちCAACは、多くのパイロットが飛行記録を捏造していることに気づいた。彼らは実際には飛んでもいない飛行経験を主張していたのだ。中国の民間航空はあまりにも早く拡大したため、パイロットの需要が高まり、一部の民間航空ではパイロットの記録の検査がずさんなものとなっていたのである。CAACが航空産業全体を調査したところ、一九二名の民間パイロットが嘘の飛行記録を提出していた。容赦のない警告が出され、これが功を奏したらしい。二〇一〇年に再び安全検査が行なわれたところ、偽の記録は発見されなかった。

二〇一〇年三月、警官たちがスウェーデン人のパイロットをボーイング七三七のコクピットから引きずり出した。それはアムステルダムのスキポール空港から、一〇一名の乗客を乗せて、今しもトルコへと飛び立とうとしていた！　彼は偽造した免許を使って一三年間も航空会社に勤め、一万時間もの飛行を記録していた。

二〇一二年、イタリアの警察は偽パイロットを逮捕した。彼は少なくとも一度のフライト中コクピットの中にいたが、操縦はしていなかった。彼の発覚は、もう一人のパイロットが彼の年齢と階級に疑いを抱いたためである。彼はまだ三二歳で、機長にしては不自然に若すぎたのだ。また、彼の名乗ったシルロという名前は、たまたまイタリア上空の空中回廊の名前だった。彼はトリノ空港で逮捕された。警官隊が彼の自宅を捜索すると、偽の制服と証明書類が見つかった。彼は映画の『キャッチ・ミー・イフ・ユー・キャン』に影響されたと語っているが、これは前述の連続詐称者、フランク・アバグネイルの話に基づいたものである。

8　工作員と刑事

　ジェイムズ・ボンドになりたくない人がいるだろうか？　世界を股に掛ける生活、サヴィル通りで誂えたスーツ、常に肌身離さぬ拳銃、殺人免許、超装備のクルマ（当然アストン・マーティン）、エゴを満足させてくれるミス・マネーペニー、いつでも出て来るボンドガールと秘密道具。死んでも手に入れたい生活だが、ジェイムズ・ボンドは絶対に死なない。ボンドの産みの親は本物の英国の諜報部員イアン・フレミングだが、残念ながら、本物のスパイの世界はあれほど華やかなものではない。だが例えそうでも、一部の男は（そして彼らは普通は男なのだが）スパイの真似が止められない。にもかかわらず、本物のスパイなら絶対にやらないことをやってしまう——自分がスパイであると口を滑らせて人の気を惹こうとするのだ。

　本物のスパイの世界は常にある程度の嘘、欺き、ごまかしを含んでいる。ゆえに本物のスパイは全員、ある程度の詐称者ではあるが、本来ならスパイに関する本で取り扱うのが順当だ。だが、正体を隠した警官や諜報機関のエージェントが、数年という単位で偽アイデンティティを使い、活動家のグループに潜入したり、国家の敵を暗殺したりする仕事に就く場合は、本書で取り扱う価値がある。また、個人的な利得や虚栄のためにスパイやエージェントを装う人もいる。あるいはまた有名な踊り子のマタ・ハリのような人もいる。彼女は第一次世界大戦中、スパイとして裁判を受けた。

　二〇〇七年、ロサンジェルス法廷で、ラリー・リー・リッサーは驚くべき詐欺の罪状を認めた。リッサーは友人に電話を掛けて、CIAの秘密のミッションを遂行中に負傷したと主張した。背景には軍の無線メッセージが流れていた。リッサーは救出用ヘリのために至急一万ドルが要る、と言った。友人は直ぐさまカネを与え、そして後に、リッサーはドイツで療養中だと聞いた。だがそれは嘘だった。リッサーが偽アイデンティティを作り始めたのは、とある射撃練習場と銃砲店である。彼はそこの常連客に、長い作り話を聞かせた――警備事業で巨万の富を築き、フィリピンに防弾車を輸出し、アンジェリーナ・ジョリーのボディガードで、銀星章を受賞し、さらにはCIAの仕事もしているというのだ。リッサーが電話して一万ドルをせしめたのはこの銃砲店の店長だった。そして柳の下の泥鰌を狙った時に、胡散臭さに気づいた店長は警察を呼んだのだ。リッサーはまた、射撃練習場の経営者からも一万四千ドルを騙し取ろうとしていた。経営者は一旦は小切手を書いたが、何か怪しいと思い直し、これをキャンセルして警察を呼んだのだ。また別の男は、リッサーを出世させるための特別訓練費として一万ドルを払っていた。そして遂にFBIがリッサーの奇妙な行動に終止符を打った。

　例え偽諜報部員に憧れなくとも、警官の制服と人々に命令を下す権力の誘惑には抗えない者もいる。人々はしばしば制服だけを見てその中の人を見ようとはせず、役人の権力をすんなり受け入れるからだ。ノルウェイの極右殺人者アンネシュ・ベーリング・ブレイヴィクは、犠牲者に接近するために警察の制服を着用していた。彼が本物の警官ではないと気づいた時には既に遅すぎた。二〇一一年七月二二日、オスロで爆発物によって八人を殺し、二〇〇人以上に負傷を負わせた後、彼はウトヤ島を彷徨きながらサマーキャンプに着ていた人々を撃って周り、さらに六九名を殺し、百名以上に負傷を負わせた。二〇一二年五月、合衆国はミシシッピの高速道路で射殺された二人は、偽警官に路肩に寄せられ、襲われたと警察は考えている。二〇一二年十月にサンアントニオで撃たれた警官もまた偽警官に撃たれたらしい。

幸運な事に、ほとんどの偽警官は、捏造の冒険譚を語ったり、運転手を路肩に寄せて違法運転を注意したりする程度のことしかしない――それだけでも重罪なのではあるが。二〇一一年夏、ロンドンとその他幾つかのイギリスの街では、何百人もの暴徒が暴れて商店を略奪したり建物に放火したりした。この暴動の最中、最前線に立った警官としての体験を、とあるブロガーが書いている。全国紙が彼の作品を採り上げ、一紙は原稿料を払ってコラムを書かせた。その後、彼は何度も警官や軍人を詐称している人物だということが判明した。

ほとんどの人は性善だ。できるなら人助けをするのが好きだ。詐称者はそこにつけ込む。ミシガンの善人たちの前にＦＢＩのバッジをこれ見よがしに光らせた男が近づいて言った、自分は二〇一〇年に地震に見舞われたハイチに赴任するところで、被害者、特に子供たちのために募金をしているのだと。人々は皆ポケットに手を突っ込んで、寛大にカネを出した。この男、ケヴィン・バルフォアはこれによって数千ドルを集めたと言われる。バルフォアは時折ＦＢＩの制服とバッジを付け、銃を持ってパーティに現れた。だがバルフォアはＦＢＩのエージェントでもなければ、ハイチに赴任するという話もなかった。ＦＢＩが気づいて、彼はお縄となった。

エージェントが彼の家とクルマを捜索すると、一六丁の火器、千発の弾丸、防弾チョッキ、ＦＢＩのバッジ、シカゴ警察のバッジ、その他さまざまな警察や軍事関係の備品が出て来た。彼の妻でさえ、彼はFBIの一員だと思い込んでいた。記録によれば、彼は以前にも似たような行為に手を染めていた。彼は二つの州で武装強盗、暴行、自動車泥棒など九つの有罪判決を受けたが、かつてイリノイ州で警察になりすまして有罪となったこともあった。裁判の最後に、裁判官ナンシー・エドマンズは彼に三年の投獄と、制服を含む警官用具一切の所持を禁ずる判決を下した。

警官ですら、制服を信用してしまう。二〇一二年、オーストリアのパース警察署で働いていた警官が詐称者であると発覚し、それが大規模なセキュリティ警報のきっかけとなった。二〇一三年初頭には、ケニヤで一人の男が警視副総監になりすましたと告発された――彼は五年にわたってその役を続けていたのだ！

日の眼

一九一七年十月十五日、マルガレータ・ツェレは午前五時に起床した。そして直ちに、これから何が起ろうとしているのかを理解した。外には一二人の男たちが、彼女を殺すために待機していた。

マタ・ハリはジャワの王女にして踊り巫女を自称していたが、その真の出自はかなり異なっていた。後にマタ・ハリとなる女性は、人生の一連の残酷な挫折と損失を、新たな自己を生み出すことによって克服したのである。彼女の人生の始まりは極東の宮殿や神殿ではなく、オランダの街レーワルデンだった。彼女は一八七六年八月七日、マルガレータ・ヘールトロイダ・ツェレとして生まれた。父のアダムは裕福な実業家だった。マルガレータは一二歳になるまで、とても幸福な子供時代を送った。だがこの年、父が破産を宣言して家族は驚倒する。彼は仕事を探すために家を出、翌年妻のアンテェと別れた。

マルガレータが第二の災難に見舞われるのは一八九一年のこと。母親が僅か四九歳で世を去ったのだ。マルガレータと三人の弟たちは離ればなれとなり、別々の親戚のもとへ送られた。父と暮らすことができないために傷心した彼女だったが、スネークという小さな街で伯父と暮らすことになった。強情な少女で、伯父の手に余ったため、教師になるためにライデンの学校に送られた。だが一年後、既婚者であるその学校の校長と不適切な関係を結んだという噂を受け、恥辱の中で学校を去ることになる。彼女は伯父の一人とオランダの首都ハーグに移った。そこで彼女は颯爽と軍服に身を包んだハンサムな軍の将校たちを見慣れることになる。一九世紀の間、オランダはオランダ領東インド諸島と呼ばれる地域（現在のインドネシア）で、この植民地支配のために何度も戦争を繰り返していた。当時のネーデルランドは高度な軍事国家で、ハーグはその軍事司令網の中枢だった。

ハーグに住んでいた時、一八歳だったマルガレータは、妻を募集する将校の新聞広告に応募した。この将校はルドルフ・マクラウドという職業軍人で、僅か一六歳で士官学校に入学し、五年後にオランダ領東インド諸島に赴任したが、治療のために戦地勤務を離れて帰国していた。病名は不明である。糖尿病、リュウマチ、脚気あるいは梅毒だったのかも知れない。梅毒は東インド諸島で勤務する兵士たちには非常に一般的な病気だった。

結婚と出産

二人が出逢った時、マクラウドは三八歳で、その瞬間にこの長身でスリムなマルガレータに惹かれた。一週間の内に二人は婚約し、二ヶ月後に結婚したが、その始まりは芳しくなった。マクラウドには借金があり、妻を養うことができなかったので、二人はマクラウドの姉妹であるルイーズと同居することとなった。だがルイーズはこの年若い美貌の妻に不満を表明した。一年もしないうちに、マルガレータは最初の男の子であるノーマン・ジョンを設けた。一八九六年、彼がまだ数ヶ月の時に家族はネーデルランドを離れてオランダ領東インド諸島へ渡り、ルドルフは軍務を再開した。二人は広大な豪邸を構え、使用人を雇った。マルガレータは二人目の子をもうけた。女の子で、ジャンヌ・ルイズと名付けられ、ノンと渾名された。だが二人の結婚生活は悪化の一途を辿った。ルドルフとマルガレータには口論が絶えず、そしてお互いに愛人がいるのではないかと疑った。魅惑的で浮気者のマルガレータは若い将校たちの憧れの的で、それがルドルフを激怒させた。

一八九九年六月、子供たちが揃って病に倒れた。二歳の息子は昏睡状態に陥って死んだ。毒殺が疑われたが、ルドルフが検屍を拒否したため、真偽は判らない。娘は生き延びた。

一九〇〇年、ルドルフは軍務を終え、除隊された。依然として莫大な借金が残されており、そして今や収入は乏しい軍人恩給のみとなった。生活を切り詰めなければならない怒りと不満は、暴力となって表に出た。

家に一人で

マルガレータはネーデルランドへの帰国を待ちわびていた。そして一九〇二年三月にようやくその時が来た。数ヶ月後、彼女はルドルフと裁判上の別居をした。彼は異常な復讐のような形でこれに応じた。地元紙に、自分はもはや彼女とは無関係なので、彼女にカネを貸したりものを売ったりしないよう広告を出したのだ。彼女はカネを稼ぐために売春に頼らねばならなかった。ルドルフとの再婚も試みたが、失敗に終った。両者は永遠の別れを迎え、娘はルドルフが引き取った。

マルガレータは今やただ一人、家も無ければ職も無く、カネも無かった。アムステルダムとハーグで求職に失敗した後、彼女はパリに移った。ここで彼女は、有名な偽人格「マタ・ハリ」を作ったのである。彼女は踊りの決まった型を作り、本物のジャワの踊り子の衣装に基づいた非常に露出度の高い服を着た。一九〇〇年代初頭のパリでは猥褻な踊りは珍しいものではなかったが、マルガレータのパフォーマンスが抜きん出ていたのは、それが神秘の東方からもたらされた伝統的な神聖舞踊であると称するものであった点である。

当初、彼女は人々の家で踊っていた。そのパフォーマンスのニュースが広まると、東洋美術館での舞踊に招かれた。舞台上の人格としてエキゾティックな名前を名乗るよう勧めたのは館長のエミール・ギメであった。彼女はマレー語で「日の眼」もしくは日の出を意味する「マタ・ハリ」という名を選んだ。マタ・ハリとしての最初の公のパフォーマンスは、一九〇五年三月一三日にギメ美術館で行なわれた。観客の中には、当時のパリで最も重要、かつ影響力のある人物たちもいた。パフォーマンスはセンセーションを巻き起こした。熱情的な讃辞が新聞紙上に踊った。記者からこれまでの人生について訊ねられた彼女は、ジャワで神殿の踊り子だったという嘘の過去を捏造した。劇場や個人宅、舞台やパーティで彼女は舞踊を披露した。この頃には、彼女は単にマタ・ハリとして踊るだけではなく、マタ・ハリとして生きるようになっていた。

一方ネーデルランドでは、他の女との再婚を望んでいたルドルフは、マルガレータに離婚を承諾してもらう必要があった。彼の弁護士は、もしも離婚に異議を唱えたり、娘の親権を争ったりするなら、彼女が裸で踊っている写真を公開すると脅した。彼女は全てを承諾し、一九〇六年に離婚が認められた。

名声と財産

マタ・ハリの名声は続き、さらに広まった。パリやマドリード、モンテカルロ、ベルリン、ヴィーン、ミラノなどで踊る度に巨額のカネが集まった。そしてまた彼女は、外交官や銀行家、将校などと頻繁に密通や恋愛をするようになった。彼女はその豪奢な生活様式を維持するのに必要なカネを出させるために彼らを利用した。そして彼らは喜んで彼女にカネを払い、高価な贈物を雨のように注いだ。

第一次世界大戦が勃発した頃、彼女はベルリンで働いていた。フランスに戻ることを切望していたが、列車で移動中、ドイツの国境守備兵に見咎められた。彼らは彼女の荷物を押収し、ベルリンへ送り返した。数日後、彼女は何とかしてハーグに辿り着いたが、そこでとある人物の訪問を受ける。そのことが、彼女を不可避の死へと導いていくことになるのだった。その訪問者とは、ドイツの外交官カール・クレーマー。彼は大金を払って、ドイツのスパイになってほしいと依頼した。彼女はカネを受け取ったが、後に自分はスパイとして働くつもりは毛頭無かったと述べている。クレーマーの差し出したカネは、ドイツの官憲が没収した荷物の弁済として受け取ったというのだ。

高まる疑惑

一九一五年、彼女はハーグから海路でイングランドのフォークストーンを経由してパリに向かった。フォークストーンで、彼女はスパイの疑いで、英国諜報部のエージェントから尋問を受けた。疑いの根拠は、単に彼女が魅惑的で、知的で、多言語を操り、戦時中にもかかわらず自力で国際的に旅をしている女性であるということであったらしい。当時、そのような女性は極めて珍しい存在だった。英国人はその疑念をフランスにも伝えた。マルガレータはさらに旅を続けてスペインとポルトガルへ行き、それからネーデルランドに戻った。その間、英国人は彼女がクレーマーからカネを受け取っていたこと、そしてそのクレーマーがスパイのスカウトをしていたことを突き止めていた。そこで彼らは彼女がドイツのエージェントであると確信したらしい。

一九一六年、彼女は再びイングランド経由でハーグからフランス行きを希望したが、英国当局は彼女のビザ申請を認めなかったため、スペインを経由することとなった。パリに到着した直後、彼女は二人の男に尾行されていることに気づいた。彼らは警官だった。彼女がどこに行って誰に会うのか、彼らは見張っていた。そして彼女が男たちと、それもかなりの数の男たちと逢うのを詳細に記録した。そのほとんどは単なる金蔓だったが、中に一人、特にお気に入りがいた。ロシアの将校で名はヴァディム・ド・マスロフ。彼は二一歳で彼女は三九歳だった。

ヴァディムが前線に戻ると、彼女はヴィテルの街へ行くことを望んだ。彼がガス攻撃を受けてその近くで療養中だったのだ。ヴィテルは軍事区域で、旅行許可は下りなかった。その申請中に彼女はフランス当局者のジョルジュ・ラドゥーと出逢った。彼は対抗スパイ活動を行なっており、英国がマタ・ハリに関心を持っていることを知っていた。ドイツのスパイではないかと疑われるこの女は、さまざまな国の将校たちと数え切れないほど密通を重ね、そして今、フランスの軍事区域への旅行許可を求めている。ラドゥーはマタ・ハリがドイツのスパイであることを確信した。そこで彼は彼女を二重スパイに仕立て上げようと、フランスのスパイになるよう誘った。彼女は大金、おそらく百万フランほどと引き替えにその申し出を受けた。それだけのカネがあれば、他の男たちとの関係を断ってヴァディムと結婚することができる。

ヴィテル行きが認められた。彼女はヴァディムと一週間を共に過し、そして彼は前線に戻った。ラドゥーに大金を要求した手前、彼女はスパイとして大手柄を立てる必要があった。彼女はベルギーへ行って、そこでドイツの占領軍を監督しているモーリッツ・フェルディナンド・フォン・ビッシング将軍を誘惑しようと考えた。ベッドルームの中で、某《なにがし》かの軍事情報を聞き出す自信があった。直接ベルギーへは行けなかったので、スペイン、英国、ネーデルランドを経由する必要があったのだが、英国で足止めを食ってしまった。

英国はドイツのスパイであるクララ・ベンディクスを捜索していたが、彼女はマタ・ハリによく似ていた。彼らはマルガレータ・ツェレとマタ・ハリ、それにクララ・ベンディクスは同一人物なのではないかと疑っていた。ファルマスの船上にマタ・ハリを発見した彼らは、直ちに彼女を逮捕して訊問のためにロンドンへ連行した。彼女はクララ・ベンディクスであることを否定した。二日に及ぶ訊問の末、彼女はフランス諜報部のスパイとして働いていることを明かした。英国はこのことをラドゥーに確認した。四日後、彼女は釈放されたが、旅を続けることは許されず、スペインに送還された。マドリードでカネの尽きた彼女は、元恋人のエドゥワルト・ヴィレム・ファン・カペレン男爵に電報を打って援助を訴えた。その間、彼女はドイツの高位の軍人であるアルノルト・カレ少佐と面会を取り付けた。話の中で、彼は潜水艦がドイツとトルコの高官をモロッコ海岸に上陸させることになっていることを洩した。この情報の見返りとして、彼女はカレに幾つかのフランスの「秘密」を教えた。だが、それらは秘密でも何でもなく、フランスでは公然と流布されている情報だった。カレは彼女にカネを払ったが、彼女にとってこのカネは密通した多くの男たちから貰ったカネと同じものであり、スパイとしての報酬ではなかったらしい。

彼女はフランスに戻り、カネを貰うためにラドゥーに会いに行った。彼は結局彼女に会うことに同意したが、びた一文払わなかった。彼女の情報は無益であり、既にフランスに知られている、何故なら彼らはドイツの無線暗号の解読に成功したからだというのだ。

一九一七年一月半ば、ヴァディムは何とかして休暇を取り、彼女に逢うためにパリ迄やって来た。部隊長からもう二度と彼女には逢うな、何故なら彼女が興味を持っているのは君のカネだけだと告げたことを明らかにした。この見方は、フランスの高官からパリのロシア大使館を経由して伝わったらしい。ヴァディムが去ると、彼女はネーデルランド行きを試みたが、必要な旅行許可が下りなかった。

逮捕と裁判

一九一七年二月十三日、彼女はパリのホテルの部屋で逮捕された。そしてそれに続く四ヶ月間、頑固な捜査官ピエール・ブーシャルドンの手で、訊問に継ぐ訊問を受けた。彼は彼女の有罪を確信していたが、彼女は自分は二重スパイなどでは無く、ただフランスのために活動していただけだと主張した。訊問の間、不潔な鼠の跋扈《ばっこ》するサン゠ラザール監獄に入れられた――彼女が慣れ親しんでいた豪奢と贅沢からは懸け離れた世界である。何週間も過ぎるうちに、彼女の健康と精神状態は悪化していった。発熱して吐血し、そして長時間にわたって泣き続けた。弁護士は何度も、彼女を釈放するか、少なくとも病室へ移すよう要求したが、全ての要求は却下された。

許された唯一の面会者は弁護士のエドゥアール・クリュネだった。そして彼はまた元恋人の一人でもあった。企業弁護士である七四歳のクリュネは、このような重罪事件の弁護には向いていなかった。さらに、軍事裁判の規則が彼女の弁護を著しく制限した。投獄中、ヴァディムは彼女に手紙を書いたが、その手紙や葉書は警察によって押収され、彼女のもとには届かなかった。彼は彼女が逮捕されたことを知らず、返事が来ないことに不安になっていった。

フランスは、自国がオランダ国民を捕えていることをオランダ当局に報せなかった。マタ・ハリ自身もオランダ領事に手紙を書いたが、フランスはその到着を遅らせるために、外交ルートではなく通常の郵便でそれを送らせた。そして驚いたことに、オランダはマタ・ハリの処遇については無関心だった。

この最終段階に至り、ジョルジュ・ラドゥーはマタ・ハリの運命を決定する「証拠」を出してきた。数ヶ月前に傍受されたドイツの無線メッセージに眼を通していた彼は、マタ・ハリの元恋人のドイツ人カレ少佐からのメッセージの中に、フランスに関する情報をドイツに流していたH21というコードネームのエージェントを発見したのだ。このエージェントのマドリードからパリへの移動は、マタ・ハリのそれと一致していた。奇妙なことに、これらのメッセージは、既にフランスによって解読済みであることが判明している暗号を用いて送信されていた。言い換えれば、ドイツはそれをわざわざフランスに読んで貰おうとしたのである。ドイツは既にマタ・ハリが使い物にならないと知っていたか、あるいは彼女が二重スパイとして働いていることに気づき、より有用なエージェントを守るために彼女を犠牲にすることを選んだのかもしれない。彼女を「無力化」する最も容易な手段は、彼女がフランスに対するドイツのスパイであると暴露することだ。もうひとつの可能性は、このメッセージ、少なくともその一部は本物ではなく、おそらくラドゥーによってマタ・ハリを有罪にするために捏造されたものであるということだ。

遂に失意のどん底に叩き落とされたマタ・ハリは、一九一五年にカール・クレーマーの訪問を受け、カネを貰ってドイツのスパイになるように頼まれたことをブーシャルドンに自供した。そしてカネを受け取ったことは認めたが、その見返りに何もしていないと主張した。ラドゥーにスカウトされて以後はフランスのためだけに働いていたというのだ。だがラドゥーは、カネを払ってスパイになるよう依頼したことを否定した。

彼女の裁判は一九一七年七月二四日に始まった。この有名な踊り子でセックスシンボルでもある女を一目見ようと、群衆やマスコミが裁判所に詰めかけた。だが、国家安全保障のために裁判は秘密裡に行なわれるべきだという検察側の主張が認められ、裁判所は人払いが為された。

裁判は僅か二日で終った。検察側の証人は初日に証言した。その中にはパリでマタ・ハリを尾行した警官の一人もいた。彼は彼女が多くの男性と会っていたと証言した。だが、五人の検察側証人の証言のどれ一つとして、スパイ行為の証拠となるものは無かった。にもかかわらず、検察官アンドレ・モルネはマタ・ハリを「おそらく今世紀最大の女スパイ」と呼んだ。

二日目、クリュネが擁護論を展開した。マタ・ハリの元恋人であった数名の有力者が、彼女は戦争や軍事問題に関心を見せたことは無いと断言した。最後の陳述で、マタ・ハリは他国に、例えフランスと戦争中の国であったとしても、友人を持つ権利を主張した。裁判官は退席し、僅か一五分で、全ての罪について彼女の有罪を認めた。彼女は死刑を宣告され、持物は全て裁判費用のために売却されることとなった。彼女はサン＝ラザール監獄に戻され、処刑の時を待った。死刑に対する抗議も、最高裁への上訴もまた却下された。オランダ政府は寛大な処分を求めたが、これもまた拒否された。

処刑

一九一七年十月十五日、マタ・ハリは午前五時に起された。服を着せられ、刑場へと連れ出された。そこには一二人の兵士、すなわち銃殺隊がいた。彼女は目隠しを断った。一人で立つ彼女に対して、上級曹長がサーベルを挙げ、狙い撃ちを命じた。ライフルが鳴り響き、マタ・ハリは地面に倒れた。上級曹長は彼女に近づき、その頭を撃った。家族はその遺体を要求せず、医学研究に使われた。彼女の頭部はパリの解剖学博物館に保管されていたが、いつの間にか行方不明になり、それきりとなった。

冷たい海から来たスパイ

最も奇妙な詐称者事件の一つは、英国海兵隊のウィリアム・マーティン少佐の件である。彼は第二次大戦中、連合国の重要なミッションのために秘密諜報部員として送り込まれた。だが、その時点で彼は既に死んでいたのだ！

一九四二年、連合軍は北アフリカから南ヨーロッパへ侵攻する計画を立てていた。何よりも重要だったのは、シチリア島のルフトヴァーフェの基地を殲滅してこの島を支配下に置き、地中海の海上ルートを開くことである。連合軍は、ドイツの司令官も同じ結論に達して、大部隊を以てシチリア島を防衛するだろうと考えた。ゆえに彼らを混乱せしめ、その戦力を分散させることが死活的に重要となった。そこで英国は「ミンスミート作戦」と呼ばれる途方もない戦略を立てた。

作戦はこうだ。ドイツ人に、偽の書類を持った死体を発見させる。そしてその書類には、連合軍の標的はシチリア島ではなく、ギリシアとサルディニア島であると書かれているのである。このアイデアを考えたのは、海軍情報将校のイアン・フレミングであると言われている。彼は後にジェイムズ・ボンドの小説を書くことになる人物である。作戦は決まったが、次の問題は、如何にしてドイツ人にその書類を本物らしく掴ませるかという事だった。第一次世界大戦中、英国は同じような策略を使ったことがあった。偽の戦闘計画を記した書類を入れた鞄を敵に奪取させたのだ。これによって一九一七年のバールシェバの戦いに勝利を収めることができたと言われている。

だが、今回はただ単にドイツ兵が拾いそうな場所に書類を棄ててきて終りという訳にはいかない。戸口に秘密作戦の書かれた計画書がいきなり現れたりしては、いくら何でも怪しすぎる。そこで英国は、スペイン沖の海上で墜落した飛行機から流されて海岸に打ち上げられた死体に書類を持たせるという巧妙な計画を立てた。スペインは戦争中、中立を保っていたが、フランコ政権はナチス・ドイツに共感的だった。もしも書類がスペインの手に落ちれば、ドイツのエージェントがその内容を知ることになる可能性は高い。

次の問題は――死体である。歴史上、最大の戦争の最中なのだから、死体のひとつやふたつ用意するなど造作も無いことに思えるかも知れない。だがこの場合、その死体は秘密裡に入手せねばならず、しかもその死因は飛行機事故の後の低体温症と溺死に見えなければならないのだ。死体の年齢と体格も重要だった。その男はどこからどう見ても英国海兵隊の少佐に見えなければならないのである。ロンドンはセントパンクラスの検屍官が相談を受けた。そして遂に、一九四三年一月二八日、彼は完璧な死体を見つけ出した。三四歳のウェールズ人で、後にグリンデュア・マイケルと判明する男が、キングズクロスの倉庫で死んでいたのだ。彼は宿無しで無職、友人も家族も無かった。その死を悲しむ者を誰ひとり持たなかった彼は、猫いらずを食べて自殺を図った。その毒は既に消化されて痕跡は無く、海難事故で死んだと見せかけるのにうってつけだった。

一説によれば、結局マイケルの死体は使われず、その代りとして英国の戦艦ダッシャー号上で事故死した海兵の死体が使われたという。だが、英国海軍と国防大臣は共にこれを否定し、ミンスミート作戦に使われたのはマイケルの死体だと断言した。

マーティンを本物にする

英国は次に、死んだ男のアイデンティティを作り始めた。彼のポケットには日常生活で使う品々が詰め込まれた――カネ、写真、切符、手紙、鍵等々。問題の一つは、マーティン少佐の写真入りの身元書類が必要なことだったが、グリンデュア・マイケルは生前に一枚も写真を撮ったことがなかった。だが幸運な事に、彼に瓜二つのＭＩ５情報将校がいて、この将校の写真が使われることになった。これらの準備期間中、マーティン少佐の死体は冷蔵庫に保管された。

最後の問題は、如何にして彼をスペインの海岸に届けるかだった。彼の死体は特製容器の中にドライアイスともに梱包された。それは英国の潜水艦セラフ号に積み込まれ、魚雷収納庫の一つに収容された。この最高機密の荷物の中身を知っているのは艦長のビル・ジュエル大尉だけだった。四月一九日、潜水艦はスコットランドのホーリーロッホを出て、南を目指した。一一日後の午前四時三〇分、ジュエル艦長は『詩篇』第三九篇を読みながらマーティン少佐の死体を容器から取り出し、海中に投棄した。潮流はそれをウエルバの岸辺に運んだ。浜に打ち上げられる前に、地元の鰯漁師がそれを見つけて拾い上げ、スペイン当局の手に委ねた。彼らはドイツのスパイであるアドルフ・クラウスに連絡した。彼はまさに英国が期待していたスパイその人で、何故なら馬鹿で有名だったのだ。スペインの官憲が死者のベルトに鎖で繋がれていたブリーフケースを開くと、彼の死体は検死に回された。死因は溺死とされた。彼は正式な軍葬の礼でウエルバ墓地に埋葬された。英国人の戦死者の名前は毎回〈タイムズ〉紙に載ることになっていたので、マーティン少佐の死も六月四日付の同紙に掲載された。万一勤勉なドイツの諜報部員が新聞を調べた時のためである。

ブリーフケースの中身は一時間だけマドリードのドイツ大使館に預けられた。撮影するには十分な時間である。そこには、将軍から将軍へ手渡される最高機密の書簡も入っていた。そのひとつでは、近々連合軍がギリシアを侵攻することがほのめかされていた。その痛手をもっともらしく見せかけるため、英国はスペインの大使館付海軍武官にメッセージを送り、少し前に海上で起きた飛行機事故で失われた書類の行方を如何なる手段を用いても、可及的速やかに突き止めよ、ただしスペイン当局にその重要さを知られてはならない、と命じた。ドイツの諜報部員がこのメッセージを傍受するか、英国が書類の回収を急いでいることに気づかせるのが目的だった。

丸呑みされたミンスミート

マーティン少佐のブリーフケースが英国に回収されると、将校たちはこれを調べ、開封の痕跡を確認した。マドリードのドイツ大使館は全てをベルリンに伝えていた。ドイツの情報将校はその内容を注意深く分析した。少佐の切符の半券の日付まで調べて、これがでっち上げの死体ではないかというあらゆる手掛かりを探した。英国の諜報部はウィンストン・チャーチル首相にメッセージを送った。「ミンスミートは丸呑みされました」。

作戦は完全に成功した。シチリア島の守備は軽微なままに放置された。Rボート（魚雷艇）の一艦隊と二つの機甲兵団がギリシアへ移動した。連合軍の上陸部隊は予想されたほどの抵抗にも遭わず、島は速やかに占領された。連合軍のシチリア島上陸が開始されて二週間経っても、ドイツの最高司令部はまだ、これは単なる陽動であり、主要作戦であるギリシア侵攻が待ち受けていると信じていたが、それが実行に移されることはなかった。連合軍はイタリアを通過して北上した。イタリアの指導者ムッソリーニは権力の座から引きずり下ろされた。南ヨーロッパの大規模侵攻を前にして、ドイツ軍はロシアに対する攻撃を止めた。戦争は連合軍有利に傾き始めた。

一九五六年に製作された『存在しなかった男』という映画は、ミンスミート作戦を指揮した海軍情報将校の一人、ユーアン・モンタギュ大佐の同名の著書〔訳注：邦訳題名は『ある死体の冒険』筑摩書房〕を題材としている。実際の出来事の詳細の多くは今も機密扱いにされており、そのため同書と映画の一部は意図的に虚構となっている。モンタギュ自身、この映画に端役で出演している。ある場面では、本物のモンタギュ大佐が、俳優のクリフトン・ウェブ演ずるモンタギュ大佐に話しかけている様子が見られる。

ミンスミート作戦はおそらく、最も成功を収めた軍事上の詐欺であろう。それは戦争の行方を変え、何千人もの連合軍の命を救った。そしてそれは、自らの重要な役割など何も知らない一人の詐称者によって達成されたのである。

詐欺の王

もしも全く見知らぬ人物が、諜報部のエージェントを名乗り、今あなたの身に危険が迫っていると言ってきたら、あなたは彼を信じるだろうか？　言われるままに身を隠したりするだろうか？　全ての友人たちと連絡を絶って？　そして彼にカネを渡す？

二〇〇二年、ロンドン警視庁の刑事たちとFBIの合同秘密調査部隊が、ロンドンのヒースロー空港で標的に肉薄していた。その男、ロバート・ヘンディ＝フリーガードは、被害者の母親から二万ドルを受け取るために空港にやって来たのだ。彼は逮捕され、それまでの十年以上にわたる二〇件以上の誘拐、窃盗、詐欺の罪で告発された。

話は一九九三年、シュロップシャー州ニューポートに始まる。同地のパブ「白鳥亭」で働いていたロバート・フリーガードは、地元の農業大学の三人の学生と知り合った。そしてそのうちの一人に、彼の正体は軍事情報部MI5のエージェントであると信じ込ませた。その大学内のテロリスト細胞を監視中だというのだ。突飛な話のように聞こえるが、IRAが活発に動いていた当時の英国である。ロンドンやマンチェスターで爆弾事件があり、ニューポートのとある大学生が銃砲の密輸入をしていたことが明らかになっていた。だからMI5が大学生を見張っているという話には完璧な説得力があったのである。

それからフリーガードはその学生に、自分の正体が発覚したので、二人とも身の危険があると告げた。そして彼を唆して言った、二人の女性の友人に、自分は癌になったから、最後の休日を一緒に過して欲しいと頼め、と。彼がその通りにすると、フリーガードは女たちに、学校から連れ出した「真の」理由を明らかにした。つまりそれは直ぐ傍まで迫っているIRAの殺し屋から彼女らを守るためだったのだ、と。そして家族にも自分の居場所は言うな、さもなければ殺し屋が追ってくる、と散々脅し付けた。

次に彼は、安全確保のために家族からカネを出させろ、と命じた。学生の一人ジョン・アトキンソンは、彼におよそ四〇万ポンドを渡した。もう一人のサラ・スミスは一八万八千ポンド。彼はそのカネは全額政府が返金してくれる、と保証した。この間、彼らはシェフィールドに身を隠し、底辺仕事をしてその稼ぎをフリーガードに渡していた。一九九四年、女性の一人マリアがフリーガードの子を産んだ。彼女は他の二人、ジョンとサラとは離れて暮らしていた。次に彼はジョンとサラを引き離し、ジョンをダービーシャーに送ってサラはシェフィールドに留めた。マリアはフリーガードの二人目の子を産んだ。学生たちが恐怖と貧困の中で暮らす一方、フリーガードは彼らから巻き上げたカネで優雅に暮らしていた。

ジキルとハイド

一九九〇年代半ば、彼は何人かの女性に出逢って彼女たちを誘惑した。その一人であるエリザベス・バーソロミューは、総計一万四千五百ポンドの借金をして、彼に渡していた。彼は彼女に対しては特に残酷だった。後に彼女が述べたところによれば、彼はジキルとハイドの人格を持っていた——とても優しいかと思えば、次の瞬間には豹変して激怒するのである。彼は彼女に、名前を変えて家族との接触を断つよう命じた。身なりも変えさせ、何週間もの間、路上で苦しい生活をさせた。

一九九八年、ジョン・アトキンソンは遂に家族の説得を受け入れ、フリーガードから逃れて帰宅したが、警察へは行かなかった。依然として命が危険であると信じていたのである。二〇〇〇年頃、クルマのセールスマンとして働いていたフリーガードは、次の獲物であるレナータ・キスターと出逢った。そして自分は販売店の某氏を見張っているＭＩ５のエージェントであると自称し、またしても彼女に巨額の借金をさせてそれを巻き上げた。さらに彼女を、最初の獲物の一人であるサラと同居させることにした。そしてキスターには、サラは証人保護プログラムの下にあって英語が話せないと言い、一方サラに対しては安全のために英語が判らない振りをしろ、と命じた。両者は完璧に言われた通りに振舞った。

フリーガードとマリアとの関係は二〇〇一年に終った。ジョンと同様、両親のもとに逃げたのである。彼は事務弁護士のキャロライン・カウパーと新たな関係を持った。彼女はいずれ彼と結婚するつもりだったが、彼は何のかんので何千ポンドものカネを彼女から巻き上げた。カウパーの家族はフリーガードに疑惑を抱いたので、彼は疑いを晴らすために電話番号を渡して身元でも何でも調べてくれと豪語した。その番号は実際には彼の獲物の一人であるマリアの父のものだった。おそらく実際に電話などしないとたかを括っていたのだろうが、彼らは本当に電話をかけた。そしてマリアの父は彼の身元保証を拒否した。その結果、カウパーとの関係は終った。自分と家族は詐欺に遭ったのだと気づいた彼女は、フリーガードの件を警察に報告した。フリーガードがカウパーの家族に教えた電話番号が決め手となったのだ。それを元に彼らはカウパーからマリアの家族に辿り着き、彼らが警察にサラ・スミスの家族のことを教えたのである。当初、警察は単なる恋人同士の別れ話のもつれと見てあまり捜査に乗り気ではなかったのだが、今や、それは多数の被害者を巻き込んだ途轍もない犯罪であることが明らかとなった。そしてこの頃にはフリーガードは改名していた。マリアの名字であるヘンディを追加し、ロバート・ヘンディ＝フリーガードと名乗り始めたのだ。

最後の被害者

フリーガードの最後の獲物は、アメリカの児童心理学者キンバリー・アダムズだった。二〇〇二年九月に彼女と出逢った彼は、またしても自分は危険な犯罪組織に潜入捜査している、と彼女に信じ込ませた。そして他の被害者たちと同様、彼女もまたこの話を完璧に信じ込んだ。彼は彼女の生活を支配し、彼女を家族から切り離し始めた。そうこうする内に、彼女の義父が数百万ドルの宝くじを当てたことを知った彼は、キンバリーに父親からカネを貰えと命じた。自分との関係を続けたいなら、今の仕事を辞めてカネの掛るスパイ養成訓練を受けなければならないというのだ。彼女の両親と義父は疑いを抱き、ＦＢＩに相談した。彼らはフリーガードを法廷に連れて行くために協力を要請した。ＦＢＩとロンドン警視庁は彼らの通話を傍受した。そしてフリーガードがこれまで被害者たちにしてきた仕打ちと共に、彼の強みと弱みを分析した。

警察は、フリーガードが被害者に身を隠させる癖があることを掴んだ。彼を逮捕できるかどうか検討してみたが、キンバリーの居場所が判らない。そこでキンバリーの安全を確認するまで、彼を泳がせておくことにした。そして警察とＦＢＩに報せた上で、キンバリーの母親はヒースロー空港でフリーガードと会い、直接カネを渡すという手筈を整えた。幾つかの警察の監視班が空港に陣取り、彼を探した。キンバリーの母親は待ち合わせの前日に飛行機でロンドン入りしており、来たるべき作戦に備えて徹底的な準備をしていた。監視班は彼女がフリーガードと会うところを監視していた。母親は予め、キンバリーの無事を確認するまでカネは渡してはならないと言われていた。母親は彼と共に、キンバリーがクルマの中で待っているという駐車場へと向かった。警官がキンバリーを確認するや否や、彼らは直ぐさま現場に突入してフリーガードを逮捕した。

こうしてフリーガードとキンバリーの身柄は確保したが、サラとエリザベスは依然として行方不明のままであり、今なお自分たちはＩＲＡから身を隠していると信じていた。警察はフリーガードの所有物を捜索し、パスポートや手紙、その他の書類を発見した。これによって最終的にサラ、エリザベス、レナータの行方が判った。発見されたサラは依然としてレナータと同居しており、掃除婦として働いていた。二人とも、互いに相手がフリーガードの被害者であるとは知らなかった。サラの洗脳は深刻で、当初彼女は警官たちの話を全く信じなかった。

あらゆる書類と情報を洗い、あらゆる手掛かりを追った結果、警察はさらなる犠牲者を発見した。フリーガードに何千万ものカネを貢ぎ、さらにクルマまで売り払って彼に現金を献上していた公務員がいたのだ。また、フリーガードが考えついた多彩で奇妙な仕事やミッションをこなしていた時計職人もいた。

フリーガードの被害者たちは馬鹿だった訳ではない。どうやら彼は獲物となる人間の欠点や弱点を探り出し、それを徹底的に利用するという特殊能力を持っていたらしい。全てを目の当たりにした海千山千のＦＢＩのエージェントが、フリーガードほど巧みな、かつ無慈悲な詐欺師は見たことがないと語ったほどである。彼は少なくとも一ダースの被害者から、総計百万ポンドを騙し取ったと見られている。

フリーガードは一九七一年三月一日に生まれ、ダービーシャーで育った。小学生の頃から既に一風変った子供だった。教師の一人によれば、彼はとても魅力的で美しかったが、同時に非常に変っていたという。彼は一五歳で卒業証書も無しに退学し、肉体労働者として働き始めた。一九九二年、最初の恋人はカネを盗まれたために彼のもとを去った。一年後、ニューポートの白鳥亭で働いていた時、ＭＩ５の偽エージェントとしての彼の人生が始まった。

二〇〇四年十月、フリーガードは全ての罪に対して無罪を主張した。八ヶ月に及ぶ裁判の末、二件の誘拐、十件の窃盗、八件の詐欺で有罪となり、終身刑を言い渡された。彼は上訴し、そして驚くべきことに、被害者の誰一人として肉体的に監禁したことは無いという理由で、誘拐罪を覆した。彼らは自らの意志で、喜んで彼に付いて来たというのだ。その結果、判決は投獄一〇年に短縮され、そして僅か五年で釈放された――彼が犠牲者の人生を破壊して過した期間の半分である。

暗殺団

二〇一〇年一月、ドバイに辿り着いた多くの観光客や商用旅行者たちの中の二〇名以上が、致命的な秘密を隠していた。全員が詐称者だったのだ。彼らは、そんなことなど露知らぬ標的を目指して集まった殺し屋のチームだったのである。

マフムード・アル＝マブフーフはパレスティナの政党ハマスの軍事組織の上級メンバーだった。イスラエルは一九八九年に二人のイスラエル兵殺害の犯人が彼であるとし、マブフーフ自身もカタールを基盤とするTV放送局アル＝ジャジーラで放送されたインタヴューで、自らの関与を認めた。彼の身分は隠されていたが、その声は認識できた。一九九〇年代、彼はハマスのための武器の調達に関与するようになった。彼はイスラエルの暗殺団と思われるチームがドバイで彼に肉薄するまでに、既に二度の暗殺未遂を生き延びていた。

イスラエル諜報特務庁、別名モサドの主要活動の一つは、「イスラエルの国境の外での特務活動の計画と実行」である。これにはイスラエルの敵の暗殺も含まれていると広く信じられている。

マブフーフは広範囲に旅をしていた。彼が定期的に訪ねる多くの場所、例えばイラン、シリア、中国などの中で、ドバイが彼を襲撃するのに最適の地に選ばれた。何故なら疑念を買うこと無く入国し、自由に移動するのが最も容易な土地だったからである。マブフーフは通常はボディガードを伴って移動していたが、今回は一人旅で、ドバイを経由して中国へ行く予定だった。

作戦

暗殺団は二〇一〇年一月一八日にドバイ入りを始めた。マブフーフの到着の前日である。彼らは少なくとも一週間前から彼の旅行の手配を知っていた。そしてパリ、チューリヒ、ローマ、フランクフルトから少人数ずつのグループで辿り着いた。暗殺団には少なくとも二六人のエージェントがいた。入局管理当局者に示したパスポートは偽物だったが、その内の一部は実在する人物の名前で、全員がドバイへの入国にビザの不要な国の出身だった——英国人が一二人、アイルランド人が六人、フランス人が四人、オーストラリア人が三人、そしてドイツ人が一人。

二六人の詐称者は手際よく仕事に取りかかった。マブフーフがアラブ首長国連合のEK九一二で到着すると、エージェントの一部は彼をホテルまで尾行した。そこで暗殺団の他のメンバーは彼の部屋まで付いていった。ルームナンバーが判ると、他のエージェントはその向かいの部屋を確保した。

マブフーフが午後四時二三分にホテルを出るのを確認すると、四人のメンバーが彼の部屋に行き、そこで他の二人のエージェントと合流した。ドアの電子ロックを開けようとしていた時、突如、ホテルの廊下に客が現れた。エージェントの一人がホテルの職員を装い、彼を自分の部屋に案内した。マブフーフは午後八時二四分にホテルに戻ったが、部屋の中に暗殺者たちが潜んでいるとは気づかなかった。次に何が起ったのか、正確に知る者はいない。

自然死か殺人か?

翌朝、ホテルの清掃人はその部屋に入ることができなかった。ホテルの警備員がドアを開けると、マブフーフの死体がベッドに横たわっていた。当初、警察は彼が自然死したと考えた。ベッドの羽根板が二枚ほど割れていた以外には、室内に争った形跡はなかったからである。だが、十日後、法医学検査の後、当局はマブフーフが殺されていたと発表した。スクシニルコリンと呼ばれる強力な筋弛緩剤を注射され、窒息死したというのだ。

この殺人が明らかになる頃には、暗殺団は既に遙か彼方に逃亡していた。メンバーは作戦が成功するや、数分以内にさまざまな目的地へと旅立っていった。まず疑われたのはパレスティナ人の競合グループだったが、容疑者の写真は明らかにパレスティナ人ではない人物を示していた。容疑者はその支払記録と電話記録、そしてホテルの警備記録から特定されたが、こうして特定されたアイデンティティはたちまち偽者と判明した。ほとんどの場合、彼らのパスポートの詳細を辿ると、無辜の人に行き着いた。一部のパスポートの持ち主がイスラエルの二重国籍を持っており、イスラエルのエージェントがかつてこの種のパスポートを用いたことがあったので、疑いはモサドへと移った。

自国民のアイデンティティとパスポートをこの作戦のために乗っ取られた国々は、イスラエルに公式に抗議した。二〇一〇年三月、英国はイスラエルの外交官の一人が英国のパスポートを偽造した証拠を発見し、彼を国外追放した。ＥＵと国連は無辜の人々のパスポートを偽造して違法な殺人に用いたことを批難した。イスラエルはモサドの従事に関しては何もコメントを出さなかった。

シークレット・サークルの秘密スパイ

ジョゼフィーン・バトラーは第二次世界大戦中、占領下のフランスにおいて秘密諜報部員として活躍した話を本に書いて人気を博したが、現在では彼女の剛胆な過去は創作であったと考えられている。

一九八三年、『チャーチルの秘密諜報エージェント』と題する本が出版された。注目すべき英国のスパイ、ジョゼフィーン・バトラーの物語で、彼女は第二次世界大戦中、占領下のフランスで活躍した。この書物はバトラー博士が自ら、〈シークレット・サークル〉と呼ばれる極秘組織のための彼女のミッションを書いたもので、この組織は直接ウィンストン・チャーチル首相に情報を報告していた。

バトラーはベルギーとフランスで育ったという。ゆえに彼女はフランス語を流暢に操った。ソルボンヌ大学で医学を学び、それから癌研究所で働いた。一九三八年、戦争が切迫していることが明らかになると、彼女はイングランドに発った。戦争が勃発すると、彼女はＶＩＰたちのクルマを運転する仕事についた。ここで彼女の専門である医学が全く活かされていないのは奇妙に思える。そしてまた奇妙なことに、この謎の運転手が、フランスのエージェントからの報告の分析を含む秘密業務に選任されたのだ。その直後、さらに奇妙なことに、彼女はウィンストン・チャーチルのもとに駆けつけた。彼はどうやら、自ら彼女を英国の最重要機密スパイの一人に選んだらしい――〈シークレット・サークル〉の一二人の一人である。彼女は全ての日常生活から姿を消し、友人や家族とのあらゆる接触を断つよう命じられた。彼女は外見が瓜二つの従姉妹と交代した。あまりにも似ていたので、父親以外、それに気づいた者はいなかった。

彼女は占領下のフランスで一ダースもの任務に就いた。ドイツ軍情報部の長官である将官カナーリスをスパイし、本人にも会い、短期間ゲシュタポに捕まったと主張した。監禁中の彼女を訊問した男は、後にかの悪名高い「リヨンの虐殺者」クラウス・バルビーであったことが判明した。バルビーは一九七一年にボリビアに隠れ住んでいたところを発見され、フランスに引き渡された。一九八四年、リヨンでゲシュタポの長をしていた頃に遡る戦争犯罪で告発され、有罪判決を受けて終身刑を宣告された。彼は一九九一年、バトラー博士の死の一年前に獄死した。

バトラー博士の主張の問題点は、英国空軍（ＲＡＦ）や総理府の膨大な記録の中に、そのようなことが起ったという痕跡が何も無いことだ。彼女がチャーチルとの間に持ったという一五回の会合も、〈シークレット・サークル〉の存在も、記録には全く残っていない。エージェントをフランスへ送り込み、また回収するための飛行機とパイロットを提供した英国空軍も、彼女の作戦のどれ一つも確認する事はできなかった。彼女が飛び立ったと主張する飛行場の飛行記録も、彼女の主張する作戦とは合致していなかった。彼女の任務の回数自体もまた嘘くさいものだった。バトラーが著書で挙げた人々は既に死んでおり、彼女の話を証言することはできなかった。ナイジェル・ウェストの『偽りのスパイ』（セント・アーミン出版、一九九八）は、バトラー博士の主張の嘘を剥ぎ取り、また戦時中のスパイとしての秘密の生活を創作したらしい他の多くの人々の物語を語っている。もうひとつの本、アンジェラ・レイビーの『忘れられた任務——代用救急車発着所三九』（アフター・ザ・バトル、一九九九）もまた、バトラー博士の物語はまさにそれ——すなわち虚構の物語であると主張している。

ボンド・ライト

秘密諜報部員は闇の中で働く。犯罪と戦い、国家を守る。だが、警官でさえ欺されるのに、どうやってそのエージェントが本物かどうか見分けることができるだろうか?

英国のＭＩ５のエージェント、マイケル・ニューイットが、イングランドはレスターシャーの警官に薬物違反についての情報を渡した時、警官の一人は何か妙だぞと気づいた。ニューイットはＭＩ５での階級を「中佐」だと言った。これはフィクションのスパイであるジェイムズ・ボンドと同じである。元軍人であった警官はこれに疑いを抱き、ニューイットについて調査した。

ニューイットの革財布にはＭＩ５の身分証が入っており、それは彼が実戦用火器を持つ士官であると証明していた。さらに幾つかの銃器と手錠、警棒に警察無線を所持していた。クルマには点滅灯とサイレンが付いていた。彼はそのクルマを使って飲酒運転の疑いのあるクルマを止め、運転手を逮捕して地元の警官に引き渡していたのである。彼は何度かその警官に会ったことがあり、以前にMI5の身分証も確認されていた。

だが、調査の結果、ニューイットはMI5のメンバーでも何でもないことが判明したのだ。彼を逮捕するために警官たちが彼の自宅に到着すると、妻は人違いだと抗弁した。彼女は彼のMI5での仕事を知っていた。というのも彼は時々「特別任務」で姿を消すことがあったからである。だが警察は人違いなどしていなかったのだ。

ニューイットの銃は、グロック九ミリ拳銃も含めて、模造品であることが判明した。彼の身分証は名前の後にCMGというイニシャルが付いていたが、これは聖ミカエル騎士団および聖ジョージ騎士団の勲爵士という意味で、ジェイムズ・ボンドと同じ栄誉だった。実際にはニューイットは実業家で、そのIT会社は経営危機に陥っていた。そして最初に秘密諜報部員に扮したのは、港からボートが撤去されるのを防ぐためだった。彼はボートの返還を要求し、港の管理人に公職秘密法の写しを見せた。その次にはクルマを取り戻すために秘密諜報部員を名乗った。こうしてスパイの真似をするのが生き方となったニューイットだが、彼のジェイムズ・ボンドの幻想世界は刑務所の独房で終りを遂げることとなった。一連の身分詐称および銃器の違法所持の罪で、二年間投獄されることとなったのだ。

スパイ警官

二〇一一年、イングランドの環境保護団体に対する裁判事件がセンセーショナルな崩壊を迎えた。その団体の運動家の一人が覆面警官で、運動を煽動する工作員だったらしいということが明るみに出たのだ。

二〇〇九年四月、環境保護運動の活動家グループが、イングランドはノッティンガムの学校に集結していた。地球温暖化に対する反対運動として近くのラトクリフ＝オン＝ソアー発電所を占拠しようと計画していたのだ。石炭火力発電所を一週間占拠すれば、大気中への一六万トンの炭素の放出を止めることができる。この発電所が狙われたのはこれが初めてではなかった。二〇〇七年にも、一一人の活動家がこれに侵入して逮捕されていた。この時、警察は運動家たちの内部情報を把握していたようだった。発電所の厳重な警備の噂を聞いた活動家たちは、侵入計画を諦めるべきだと考えた。メンバーの中でも最も信頼の厚かったマーク・ストーンが偵察に送り込まれた。戻って来た彼は、警官など影も形も無かったと言い、運動を続けるべきだと考えているようだった。さらに最適の侵入方法まで示唆した。

四月一四日の真夜中の少し後、警官隊が学校を襲撃し、一一四名の活動家を逮捕した。ストーンを含む二七名は不法侵入の共謀罪で告発された。二〇人が発電所への侵入計画を認め、有罪となった。だが奇妙なことに、ストーンは他の活動家と同じ弁護士事務所への依頼を拒否した。彼に対する告発は、そして唯一彼に対する告発だけが、後に撤回されることとなった。活動家の内の六名は逮捕された時点ではまだ発電所への侵入を決めていなかったという理由で無罪を主張し、他の者とは別に裁判を受けた。

だが、この時既に彼らはマーク・ストーンの正体を明らかにする書類を発見していた。彼は実際には警官マーク・ケネディだった――秘密諜報活動に従事する覆面警官だったのである。

この証拠を突きつけられたストーンは、自分の本名は確かにマーク・ケネディであると認めた。彼は環境保護運動に入り込み、七年にわたってその活動をスパイし、国家公安課報部に報告していたのだ。この七〇名から成る秘密部局は政治的動機による不法行為を調査するために一九九九年に作られたものだった。ケネディはこの部局に二〇〇二年にスカウトされた。そして彼は英国でも最も重要な環境保護団体に参加し、場合によっては組織化を援助し、そして警察に報告していた。

彼はマーク・ストーンという新たなアイデンティティと、新たな過去を与えられた。彼はプロの登山家の役割を演じた。長髪に刺青の彼はその役割に似つかわしく、そして直ちに皆に受け入れられた。仕事が仕事なので、時折いなくなるのも説明がついた――つまり海外で山登りをしていたのだ。警察から支給された偽のパスポートと運転免許を使って、彼は二〇ヶ国以上の環境保護、動物の権利保護、そして無政府主義者のグループを訪ねた。登山家というのは儲かる仕事だと言いつつ、グループの出費の一部を負担した。彼らのために乗物を貸し、彼らが起訴された時は罰金まで払っていた。そんなこんなで彼は「フラッシュ」と呼ばれるようになった。

セキュリティを確保するために、活動家たちはしばしば抗議計画に関する情報を、その計画に直接関係するメンバーのみに制限していた。特に輸送を担当するメンバーである。ストーンのクルマと、他の乗物を調達する能力のお陰で、彼は実力者グループの中に居場所を確保し、最極秘情報にも接することができた。彼はグレンイーグルズのG8サミット、ノースヨークシャーのドラックス発電所、そしてハートルプール原子力発電所に対する抗議活動に参加、もしくはその情報を得ていた。次から次へと活動に参加する熱意、底知れぬ経済力、時折の失踪、そして彼に対する告発が常に取り下げられる事などから、仲間の活動家たちの中に疑いを抱く者が現れ始めた。「フラッシュ」の代わりに、一部の者はまるで未来を予知するかのように、彼を陰で「刑事ストーン」と呼び始めた。

被告側弁護士が、検察局に対し、被告人に対して公正な裁判を行なうためにはストーン／ケネディの役割に関する情報を明らかにすることが死活的に重要であると主張すると、裁判は突如中止となり、告発は取り下げられた。そして世間をあっと言わせたのは、この秘密捜査官が突然態度を変え、被告人の味方をすると言い出したことだった。世間に正体が発覚した彼は、自分自身の身の安全のために身を隠した。彼のeメールアカウント、電話番号、フェイスブックアカウントは全て閉鎖された。彼はもはや自然保護活動家マーク・ストーンとして生きていくことはできなくなったが、同時にマーク・ケネディとして公然と生きることもできなくなってしまった。長年人々をスパイしていた間に、何百人という敵を作ってしまっていたからである。

二〇一二年十一月、ケネディはかつての雇用主であるロンドン警視庁に対して、過失責任の賠償金として一〇万ポンドの訴えを起すと発表した――特に、彼が活動家の一人と恋に落ちることを防がなかった件に対してである。他の十人の女性と一人の男性もまた、覆面警官と関係を持ったことに対する精神的苦痛を訴えている。女性の内の三人はケネディの元恋人であるとされ、覆面警官時代の彼と結婚したという。

ジェラルドの大掃除

二〇〇八年に連邦捜査員が到着した時、ミズーリ州ジェラルドの街は、何年にもわたる薬物問題に悩まされていた。捜査員は武装集団を率いて容疑者たちを逮捕し、訊問した。その後、新聞記者が彼が詐称者であったことを暴露した。

連邦捜査員ビル・ジェイコブは、ジェラルドに到着するや否や、この街の薬物問題に取組み始めた。ドアを蹴破り、家宅を捜索し、容疑者たちに手錠を嵌めて逮捕し、場合によってはピストルを突きつけた。記者たちは、街の人々はまるで竜巻にでも襲われたように感じている、と報じた。「巡査部長ビル」として知られるようになる彼は、法執行者として極めて有能だった。

それから、ジェイコブの行動に対する不満の声を聞きつけた地元記者は、彼について少し聞き込みをした。彼はどこから来たのか？　何故ジェラルドに送り込まれたのか？　誰が彼を送り込んだのか？その答は沈黙、そして唖然とした顔。ビル・ジェイコブなる連邦捜査員に関する記録は一切無かった。地元の役人や警官たちが彼を受け入れたのは、単に彼の外見と話し方と態度が、まさに典型的な連邦捜査員のそれだったからに過ぎなかったのだ。彼は上司の電話番号を告げていたが、そこに電話してみると、正体不明の女が出て、「複数管轄特別調査団です」と答えた。ジェイコブのクルマには無線と点滅灯が付いていていた。彼は警官の制服と身分証、そして道具一式を持っていた。だが、記者はただジェイコブの名前をコンピュータに打ち込むだけで、彼に関する真実を発見した。

彼はかつてミズーリ州兵軍の一員だったが、昇級したと偽って、偽物の武装警邏隊員の記章と航空攻撃部隊の記章を身に着けたとして除隊されていた。その後、嘘の軍歴と持ってもいない大学の学位で警備会社に就職。また連邦準備銀行にも務めたが、申請していなかった犯罪歴が発覚して退職した。最後に、二〇〇八年三月、連邦捜査員となってジェラルドに辿り着いたのである。

法廷でジェイコブは麻薬取締局のエージェントと連邦法執行官になりすましたことを認めた。ジェラルドにいた頃に彼が所属していると主張した複数管轄特別調査団なるものは、映画『ビバリーヒルズ・コップ』を見て思いついたものらしい。街の警察署長、二人の警官、郡保安官代理は馘首になった。そして街の当局者は、正当な権限無くジェイコブに逮捕され、訊問され、家宅捜索された人々からの訴訟を受けることとなった。

ジェイコブは有線通信不正行為、郵便詐欺、身分詐称、ＦＢＩに対する虚偽陳述を含む二三の罪で五年間の投獄の判決を受けた。さらに訴訟費用二三〇〇ドル、そしてもうひとつの詐欺に関する三万ドルの払い戻しを命じられた。一方良い面を言うと、彼はこの件について、映画製作会社と映画化契約を交したそうである。

9　その他の詐称者たち

　これまでのどのカテゴリにも簡単には収まらない詐称者がいる。例えば実人生の困難から逃れようとした者。また中には、中国の手品師である程連蘇のように、舞台に上がるためによりエキゾティックなアイデンティティを身につけた者もいる。だが別の事例では、いったい何のために偽アイデンティティを採用したのかはっきりしない者もいる。逆に動機が明瞭な詐称者はとある日本人の男で、二〇〇九年に息子に化けて逮捕された。五四歳のこの男は、二〇歳の息子のフリをして試験を受けたのだ。父は薬品販売会社を経営しており、息子も同社に入社させたかったが、そのためには免許が必要だった。そこで息子には黙ったまま、彼は髪にパーマを当て、眼鏡を外して息子の写真に似るようにし、自ら試験を受けたのだった。だが父の思いは試験官の眼までは騙せなかった！

　互いのコミュニケーションの方法を変えてしまうような発明は、しばしば詐称者にわれわれを欺く新しい方法を提供する。それはアレクサンダー・グラハム・ベルが電話を発明して以来の真実だ。マスメディアは常に、力強くはっきりと情報を伝達できる「ひとかどの人物」を見張っている。その特別な主題における専門家であるならなお良い。二〇一二年、ポルトガルのマスメディアは、新たな経済学の権威を発見したと信じ込んだ。アルチュール・バティスタ・ダ・シルバは印象的な信用証明書を持っていた――国連で働いていた社会経済学教授だというのだ。彼はＴＶの討論番組やインタヴューに登場し、ポルトガル政府の緊縮財政政策を糾弾した。そうこうする内に、十二月二七日、国連はプレス声明を発表し、ダ・シルバは国連に勤めていたことは無いし、国連の代表者面をして見解を語る資格もないと述べた。だが、彼はポルトガルの刑務所の受刑者には顔が知られていた。かつて服役していたことがあったからだ。つまり彼は信用証明書を偽造していたのである。ダ・シルバは、登場した時と同じくらい唐突に、ポルトガルのＴＶから消えた。

詐称者はｅメールやツイッター、その他のデジタル・ソーシャルメディアの提供する可能性も利用する。そしてさらに、フラッシュ・モブという大規模詐称がある――踊り子や歌手が通行人や乗客のフリをして所定の位置に就き、パブリック・パフォーマンスを行なうのだ。

連蘇という少年

一九〇〇年代初頭の最も有名な手品師の一人が舞台上の事故で死んだ時、ファンたちは仰天した。彼は詐称者だったのである。

一九一八年三月二三日夜、程連蘇と呼ばれる有名な中国人手品師が、ロンドン北部のウッドグリーン・エンパイア劇場で演技を終えようとしていた。いつものように、彼は黙って演技をしていた。英語が喋れなかったからである。非常に稀に、彼はあらゆる手品の中でも最も危険なものをやってみせることがあり、その夜の観客はその稀な幸運に立ち会った。連蘇は弾丸を受け止めるという技をやろうとしていたのである。

少なくとも半ダースの手品師が、それまでにこの手品で死んでいた。通常、手品師に向けてまっすぐ銃弾が放たれ、彼はそれを歯で受け止める。連蘇の技はさらに手が込んでいた。二人の助手が二丁のライフルに弾を込めるのだが、その弾丸には予め観客が印を付けていた。それから両方のライフルが彼に向かって火を噴く。彼は二つの弾丸を歯で受け止め、胸の前に構えている陶磁器の皿に落とす。弾丸に付けられた印が、先ほどまさにライフルに込められ、彼に撃たれた弾と同じものであることを証明する。

義和団の処刑

連蘇の助手の一人が、これから観客が目の当たりにする出来事の由来を説明する。連蘇は中国の義和団事件の際に逮捕され、死刑を宣告されたが、銃殺隊の弾丸を空中で受け止め、生き延びたというのだ。

一九一八年三月の夜一〇時四五分、ライフルは連蘇に向けられ、彼は弾丸を受け止める準備をした。合図と共に、ライフルは火を噴いた。手品師は皿を落とし、それは床に叩きつけられて砕け散った。そして彼は後ずさり、倒れた。観客は息を呑んだ。全員が、彼が起き上がり、拍手喝采の中で弾丸を出してみせることを期待した。だが彼は倒れたままだった。助手は、彼の衣装の前部の不吉な黒い染みに気づいた。急いで駆け寄ってみたが、何か不味いことが起きたのは明らかだった。舞台の前に白い幕が下ろされ、そこにニュース映画が映写された。その間、幕の背後では、連蘇が胸の銃創から激しく出血していた。彼は病院に担ぎ込まれたが、数時間後に死んだ。弾丸受け止め術は、また一人犠牲者を出したのだ。

程連蘇が死んだというショッキングなニュースに動揺していたファンは間もなく、彼が中国人でも何でも無かったという事実が明らかにされて再び驚かされることとなる。彼はアメリカ人で、ブルックリン生まれのヴォードヴィル芸人ウィリアム・エルズワース・ロビンソンだったのだ。

程連蘇を創る

ロビンソンは数年間、手品師の助手として働いた後、自分自身の手品で高座に立とうとしたが、失敗に終った。話術の才能に欠けていたのだ。舞台手品師が観客を面白がらせ、トリックの合間に気を惹くためのお喋りができなかったのである。

この当時、金陵福という本物の中国人手品師が合衆国で大人気を博していた。彼は水芸と呼ばれる自分の手品と同じことのできる者には千ドルを進呈すると吹聴していた。例えば彼は、見たところ何も無い布の下に、水で満たした巨大な重い鉢を出して見せたりした。ロビンソンはそれと同じことができると申し出たが、陵福はその申し出を拒否した。陵福の宣言は単なる売名行為だったのだ。それからロビンソンは、英語のできない中国人手品師を演ずることを思いついた。これによってエキゾティックな舞台用の人格を創り、同時にお喋りの問題も解決できる。程連蘇という新しいアイデンティティを採用した彼は、舞台を降りてもその人格を通した。ウィリアム・エルズワース・ロビンソンは存在を止めた。皮肉なことに、彼が大いに有名になり、「本物の中国の魔法使い」程連蘇として英国で絶大な人気を博したために、本物の中国人手品師である金陵福の方は、イギリスの劇場巡業に出掛けた際、偽者の模倣者と批難される羽目に陥った！

一九〇五年、二人は石を投げれば届く距離にある二つのロンドンの劇場で公演を行なった。陵福はここで挑戦を申し出た。連蘇が陵福の芸の内の十個をやってみせるか、あるいは陵福が連蘇の芸を一つもできなかった場合、陵福は千ドルを支払うというのだ。世界的に有名な脱出曲芸師ハリー・フーディニが自らこの勝負の審判を買って出た。両者とも、相手に詐称者のレッテルを貼ったが、決められた時間が来ても、陵福は現れなかった。連蘇は戦わずして大勝利を収めた。彼は大入り満員のショーを続けた。舞台の上で死ぬその日まで。

トリック・ライフル

捜査が行なわれ、事件の全容が解明された。連蘇が射殺されたあの夜、彼と共に舞台上にいた妻が、その仕掛けを明かしたのだ。客席に座っていた人が二つの弾丸を選び、印を付ける。それきり、その弾は使わない。密かに連蘇が前もって印を付けておいた弾丸と入れ替えるのである。そしてこの入れ替えた弾を、舞台上に上げた二人の観客に調べさせ、印を確認させる。それからこれをライフルに込める。この時点で、連蘇はさらに二つの（使用済みの）弾に同じような印を付けて口の中に仕込んでいる。

ライフルは特別に改造されたもので、引金を引くと、実弾の代わりに銃身の下の空洞に仕込まれた火薬に火がつくようになっている。あたかもライフルは実弾を発射したかのように見え、銃声も発するが、実際には弾は銃身から出ることは無い。次に連蘇は弾を受け止めたかのように装い、これを皿に吐き出す。そして舞台上の観客がこれを調べると、自分が先ほど自分の手で込めた弾丸そのものに見えるというわけである。だが、連蘇が死んだ夜には、ライフルの一つが経年劣化しており、そのために装填した火薬からの高温ガスの一部が銃身に洩れ、そこにあった弾丸が発射されてしまったのである。検視の結果は事故死と判定された。

モンティの影武者

有力な政治家や軍人は、時に自分にそっくりの人間を雇うことがある。中でも最も有名かつ成功した影武者はクリフトン・ジェイムズである。彼は第二次世界大戦中、陸軍元帥モンゴメリになりすました。

一九四四年、連合軍は英国からヨーロッパ大陸への侵攻を準備していた。それはこれまでで最大の陸海空軍共同作戦で、一万二千機の航空機、七千隻の艦船、そして一六万近い兵士が参加した。可能な限りドイツ軍に不意打ちを喰らわせるのが肝要であった。連合軍はノルウェー、パ・ド・カレおよび南フランスを侵攻する準備をしていると思わせて、実際には侵攻軍の主力はノルマンディ海岸に上陸するという計画が立てられた。ドイツ軍は、高級将校の足取りに注目していた。これが連合軍の計画の重要な手掛かりとなるからである。

北アフリカから南フランスに侵攻するのが計画の一部であるという考えを強調するために、連合軍陸上部隊の司令官、陸軍元帥モンゴメリはジブラルタルとアルジェを訪問した。作戦準備の視察という体である。だが実際には、ジブラルタルとアルジェを訪問した男は、ノルマンディ上陸作戦に忙殺されていたモンゴメリではなかった。彼はクリフトン・ジェイムズという影武者だったのである。

一流の演技

ジェイムズはオーストラリアのパースに生まれ、イングランドにやって来た。第一次世界大戦中は、英国フューリジア連隊に入り、ソンムの戦いで実戦に参加した。戦後は役者となっていたが、第二次世界大戦が勃発すると、ENSA、すなわち兵士たちを慰問する組織に入ろうと考えた。だが代わりに支払担当部隊に送られることになる。それでも役者を続けようと決意した彼は、支払担当部隊ドラマ&ヴァラエティ班に入った。ノルマンディ上陸作戦の数週間前、新聞でクリフトン・ジェイムズの写真を見た士官は、彼がモンゴメリに酷似していることに気づいた。しかも彼は既にモンゴメリ役で劇に出たことまであった。この情報は陸軍情報部にもたらされた。そのすぐ後、ジェイムズは陸軍撮影隊で働いているデイヴィッド・ナイヴンという士官の面会を受けた。後にハリウッドのスター俳優となる人物である。彼は軍の映画の試演のためと言ってジェイムズをロンドンに招いた。そして短い面会の後、ジェイムズは驚いたことに、公職秘密法に署名させられ、その後に真実を告げられた。生涯で最も重要な演技の仕事を受ける気があるか、と訊ねられたのである――敵を欺くため、モンティ（モンゴメリの渾名）に化けることを要請されたのだ。その練習は、「カパーヘッド作戦」と命名された。彼は一も二も無く承諾した。

彼は情報部隊の軍曹として、モンティの参謀に任命された。そこで間近でモンティを観察し、その癖を学ぶのだ。モンティが働いているポーツマス近くの駐屯地に連れていかれた彼は、モンティの動き方、話し方、敬礼の仕方、手の振り方を観察し、モンティの人生の詳細を憶えた。そして飛行機酔いしないか確認するために何度か試験飛行にも連れ出された。飛行機に酔った「モンティ」など話にならない！また、モンティの好みも叩き込まれた——彼は卵を食べないし、豚肉も嫌いだった！　そして煙草も喫わない。これはジェイムズにとって問題だった——彼は泣く泣く禁煙した！　彼は情報将校たちと共にモンティの演技のリハーサルをした。それからモンティの戦闘服のコピーを与えられた。全て本物の記章、勲章、襟章もつけて。ジェイムズは第一次世界大戦で指を一本失っていたので、特に鋭敏なドイツのスパイがこの指の欠損に気づくことを恐れて、急いで義指が作られた。そして人々の反応を見るためにクルマで連れ出された。人々は彼がモンティだと信じて彼に手を振った。

次に、ジェイムズは首相ウィンストン・チャーチル専用機でジブラルタルに飛んだ。総督府で、彼はわざとハンカチを「落した」。そこにはモンティのイニシャルが刺繍されており、彼がそこにいるというニュースに信憑性を与えた。彼はまた、総督府を改装する労働者たちにわざとその姿を見せた。レセプションで客と話す時は、「三〇三号計画」について言及するよう言われた。南フランス侵攻計画である。期待通り、ドイツのスパイはその噂を聞きつけ、ミスリーディングを誘う情報はベルリンに伝えられた。飛行場に戻る頃には、彼がそこに来たというニュースは広まり、スペインの労働者たちは彼を一目見ようと集まっていた。それから彼はアルジェへ飛んで、さらにその姿をドイツのスパイに見せつけた。最後に、彼はカイロで姿を消し、そこでノルマンディ上陸作戦の実施の時まで身を隠すこととなった。

「カパーヘッド作戦」は「フォーティテュード作戦」と呼ばれる、より大きな誤報作戦の一部であった。この誤報作戦には、偽の無線電信、二重スパイ、飛行場のダミー航空機、重要な場所への軍司令官の出現などが含まれていた。それは成功した。ドイツはドーヴァー海峡横断と北アフリカからの侵攻を予期して、これに対処するための大軍をそこに留めた。その一方で、主要侵攻部隊がノルマンディに上陸したのである。

主役としての務めを果たしたジェイムズは、古巣であるレスターの連隊支払局に戻った。彼をジブラルタルに送り届けたのは、三日間も寝ていないパイロットだった。霞目のパイロットはそれでも大丈夫だろうと判断した。だが万一の時には飛行機の尾部に救命筏が積んであるから、と乗客に告げた！ジェイムズは大仕事を上手くこなしたことをＭＩ５の将校から感謝され、モンティに化けていた日数分の将軍の給料を与えられた。

彼は一九四六年、その偉業についての一連の記事を〈シドニー・モーニング・ヘラルド〉紙に書き、続いて一九五四年に『私はモンティの影武者だった』という本を書いた（米国版の題名は『偽モンゴメリ将軍』）。同書は一九五八年に映画化された。『私はモンティの影武者だった』と題するこの映画の主役はもちろんジェイムズで、彼はモンティと自分自身の両方を演じている。モンティの代役は彼の人生のハイライトだったが、それによって俳優としてのキャリアは台無しになってしまった。『私はモンティの影武者だった』以外では、戦後、役者としての仕事の声がかからず、生活が苦しくなってしまったのだ。彼は他の失業者たちと共に列に並び、失業手当を受けた。劇場支配人やプロデューサーは彼に会ってオーディションをしたがったが、雇うことは無かった。何故なら観客の目当てはあくまで有名なモンティの影武者であって、劇そのものを見に来るのではないと判断したからだ。彼は一九六三年五月八日、イングランドのワージングで世を去った。

二人のマルタン・ゲール

マルタン・ゲールが突然何の説明も無く失踪し、そして八年後に戻って来た時、妻と家族は喜んだ。だがその後、二人目のマルタン・ゲールが現れた！　二人の内のどちらかは詐称者だ。だがはたしてどちらが？

一五四八年、マルタン・ゲールは南西フランスのアルティガの村に住んでいた。妻は二二歳のベルトランド、そして息子はサンシ。彼の家はタイル工場を所有しており、また穀物を育て、羊を飼っていた。生活は順調だった。それから、マルタンはちょっと許しがたいことをやってしまう。父親から穀物を盗んだのだ。当時も今と同様、家庭内での窃盗は完全に受け入れられないことだった。そして何の前触れも無く、マルタン・ゲールは姿を消した。いきなり失踪したのだ。何年にもわたって、彼からは何の便りも無かった。家族は困った状況に陥った。結婚は二つの家同士の繋がりでもあり、その彼の失踪は彼の家族に恥辱をもたらした。妻は彼が死んだと証明できない限り再婚を禁じられていたが、そもそも彼に何が起ったのか全く知らなかった。

それから、一五五六年にマルタン・ゲールが戻って来るという報せがアルティガに届いた。近くの村でその姿が目撃されたのだ。四人の姉妹がこの報せを聞いて、捜索に駆けつけた。それから彼女たちは戻ってきて、妻のベルトランドを連れて行った。彼を見た彼女は、それが本物かどうか確信できなかった。もじゃもじゃの髭のせいですっかり別人のようだったのだが、その男は自分は確かにお前の夫だ、と言い張った。伯父のピエールもまた疑いを抱いたが、その男はマルタン・ゲールだけが知っているはずの二人の共通の過去を知っていたので、最終的にはピエールもまた彼を受け入れた。失踪中、彼はスペインでフランス軍に入隊していたと説明した。その内に、妻のベルトランドも残りの家族も普通に戻った。それから三年以上の間に、彼らはさらに二人の子供を作った。二人とも女の子だった。

だが、そのうちに家業が不穏になって来た。マルタンは伯父のピエールが家業で得たカネを懐に入れているのではないかと疑った。対してピエールは、マルタンの正体を問いただした。もしも彼が本当にマルタン・ゲールなら、何故彼はよく知っていたはずの一般的なバスク語の単語やフレーズを忘れているのか？　以前は好きだった剣術に対する興味を見せなくなったのか？　ピエールは、家族の富と事業を受け継ぐであろうこの男が本当にマルタン・ゲールであるのかどうか疑い始めた。彼は家族を説き伏せてこのマルタン・ゲールは詐称者だと言ったが、ベルトランドだけは頑として彼の味方だった。

家族は、というか実際には村全体が、マルタン・ゲールの正体の問題で真っ二つになった。状況は手詰まりだった。そして一五五九年、一人の兵士がアルティガにやって来た。彼はマルタン・ゲールの戦友で、フランドルで共に戦ったと言う。そして彼は、この男は彼の知っているマルタン・ゲールではないと断言した。何故ならマルタン・ゲールはサンカンタンの戦いで酷い負傷を負い、片脚を無くしたのだという。

ピエール・ゲールは今や、家族の中にいるこの男は詐称者であると確信するに至り、その正体を探り始めた。そして彼の本名はアルノー・デュ・ティルではないかという話が持ち上がった。「腹」という意味の「パンセット」という渾名で呼ばれていた彼は、近くの村の男だった。こうして彼の名前を突き止めたピエールは、裁判所に正式な取り調べを依頼した。だが法によれば、その申し立てができるのは不当な扱いを受けた妻だけだった。そして当のベルトランド自身が、その男が夫ではないと信じるのを拒否したので、ピエールは裁判所に嘘の申し立てをした。自分はベルトランドの指示で動いているのだと主張したのである。そして彼女も結局のところ、この申し立てを支持することになった。ピエールとその義理の息子たちは武器を手に、ある朝早くマルタンを捕えて投獄した。取り調べの間、彼はそこに囚われていた。この件が近隣の村リューの裁判所の耳に入った。他人を装ってその家族からカネを騙し取る行為は重大な犯罪だった。その罪は重い。もしも告発された男が有罪と認定されれば、死刑を宣告される恐れがあった。

第二のマルタン・ゲール

裁判官はおよそ一五〇人の証人の証言を聞いた。マルタン・ゲールの味方をする者もいれば、彼を詐欺師だと決めつける者もいた。裁判は数ヶ月に及んだ。そして裁判官は判決を告げた。曰く、マルタン・ゲールを名乗る男は有罪であり、斬首による死刑に処すと。ゲールは直ちに上訴して、そのためにトゥールーズに連れて行かれた。マルタンの陳述は自信と説得力に満ちていて、裁判官はピエールとべルトランドを誣告罪で投獄した。一審の証人の何人かが再び証言を求められた。裁判官は、マルタン・ゲールと最も近しい間柄にあった人物の証言を重視した。裁判官がマルタン・ゲールに有利な裁決を準備していた時、木の義足の男がやって来て、自分がマルタン・ゲールだと主張した！

第二のマルタン・ゲールは、アルティガの村を出た後、ピレネーを越えてスペインに入り、カスティリャのローマカトリックの枢機卿フランシスコ・デ・メンドーサに仕えたという。それから軍に入隊し、フランシスコの兄弟ペドロの下に付いた。そしてフランドルへ送られ、サンカンタンでフランス人と戦った。一五五七年八月十日、彼は脚を撃たれた。酷い負傷で、脚を切除する羽目となった。その後三年も経ってから、よりにもよって上訴の真っ最中に彼が戻ってきた理由を知る者は無かった。

二人の男は裁判所で長々と尋問を受けた。それから、中世版の一種の面通しが行なわれた。新しく来た男が何人かの男と共に一列に並ばされ、そしてピエール・ゲールは、その中から彼の甥を選べと命じられたのだ。彼に躊躇は無かった。次にマルタン・ゲールの姉妹たちが、この新しい男を自分たちの兄弟だと認めた。最後に、ベルトランドもまた彼を自分の夫だと認めた。上訴は却下され、被告人は詐欺と姦通で有罪となった。彼は謝罪文を強制され、絞首刑による死刑という判決を受けた。そして彼は遂に自分が実際にアルノー・デュ・ティルであると認めた。詐称を思いついたのは、アルティガの近くの村を通りがかった時、マルタン・ゲールに間違えられたからだという。マルタン・ゲールが巨額の財産を相続する立場にあることを知ったデュ・ティルは、彼になりすます計画を立てたのだった。マルタン・ゲールに関するあらゆることを調べ上げた彼だったが、結局は全てを失う羽目になった。一五六〇年九月一六日、アルノー・デュ・ティルはアルティガの村の教会で公の陳謝を行ない、それから、マルタン・ゲールの家の前に立てられた晒し絞首台に連行され、吊された。

妻でさえ騙し通した詐称者の話はその後、長期にわたる人気を博すことになる。ジョディ・フォスターとリチャード・ギアの主演した映画『ジャック・サマースビー』（一九九三）、そしてミュージカル『マルタン・ゲール』（一九九六）はいずれもこの物語の翻案である。

ワシントンの乳母

ジョイス・ヘスは、アメリカの興行師P・T・バーナムによって見世物にされた。曰く、彼女は当年とって一六一歳の乳母で、かつてジョージ・ワシントン大統領の世話をしていたという。彼女が死んだ時、バーナムはその年齢を確認するために、公開検屍に踏み切った！


一八三五年に出版されたジョイス・ヘスに関する小冊子によれば、彼女は一六七四年にマダガスカルに生まれた。一五歳の時に捕えられ、奴隷としてアメリカに連れて来られたが、そこでヴァージニアの農園主トーマス・バックナーに買われた。数年後、彼女はワシントン家で働くようになった。一七三二年にジョージ・ワシントンが生まれると、彼女は彼の乳母となった。

五四歳の時、彼女はアトウッド夫人に売られた。アトウッド夫人が死ぬと、ヘスは彼女の相続人の一人であるボウリング氏という人物に貰われた。ケンタッキーへ移る時、彼はヘスを伴って行った。どうやら彼が、彼女をジョージ・ワシントンの乳母として見世物にした最初の人物であるらしい。

一八三五年、彼女は興行師コーリー・バートラムとR・W・リンゼイのコンビに売られた。彼らもまた彼女をジョージ・ワシントンの乳母として宣伝を続けたが、ほとんど儲からなかったため、食料品店を経営するフィニアス・テイラー・バーナムという人物に千ドルで売った。彼は彼女をネタに大儲けした。彼女はニブロ氏の家に集まった客を相手に、元大統領の「可愛いジョージちゃん」の話を聞かせた。バーナムは彼女を連れてニューイングランドを興行して周り、彼女を見世物にして客を魅了した。彼女は週に六日、一日十二時間も舞台に出された。

彼女の人気が翳り始めると、彼は地元の新聞社に匿名の手紙を出した。曰く、ヘスは実は人間ではなく、巧妙に作られた機械、自動人形なのだという。人々はまたしても列を成し、彼女が人間かどうかを見極めるためにカネを払った。

彼女が一六七四年生まれであるという話が事実であるならば、バーナムが一八三五年に彼女を見世物にし始めた時点で、彼女は一六一歳であるということになる。そんな年まで生きていられるはずがないと疑う人もいた。一八三六年に彼女が死ぬと、バーナムはデイヴィッド・L・ロジャーズという外科医を雇って、千五百人の観衆の前で、公開検屍をさせた——それも一人当り五〇セントの入場料を取って！　だが外科医の見解によれば、ヘスは八〇歳以上ではないとされた。つまり彼女が生まれたのは一七五六年頃で、その頃にはジョージ・ワシントンは二四歳になっており、もはや乳母に世話してもらう必要はなかったはずである！　バーナムが喧伝したように、ヘスがジョージ・ワシントンの乳母だったということはありえない。

この偽りにもかかわらず、バーナムはジョイス・ヘスに教えられたショービジネスの旨味を生涯忘れることができなかった。P・T・バーナムは後に、世界で最も有名な興行師となるのである。

尊大さに拍車

高い評価を受けたプロフェッショナル、その分野の専門家は、時に自分の能力に天狗になり、批判や抗議に対抗するあまり、無神経、頑固、時には無礼になったりすることがある。詐称者はその偽アイデンティティを用いて、この種の無礼さを強調したり、尊大さに拍車を掛けたりすることもある。

全ての俳優はある意味で詐称者であり、中にはそれが非常に上手い人もいる。通常、俳優と他の詐称者との境目は、俳優の虚偽は観客の納得づくのものであり、観客は意図的に欺されに行っているということだ。だが時には、俳優がまんまと観客を欺すこともある。

芝居なり映画なりを見る時、われわれは俳優の仕事を見ているということを知っている。ダニエル・クレイグは実際にはジェイムズ・ボンドではないし、アーニーは本当は未来から来たターミネーター・ロボットではない――そう、本当は彼はそうではない。だが観客はその不信を一時的に棚上げにする代わりに、一時間か二時間の間の気晴らしと楽しみを得るのだ。どっきりカメラのような悪戯を仕掛けるTV番組や、それを真似た番組の全ては、俳優を使って犠牲者を欺き、奇妙な状況に陥れる一方、視聴者はそれを見て楽しむ。だがそうした悪戯者の中にはあまりにも説得力があって、万人を、果ては観客までも欺してしまう者もいる。

二〇〇一年五月、サンフランシスコのカリフォルニア医学協会（ＣＭＡ）が主催する会議に出た医者や弁護士たちは、アルビン・アヴゲール博士のランチタイム・トークでもてなされた。遺伝学者アヴゲールは、医者や弁護士やその他の高等教育を受けた専門家は、その患者やクライアントに対して冷淡になるように遺伝的に決まっている、と説明した。言い換えれば、彼らは無礼にならざるを得ない――そういうふうに遺伝子に刻み込まれているというのだ。アヴゲール曰く、これらの専門家たちは染色体に欠損を持つことが多く、他の人が彼らに言っていることを処理する能力が鈍っている。その結果、彼らに話しかけようとする人を遮り、話の主題をそらせ、質問に対しては回避的で曖昧な答えをすることになりやすい。彼はさまざまな研究や統計を引用し、ＯＨＰのスライドで参加者を感嘆させ、この説の遺伝学的根拠について語った。聴衆である内科医、眼科医、麻酔医を初めとする有力な「～医」たちはすっかり魅了された。中にはノートを取っている人もいた。

だが、アルビン・アヴゲール博士は遺伝学者ではなかった。実際には彼は全く実在しない人物だったのである。本物の彼は俳優で劇作家のチャーリー・ヴァロンだったのだ。ヴァロンはサンホセ州立大学で遺伝学を教えている教授ジョナサン・カープフの協力を仰いで、如何にもそれらしく見えるがその実は全くの嘘である科学理論をでっち上げてもらった。それから彼は典型的な会議の演説者の役を演じた――ぎこちないジョーク、愛嬌のある逸話、取り澄ました人格、全て。彼は自分が話している類の人間になっていた。聴衆は釣り針から餌まで全てを呑み込んだ。そして遂に担がれていたことに気づいた時、心から感心した。会合の主催者の一人は言う、「やるべきことをやり、言うべきことを言う。そして正しい統計を投入すれば、誰にだって何だって売れるということですよ」――詐称者なら、何世紀も前から知っていたことだ。

詐欺の芸術

一九二〇年代、芸術界のお偉方は、新しい才能の発見に沸いていた。ロシアの芸術家パーヴェル・ジェルダノヴィッチである。だが、彼は何者だったのか?

一九二四年、ロサンジェルス出身のジャーナリスト・著述家・編集者のポール・ジョーダン・スミスは、妻のサラの絵に対する辛辣な批評に激怒していた。カリフォルニア州クアモントで展示されたその作品を、批評家たちは「あからさまに古臭い」と言ってのけたのだ。彼は批評家たちが本当は絵のことなど何も判っていないということを暴露してやろうと考えた。そしてそれをとても愉快で創造的で、気持ちが良いほど陰険なやり方でやってのけた。彼は実在しないロシアの画家パーヴェル・ジェルダノヴィッチなる人物をでっち上げ、そして自らジェルダノヴィッチとして、「超印象主義」様式の絵を描いたのだ。そして彼はこの絵の新流派の名前まで考え出した――「ディスアンブレイショニズム」である。

スミス自身、元々自分には絵のことなど全然判らないことを認めていたが、たまたま頭の上に何かを持っている原住民の女の拙い絵を描いてみた。当初、それはヒトデのつもりだったらしいが、結局バナナの皮のようなものになった。暫くの間、スミスはその絵をどうこうするつもりは全くなかった。何しろその絵は火花除け用の衝立として使われていたのだ。だが客の一人が、それはちょっとポール・ゴーガンの作品に似ていると言った。南洋の島の絵で有名な画家である。そこでスミスは、それが美術批評家を騙せるかどうか見てやろうと決意した。

一九二五年、彼は「バナナ」の絵をニューヨークのウォルドーフ＝アストリアホテルで行なわれていた独立派展に、パーヴェル・ジェルダノヴィッチという架空の名前で出してみた。彼の傑作は、今や『高揚』という立派な題名がつけられ、国際的な注目を集めた。フランスの芸術誌から手紙が来て、この未知の画家に対するさらなる情報を求めつつ、作品を賞賛した。スミスは嘘の伝記を書き、自分自身の写真をジェルダノヴィッチだと称し、さらに絵の意味についての尊大な記述と共に送りつけた。それは宣教師を殺して自由を祝福している女性を描いたものであり、彼女の文化では禁じられていたバナナを食べているのは、女性という足枷を破壊したことを意味しているのだという。

彼の最初の絵は大成功を収め、さらなる作品の展示を求められた。もう一枚の絵がシカゴで展示された。大きな盥《たらい》で洗濯をしながら竿の天辺に留っている雄鳥を見上げている女の絵は、同様に大評判となった。スミスは破竹の勢いだった。彼はさらに作品を製作し、批評家たちの絶賛を集めた。

一九二七年、スミスは遂にこの悪ふざけを〈ロサンジェルス・タイムズ〉に暴露した。彼に言わせれば、この悪戯によって、芸術界の現在の流行は単なる「戯言」であり、それを芸術について何も知らない批評家が礼賛しているに過ぎないということが白日の下に曝け出されたのである。だが驚くべきことに、それでパーヴェル・ジェルダノヴィッチは終りではなかった。彼の作品は一九三一年に再びボストンの画廊に展示され、スミスの悪ふざけは「国際パーヴェル・ジェルダノヴィッチ絵画コンテスト」を生み出した。これは年に一度の下手な絵の競技会で、二〇〇六年以来、毎年開催されている。

スタンリー・キューブリックになる

一九九〇年代まで、隠退したアメリカの映画ディレクター、スタンリー・キューブリックは、あまりにも長い間人前に出なかったので、彼の顔を知る者はもはやほとんどいなくなっていた。キューブリック自身が有名人として活動しないなら、他の誰かが彼の地位を乗っ取ろうと考えるのは時間の問題だった。

一九九一年、ロンドンのプレイハウス劇場は、テネシー・ウィリアムズの『ザ・ローズ・タトゥ』で大当たりを取っていた。主演は女優ジュリー・ウォルターズ。アラン・コンウェイはこれを見たくて仕方がなかったが、チケットは売り切れだった。そこで彼は、有名人でも自分ほどあっさりチケット売り場から追い払われるだろうかと考えた。そこで彼は再びチケット売り場へ行き、今度はスタンリー・キューブリックだと名乗ってみた。奇蹟のように彼のために席が用意されたのみならず、さらに彼は劇の終了後に舞台裏に招かれ、キャストと引き合わされた。コンウェイは全くキューブリックには似ておらず、しかも英国人だったが、劇場の支配人と俳優たちは皆でこの有名な監督を待ち構えていた。

リッチとの遭遇

一九九三年、〈ニューヨーク・タイムズ〉の演劇批評家フランク・リッチがロンドンのコヴェントガーデンのレストランで妻や友人たちと夕食を取っていると、隣のテーブルにいた男が自己紹介してスタンリー・キューブリックだと名乗った。それは実はコンウェイだった。リッチも客人もその男が本当にキューブリックなのか確信を持てなかった。この遭遇のことを聞きつけた〈ロンドン・イヴニング・スタンダード〉紙のアレクサンダー・ウォーカーは大いに疑いを抱き、キューブリックに電話してそのことについて訊ねた。思った通り、レストランの男はキューブリックではなかった。それから数週後、ウォーカーはキューブリックと名乗る人物から電話を受けた……ただ、それはキューブリックではなかったのだが。それもコンウェイだった。ウォーカーは興味津々でその話を聞いたが、コンウェイはキューブリックの人生と作品の詳細を一から十まで間違えていた。

それからコンウェイは、イングランド南岸のリゾート地ボーンマスに現れた。そこでは人気歌手のジョー・ロングソーンが公演していた。ロングソーンはトム・ジョーンズやエンゲルバート・ハンパーディンクのように、自分も英国のエンターテイナーとして合衆国で大成功しようとやる気満々で、ラスヴェガスで一シーズンを務めるのが夢だった。コンウェイは、キューブリックの名を騙ってロングソーンに会い、助け船を出そうと申し出た。そして、自分は今、新作映画のロケの下見のためにボーンマスへ来ているのだと告げた。ロングソーンは彼を高級ホテルに招き、ロールスロイスを貸し出した。

だがロングソーンのツアーマネージャのゼブ・ホワイトが疑いを抱いた。キューブリックが外出することはほとんど無いと聞いていたのである。彼はパインウッド映画撮影所から何とかしてキューブリックの電話番号を聞き出し、彼がボーンマスでロケの下見などしていないこと、そして彼が何年も前から自分になりすましている詐称者がいるのも知っているということを聞き出した。初めて詐称者のことを聞いたのは、『アイズ・ワイド・シャット』を撮っている時だったという。キューブリックの助手トニー・フルーインのところに、キューブリックにカネを貸したとか、映画に出してくれると約束したと主張する人から電話や手紙が舞い込むようになったのだ。当然ながらキューブリックはそんな人たちや、彼がしたとする約束の事など何も知らなかった。詐称者の行為は警察に報告されたが、その件が法廷に持ち込まれることはなかった。欺された人が出廷や証言に積極的ではなかったからである。彼らは公の場に出るのが嫌だったのだ。

ゼブ・ホワイトは自分でこの謎の人物を探し始めた。彼はロンドンのレストランで彼と食事の約束を取り付け、その代金は偽キューブリックに払わせた。それから、レストランを出た後、ホワイトは店に戻ってクレジットカードの伝票を見せてくれと言った……そこには名前があり——スタンリー・キューブリックではなく、アラン・コンウェイと書かれていた。調査の結果、コンウェイは元旅行業者で、窃盗、詐欺、猥褻などで一連の有罪判決を受けていたことが判った。彼は一九三四年、ロンドンのホワイトチャペルに、エディ・アラン・ジャブロフスキーとして生まれていた。

アラン・コンウェイは一九九八年十二月五日、心臓発作で死んだ。キューブリック自身がやはり心臓発作で世を去る僅か数ヶ月前のことだった。トニー・フルーインはこの話は行けると考え、これを元に映画の脚本を書いた。その脚本は『アイ・アム・キューブリック！』（二〇〇五）として映画化され、アラン・コンウェイ役をジョン・マルコヴィッチが務めた。

生き残りの物語？

一九九〇年代半ば、『断片——幼少期の記憶から・1939-1948』と題する本があった。第二次世界大戦中、ナチの強制収容所に監禁された幼いユダヤ人の子供の、悲惨な物語である。同書はほとんど全世界で絶賛されたが、五年もしない内に、出版社はそれを書店から引き上げ始めた。著者に関する厄介な問題が発覚したのである。

『断片』はどこでも絶賛され、ベタ褒めの批評を受けた。著者であるビンヤミン・ヴィルコミルスキーには、インタヴューや講演の話がこれでもかと舞い込んだ。彼が登場するところ、必ず大勢の観衆が集まった。合衆国ホロコースト記念館は彼を合衆国に招いて講演旅行をさせた。この頃には既に、彼はラトヴィアのリガという街のヴィルコミルスキー家の血を引くアメリカの家族から接触を受けていた。そこはビンヤミンが戦前に住んでいた街である。彼らは、自分たちが彼の親戚なのかどうかを確かめようとしていた。

一九九七年渡米した彼は、その家族と会って思い出を語り合った。ビンヤミンの記憶は断片的で、その全てが家族が知っている事実と合致するものではなかった。だが、それは彼の年齢のためだろう——彼がマイダネク強制収容所に入れられたのはまだ三歳か四歳の頃であり、その記憶が継ぎ接ぎだらけだとしても、さほど驚くべきことではない。結局彼らが親戚同士なのかどうかは判らないままで、ヴィルコミルスキーはDNA検査を拒否した。その内、彼の物語に関する疑念が表面化した。読者は彼の物語に事実に関する間違いがあるのに気づいたが、記憶というものは嘘をつくものである。特に五十年も前のこととなると。だが、疑問は湧き続けた。

ヴィルコミルスキーの物語の問題点の一つは、それがセラピストの助けによって明らかとなった「復元記憶」であるということだ。このテクニックは、トラウマ的な記憶は抑圧・忘却される可能性があるという理論に基づいている。インタヴューと、恐らくは催眠術および（あるいは）ドラッグの使用によって、これらの失われた記憶が復元できる。だが、このテクニックには賛否両論がある。驚くほどリアルに見える偽の記憶を創り出してしまう危険があるからだ。

一九九八年、ジャーナリストのダニエル・ガンツフリートが、とあるスイスの芸術協会のためにヴィルコミルスキーについて何か書いてくれと依頼された。ガンツフリートはこれまで彼について某かを書いてきた人々よりも深く調査し、驚くべき情報を見つけ出した。ヴィルコミルスキーは、その主張とは裏腹に、一九三九年ラトヴィア生まれではなかったのだ。それどころか彼はユダヤ人でさえなかった。記録によれば、彼は一九四一年にスイスのビールにブルーノ・グロジャンとして生まれ、未婚の母イヴォンヌの手で孤児院に入れられた。一九八一年にイヴォンヌが死ぬと、彼はその不動産の一部を受け継いだ。一九四五年、彼はデセッカーという家に引き取られ、一九五七年に正式に養子となった。本当の父親は、彼が養子になるまで養育料を支払っていた。この遺産相続と養育料の件から考えて、ブルーノ・グロジャンとデセッカー家が引き取った少年は同一人物に違いない。そして強制収容所の生き残りであるビンヤミン・ヴィルコミルスキーであると主張していたのは、このブルーノ・グロジャンであった。どうやらヴィルコミルスキーは、彼が行ったと主張しているマイダネクやアウシュヴィッツ収容所に足を踏み入れたことはないらしい。人々の胸を打ち、多くの賞を獲得した回想録はフィクションだったらしいのだ。だが結局、ガンツフリートの記事はその芸術協会から発表されることはなく、その代り、スイスの新聞〈ディ・ヴェルトヴォッへ〉に掲載された。ヴィルコミルスキーはガンツフリートの発見について、当局が彼のユダヤ人少年としての歴史を抹消し、その代りグロジャンという替え玉をでっち上げたのだと説明した。

一九九九年二月、CBSの人気番組『シクスティ・ミニッツ』がヴィルコミルスキーを採り上げた。第二次世界大戦後にポーランドで目撃したと称する出来事を彼が説明すると、番組はその時、彼がスイスにいた証拠を出した。さらに、もしもヴィルコミルスキーが元ブルーノ・グロジャンではなかったというのなら、ブルーノ・グロジャンの実在自体は確かなのだから、ではブルーノ・グロジャンはどうなったのか？　彼は一体どこにいるのか？　と問いかけた。

それでもなお、ヴィルコミルスキーは自分は真実を語っていると主張し続けた。さらに、ホロコーストの生き残りであるローラ・グラボウスキーという女性が、自分のいた収容所で彼を見たことがあると証言して、一定の信用を取り戻した。だが、グラボウスキーの話は創作だと判明し、彼女自身が詐欺師だと暴露されてしまった。彼女の本名はローレル・ローズ・ウィルソンだったのだ。当初、悪魔的な儀式で虐待を受けたと主張していた彼女は、それが嘘だと暴かれた後、ローレン・ストラトフォードと改名し、その後、ホロコーストの生き残りであるローラ・グラボウスキーという偽アイデンティティを採用したのだった。

ラトヴィアのリガ出身のヴィルコミルスキー家の親族で、ビンヤミンとも血の繋がりがあるのではないかと考えたブレイク・エスキンも、彼の過去を洗った。彼はリガへ行き、ユダヤ文書館の館長に、ヴィルコミルスキーの話について訊いてみた。彼曰く、ヴィルコミルスキーの物語のラトヴィアに関する部分は事実であるはずがない。エスキンはさらに、『ばらばらの人生』という本にヴィルコミルスキーに関する調査の顛末を記した。

一九九九年、ヴィルコミルスキーの著作権代理人が、歴史家のステファン・メヒラーに、著者についての調査を依頼した。メヒラーの報告書はガンツフリートの発見を確認し、さらにブルーノ・グロジャン／デセッカーの子供時代の詳細を補強した。彼はこの調査に基づき、自ら『ヴィルコミルスキー事件——伝記上の真実の研究』という本を書いた。メヒラーの研究を受けて、出版社は『断片』を書店から引き上げ始め、著者に賞を贈った団体のほとんどがこれを撤回した。

ホロコーストの話を書いて、後から嘘が発覚したのはヴィルコミルスキーだけではない。二〇〇八年、『少女ミーシャの旅——ホロコーストを逃れて３０００マイル』（一九九七）の著者ミーシャ・デフォンスカは、六歳の時、アウシュヴィッツに連行された両親を探してヨーロッパを徒歩で横断するというこの物語が捏造であることを認めた。著者の本名はモニク・ド・ワエルで、旅の途上で狼の群れに助けられるというエピソードを描いていた。

二〇〇九年、ホロコーストの生き残りであるヘルマン・ローゼンブラットの物語『フェンスの天使』という本の出版が取り消された。出版社が、話の一部が捏造であることに気づいたのだ。ローゼンブラットは実際にホロコーストの生き残りで、ブーヘンヴァルト＝シュリーベン収容所にいたのだが、話に捏造を混ぜ込んでいた。彼によれば、収容所にいた時、近くの街に隠れていたユダヤ人の少女が、フェンスの向こうから彼に食べ物を投げ込んでくれたという。数年後、彼はニューヨークで一人の少女とブラインドデートをするが、彼女こそ、戦時中に彼に食べ物を投げ与えてくれたあの少女だったことが判明する。彼はその場で彼女にプロポーズし、二人は一九五八年に結婚した。だが、その話はでっち上げだった。物語のあちこちに事実と違う部分があると歴史家から指摘された彼は、遂にそれが創作であると認めたのだった。

タリバンの指導者

二〇一〇年、タリバンとアフガン当局者が会談を持ったとき、タリバンの上級指導者の一人が参加するというニュースは人々に歓迎された。

二〇一〇年。合衆国率いる連合軍が、アフガン北部連盟の援助を得て、同国のタリバン政府を追放しようと、アフガニスタンに侵攻して九年目のことである。アフガニスタンはかねてよりアルカイダのテロリスト組織の本拠地となっていたが、彼らは二〇〇一年九月一一日に合衆国への攻撃を開始した。三千人近くもの人が死に、六千人以上が負傷した。

タリバン政府をアフガニスタンから追放すると、侵攻軍はNATOの率いる連合軍ISAF（国際安全支援軍）に取って代わられた。四〇以上の国がISAFに派兵した。タリバンは政府から追放されたものの、絶滅させられたわけではなかった。タリバンの戦士たちは、ISAFや他の西側の政府機関、そしてそれを援助する者に対するテロ攻撃を特徴とする叛乱を開始した。二〇一〇年初頭、アフガン首相ハーミド・カルザイは、彼らの叛乱を終結させるため、タリバンの指導者と和平会談を行なうと発表した。

会談を行なう

政府とタリバンの双方と接触したアフガンの仲介人が、両者の会談を用意した。タリバンの最高司令官の一人であるというムラー・アクタール・ムハンマド・マンスールと呼ばれる男が、その会談に出席した。マンスールはタリバン政府の民間航空相で、前任者であるアブドゥル・ガーニ・バラダールがパキスタンで逮捕された後、二〇一〇年初頭にアフガン・タリバンのナンバー2に登り詰めていた。

会談は数ヶ月も続いた。だが、タリバン側に立って交渉している男は、アクタール・ムハンマド・マンスールとは全くの別人のように見えた。話によれば、彼はパキスタンのクウェッタという街から連れて来た商人だったという。マンスールを知る人物がある会合で、件の男が誰なのか判らなかったという出来事があり、これをきっかけに彼の正体に対する疑念が表面化した。その後当局は、その男がマンスールではないと確認した。

実際には誰が何を言って何をしたのか、それはいつどこの話だったのかというもつれた話を解きほぐすのは容易ではない。地元の政治家、当局筋、ＣＩＡにＭＩ６が互いに批難し合ったが、どうやらアフガンの反体制派の一人が、捕囚からの解放と引き替えに、その男をアフガンの内相に紹介して話をさせることにしたらしい。その取引は、合衆国の軍司令部から是認されたという。そこで英国のＭＩ６のエージェントが引き込まれて、手配をさせられたらしい。

　彼の正体に関する懸念はあったものの、安定をもたらすかも知れない会談に対する熱狂はそれ以上に大きく、慎重を求める声はかき消されてしまった。その男は政府当局との少なくとも三回の会談に参加し、NATOの飛行機でカブールに送られたという。さらに彼はカルザイ大統領その人との会談にも出席したとも言われているが、カルザイ自身はこれを否定している。また彼は巨額のカネを貰って会談を続けるよう促されたが、その後姿を消したという。一説によれば彼はタリバンのエージェントで、その会談が本物か、それとも罠なのかを見抜くために送り込まれたという。また別の説によれば、偽者のタリバン指導者は、カルザイ大統領を暗殺するために送り込まれたという。そのためにマンスールの影武者が選ばれていたというのだ。何故ならマンスールは大男で、それだけ自殺テロ用の爆弾を隠すのも容易だからだ。最初の数回の会談は西側とアフガン当局の信頼を得るためで、その後に爆殺する予定だったのだが、最終的に実行する前に計画が露見してしまったのだという。さらにまた別の説によれば、黒幕はパキスタンの諜報部であるISIだったという。その真の動機が、またその背後の計画が何であれ、いずれにせよその男の正体は依然として謎のままである。

谷開来の奇妙な事件

二〇一二年八月二十日、とある中国人の女が法廷に立ち、殺人罪の判決を待っていた。だが、一部の者は被告人二〇一二年初頭、中国政府は一世代に一度の指導者の交代に向けて円滑に動いていた。期待された人物の一人は、野心的で異常なまでにカリスマ的な政治家、薄煕来である。だが、彼のキャリアは三月に突如として終りを遂げる。英国の実業家ニール・ヘイウッドの死を巡るスキャンダルの結果であった。

ヘイウッド氏は、二〇一一年一一月一五日、重慶のホテルの部屋で遺体となって発見された。わざわざ検屍の手間を掛けるまでもなく、当局はアルコールによる中毒死と判断した。ヘイウッドの友人たちは疑いを抱いた。彼が酒呑みであるという話は聞いたことがなかったからである。だがその時には遺体は既に荼毘に付されていた。

この死は事故ではないという噂が広まり始めた。それから、重慶の警察署長で薄煕来の腹心であった王立軍が、二〇一二年二月七日に成都の合衆国総領事館に駆け込むという不可解な行動の後に、逮捕されたのだ。彼は谷開来がヘイウッドの死に関係していると申立てていたらしい――谷開来は薄の妻であった。三月二六日、英国政府は中国に対し、ヘイウッド氏の死について再調査を依頼した。それから四月十日、中国は谷開来が拘留されたと発表した。さらに数名が逮捕され、薄煕来自身も自宅軟禁となって、中国の政治的エリートの仲間入りをするという彼の野望は絶たれた。そして七月二六日、谷はヘイウッド殺害の罪で大々的に告発された。殺害の動機はカネに纏わる不和で、ヘイウッドが中国の指導的な政治家一家のカネに関する不正を洩すのではないかという恐れであったという。事件の複雑さにもかかわらず、谷の裁判は僅か一日で終り、彼女は告発に対して異議を唱えなかった。十一日後の八月二十日、彼女は死刑を宣告されたが、刑の執行には二年の猶予が与えられた。中国では、死刑の執行猶予は通常、終身刑に減刑される。

裁判所が裁定を発表すると、被告席の女性は被告人の谷開来ではないという主張がネット上に現れ始めた。被告人席の女性の名は趙天韶で、中国北部の廊坊の出身であるという。そして彼女はただ原稿に書かれた自供を読み上げただけだというのだ。影武者が使われたのは、谷に公の法廷の場で他の政府当局者を困らせるような申し立てをさせないためであるという。この件に関するウェブページもまた当局から検閲を受けた。

もしもそれが事実なら、それが一回きりのこととは考えられない。カネを貰った影武者を法廷に立たせ、当人に代って投獄までされるという話は、他の件でもあったと報告されている。だが、セキュリティとアイデンティティの専門家の意見は、その女性が詐称者なのかどうかで分かれているし、中国当局は法廷での影武者、すなわち「頂罪」の使用を頭から否定している。この件の発端となった警察署長王立軍は、権力の濫用、収賄、背信行為などの一連の罪で有罪となり、一五年の刑を受けた。そして二〇一三年七月、薄熙来は贈賄、権力濫用、汚職で告発された。

電話詐欺師

電話を取ったとき、その向こう側にいる相手が、本当に銀行や保険会社や地元の警察から電話を掛けていると確信することができるだろうか？　電話の相手が、本当に投票を呼びかける大統領や首相だと確信できるだろうか？　いや、できない。

他人とコミュニケートするとき、情報の半分以上は、非言語的な手掛かりから来る――ボディランゲージ、服装、顔の表情、等々。電話では、こうした情報は全く得られない。それだけ詐称者にとっては、信頼できる誠実な人物と見せかけるのは容易いということだ。

二〇〇三年十月一六日、ESPNケーブルTVネットワークは、午後六時のスポーツニュース、〈スポーツセンター〉を放送していた。彼らはシカゴ・カブズのファンであるスティーヴ・バートマンと話そうとしていた。彼はリグレイフィールドで行なわれたナショナル・リーグのチャンピオンシップシリーズ第六戦で、手を伸してボールを奪い取ったことで他のファンたちの怒りを買っていたのだ。それによってモアゼス・アルー外野手は捕球ができず、結局カブズは敗北を喫したのである。局は、バートマンが電話で話したがっていると聞きつけ、即時放送した。インタヴューは上手く行っていたが、突然「バートマン」はビックリジョッキーのハワード・スターンに対する不適切なコメントを始めた。インタヴューは直ちに切られた。電話の相手はバートマンではなかった。実際には彼はキャプテン・ジャンクスと呼ばれる悪戯者で、本名はトーマス・シプリアーノだった。

ジャンクスは二〇一〇年にまたやらかした。フィラデルフィア・イーグルズが怪我に悩まされたランニングバックのブライアン・ウェストブルックを放出すると発表すると、〈スポーツセンター〉は何とか彼と話したいと考えた。そんなところにウェストブルックのマネージャーから電話があって、インタヴューには応ずるが、生放送に限ると言う。二〇分後、ウェストブルックはキャスターのスコット・ヴァン・ペルトを相手に電話に出た。その会話の途中に、突然またしてもハワード・スターンの話が出て、インタヴューは中断された。ウェストブルックのマネージャーもウェストブルック自身も、いずれもジャンクスだったのだ。

あらゆるセキュリティ、そして外部職員が電話を監視している国家元首でさえ、電話の詐称者に担がれることがある。一九九〇年、八人の合衆国市民、そして十ヶ国に及ぶ他の国籍の人間が、レバノンで人質となった。ブッシュ大統領は何度も、人質の解放に役立つ人なら誰とでも話すと発言した。国家安全保障会議は、イラン政府の代表者を名乗る人物から電話を受けた。曰く、イラン大統領ハシャミ・ラフサンジャニが、人質問題について合衆国大統領と話したがっているという。だが、その男が電話に出てブッシュ大統領に繋がると、直ちにその人物はイランの大統領でも何でもないことが明らかになった。ブッシュ大統領曰く、これは悪戯だとは思ったが、万が一本物の電話で、人質の解放に繋がる可能性が少しでもあるのなら、話す価値はあると。

一九九五年、女王エリザベス二世は一五分以上にわたって、カナダ首相ジャン・クラティエンと電話で話した。だがそれは実際にはカナダのラジオDJ、ピエール・ブラサールだったのだ。宮殿はこの悪戯を遺憾に感じたと言われる――一般に知られているイギリスの語法で言えば、「遺憾に感じた」というのは「発狂せんばかりに激怒した」ということだ！

二〇〇三年一月、ベネズエラの大統領ウゴ・チャベスはキューバの指導者フィデル・カストロからの電話を受けたが、実際に掛けていたのはマイアミのラジオ局〈ラジオ・エル・ゾル〉だった。数ヶ月後、彼らはこの悪戯を裏返し、チャベスを装ってフィデル・カストロに電話した。

悪戯電話は昔からコメディアンや司会者たちがやっていて、それらは通常は単なるジョークや嫌がらせの類で終る。だが、二〇一二年、ある悪戯電話が悲劇的な結末を引き起こした。

二〇一二年十二月四日の朝五時三〇分、ロンドンのキングエドワード七世病院は、女王エリザベス二世とチャールズ王子からの電話を受けた。ほとんどの人は直ちに、電話の相手は女王を名乗る何者かだと疑ったが、この場合は信じるに足る状況があった。ケンブリッジ公爵夫人、すなわちウィリアム王子の妻が、最初の妊娠で酷い悪阻に襲われ、この病院に入院していたのだ。

時間外だったので、受付係はいなかった。電話を受けたのは看護婦のジャシンタ・サルダンハだった。彼女は公爵夫人の世話係の看護婦に繋いだ。両者とも、電話の相手のオーストラリアなまりには気づかなかったのだ。彼らは女王とチャールズ王子ではなかった。オーストラリアのラジオ司会者、メル・グレイグとマイケル・クリスチャンだったのである。二人は後に、まさか誰かに電話が繋がれるとは思ってもみなかったと告白した。怪しい英語のアクセントのために、直ちに電話を切られると思っていたのだ。この通話の記録はその後、その局すなわち2デイFMの通常の審査にかけられたが、不可解なことに放送許可が出て、あっという間にこの件は全世界に広まった。そしてどこからどう見ても実直で親切な看護婦であったサルダンハは、この事件に酷く動揺したらしい。三日後、彼女は看護婦宿舎で遺体となって発見された。自殺だった。DJには雪崩のように批難のメッセージが押し寄せた。彼らは単に、昔から他のDJたちが何十回となくやって来たし、今後もやり続けるであろうことをやったにすぎない——馬鹿げた悪戯電話である。真の謎は、何故局の責任者や弁護士がこの録音を流すことを認めたのかということだ。

フラッシュ、突然のインパクト

今では、どんな公共の場所でも、気づいたら周囲を詐称者に取り巻かれていたという状況に陥ることがある。周りにいるのはただの買い物客や旅行者だと思っていたら、突然歌や踊りを始めたりするのである。これがフラッシュ・モブと呼ばれるものだ。

フラッシュ・モブは二〇〇三年にマンハッタンで始まった。何百人もの買い物客が同じ店に突然現れ、同じ膝掛けを買ったのだ。当初、フラッシュ・モブは多くの人がどこかに集まり、意味の無い行為、例えば拍手とか枕投げをしたり、ただ短時間立ち止まって、それから解散するというものだった。政治活動家も、フラッシュ・モブを使って人を集め、抗議活動やデモを行なった。それから、広告業界の「キチガイ」が、客や製品のプロモーションにそれを使うことを思いついた。それには名前まで付けられた――フラッシュ・モブ・マーケティングである。ポップコンサートやTV番組の宣伝にフラッシュ・モブが使われた。二〇〇九年の薄ら寒い四月の朝、ロンドンのピカデリーサーカスで、百人の独身女性《シングル・レディーズ》がいきなりコートを脱ぎ、黒いレオタード（および鳥肌）を露出して、ビヨンセの『シングル・レディーズ』を踊った。ロンドンのO2アリーナで近々行なわれるギグの宣伝だった。

TVシリーズ『グリー』のファンたちも、フラッシュ・モブを行なっている。中でも最大のものは、千人以上のファンが参加して、毎年シアトルで行なわれる。フラッシュ・モブは通常、周囲の人々を驚かせるものだが、二〇一二年のグリーのフラッシュ・モブの参加者の一人は、そこで人生最大の驚きを味わうこととなった。いつもの演奏の途中で突然音楽が止り、彼女のボーイフレンドがマイクを持って立ち上がると、彼女にプロポーズしたのだ。二〇一二年の内に何十人もの恋する男たちがこれの真似をして、フラッシュ・モブの間にプロポーズしている。女たちよ、気をつけなさい！

駅はフラッシュ・モブに最適の場所だ。ダンサーたちが侵入して位置に就く広い空間があり、電車の時間やプラットフォームの番号で頭が一杯の旅行者たちはほとんどそれに気づかない。

二〇〇九年三月二三日、ベルギーはアントワープ中央駅の通勤者たちは驚いた。電車のアナウンスが突然『サウンド・オヴ・ミュージック』のジュリー・アンドリュースが歌う「ドレミ」に乗っ取られ、「旅客」の一部が踊り始めたのだ。結局、二百人ものシンクロしたダンサーがパフォーマンスを行ない、見物人を驚かせ、楽しませた。それはベルギーのTV番組のスタントで、『サウンド・オヴ・ミュージック』のミュージカル版で主役を演ずる人物を探すためのものだった。二〇一〇年五月二七日には、健康的なライフスタイルを推進するグループが、オーストラリアのシドニー中央駅でフラッシュ・モブを行なっている。

二〇〇九年、英国でフラッシュ・モブのフィルムが同年のTV広告大賞を獲った。一月一五日の午前一一時、ロンドンのリヴァプールストリート駅の旅客は、コンコースに鳴り響いた大音量の音楽に驚かされた。そして彼らの間で電車待ちをしていた旅客たちが突然踊り始めたので、さらに驚かされることとなった。二人か三人組で踊り始めたダンサーたちは、ついには四〇〇人のシンクロするダンサーとなって、自分の仕事をこなした。それから隠しカメラが一般人の反応を撮影した。ひたすら戸惑う人から大喜びする人まで。三分後に音楽とダンスは突如終り、パフォーマーたちは人混みに消えていった。何が起ったのかと戸惑う旅客たちを残して。

サイバー影武者

デジタル・コミュニケーションの「素晴らしき新世界」は、全く新しいイカサマを可能にした。誰とも直接顔を合せたり、本人確認書類を出したりしなくてもいいのなら、他人になりすますことは遥かに容易になる。マウスを数回クリックするだけで、誰にだってなれるのだ。あなたが背の高い、色黒の、ハンサムなパイロットじゃないとか、銀行に何百万ポンドも唸っている証券取引人じゃないなんて、誰に判る?

何百万というウェブサーファーが、ユーザーネームを使うことで自分の身元を完全に、合法的に、分別良く隠している。だが中には、能動的に他人になりすまし、ネット上の自分を悪戯や、もっと悪いことに使う者もいる。

ほとんどの国には厳格な法律があり、不正確な主張や虚偽によって人々の名誉が毀損されないように守っている。だが、ブログやソーシャルメディア・ネットワークの勃興によって、自分の身分を隠しなながら、あるいは他人の身分を乗っ取って、厄介で物議を醸すような主張をすることも容易になった。ソーシャルメディア・ネットワークには不正なアカウントを抹消するプロシージャがあるが、それが稼働するのは既にダメージを受けた後だ。

パキスタンの元首相ベナジール・ブットが二〇〇七年に暗殺されると、その息子のビラワル・ブット・ザルダリがパキスタン人民党の総裁となった。そして何者かが、彼のアイデンティティを使って偽のフェイスブック・アカウントを開設した。そのサイトはあまりにもリアルで、ジャーナリストたちがそこにポストされた情報を使うほどだった。フェイスブックは偽のアカウントを閉鎖したが、詐称者は特定されなかった。政治的なライバルに疑いの目が向けられた。

事業やその経営陣も、ウェブ上の活動家の餌食となっている。二〇一二年、オーストラリア連邦銀行の上級取締役にツイッター上でなりすました何者かが、銀行に関する扇動的なコメントを書き込んだ。同年、何者かがシンガポールの香港上海銀行の取締役になりすまし、シンガポール人に対する侮辱的な論評を行なった。明らかに目的は銀行にダメージを与えることだった。

インド映画の配役担当責任者であるラヴリーン・タンダンは、二〇一〇年にフェイスブックのページを経由して俳優たちとチャットしていた。彼女はオスカーを獲得した映画『スラムドッグ$ミリオネア』に関わっており、若い俳優たちは競って彼女の注目を受けようとしていた。フェイスブック上で、タンダンが次の映画のキャスティングをしていることが告げられると、彼らは喜んで自分の個人情報を提供し、キャスティング・セッションからの電話を待った。ところがタンダン本人は、フェイスブックでの俳優たちへの呼びかけの件を聞いて驚いた。というのも彼女はアカウントすら開設していなかったし、そんなページも立ち上げていなかったからだ。詐称者は見破られたのを知るや、アカウントを閉鎖して逃亡した。

二〇一一年、英国の俳優ダニエル・ロウチは、昔、フェイスブックのページを見ていたよという話を友人たちから聞かされた。だが当時のダニエルは子役で、自分のフェイスブックのアカウントなど持てる年齢ではなかった。そのページの背後にいた詐称者は、彼の級友たちとチャットするためにそれを使っていたらしい。そのページを閉鎖させることができなかったので、彼はこのページは自分とは何の関係もないと証言するヴィデオを作り、そのページにポストした。詐称者は何度も何度もそのヴィデオを削除した。数ヶ月経って、全国紙がこの問題を採り上げ、ようやくページは閉鎖された。

スパイもまたソーシャルメディアを使っている。情報を吊上げるために偽アイデンティティを採用するのだ。二〇一一年、ＮＡＴＯの上級司令官で、アメリカの海軍大将ジェイムズ・スタヴリディスを騙る詐称者がフェイスブックのアカウントを開設した。将校たちはそれを鵜呑みにした。新聞記事によれば、外国の諜報機関がこの詐欺の背後にいて、そのページ上の偽の海軍大将と軍人たちのチャットから個人情報やその他の美味しい話を引き出そうとしたのだという。それが偽者であるとＮＡＴＯに見破られると、嘘のアカウントは閉鎖された。

偽アイデンティティを纏った詐称者は、記録された歴史のどこにでもいて、現金から王国まであらゆるものを盗み、惨めな日常を絢爛たる日々に変え、犯罪の結果から逃げ、社会の科した規則を破る。そして彼らが間もなく絶滅するという徴候はどこにもない。新たなテクノロジーによって、一部の詐称方法は過去のものとなり、あるいは少なくとも実行困難なものとなったが、一方でアイデンティティを変える新たな機会が発明されて続けている。もはやパーキン・ウォーベックやアンナ・アンダーソンのような人間が王位継承を主張することはないだろうが、今にも新たなヴィクトル・ルスティヒが自由の女神像やピサの斜塔を愚かな客に売りつけるかもしれないし、新たなジョン・リストが投獄を免れるために偽の人生を送り、新たなデイヴィッド・ハンプトンが有名な映画スターの息子を自称して人々からカネや食べ物や寝場所を巻き上げるかもしれない。四つのE――羨望、エゴ、逃亡、スパイ行為――がある限り、詐称者は常にわれわれの中にいて、自らの利益のためにわれわれの信頼を利用しているのだ。

読書案内

- Abagnale, Frank and Redding, Stan. *Catch Me If You Can: The Amazing True Story of the Most Extraordinary Liar in the History of Fun and Profit*. Grosset & Dunlap, 1980. フランク・アバネイル、スタン・レディング『世界をだました男』（佐々田雅子訳、新潮文庫）
- Abagnale, Frank. *Catch Me If You Can: The True Story of a Real Fake*. Pocket Books, 1990.
- Billinghurst, Jane. *Grey Owl: The Many Faces of Archie Belaney*. Greystone Books (Canada), 1999.
- Bondeson, Jan. *The Great Pretenders: The True Stories Behind Famous Historical Mysteries*. W. W. Norton & Co, 2005. ヤン・ボンデソン『謎・なぞ――歴史に残るミステリー』（田村勝省訳、一灯舎）
- Bricmont, Jean. *Intellectual Impostures*. Profile Books, 2003.
- Burton, Sarah. *Impostors: Six Kinds of Liar: True Tales of Deception*. Viking Books, 2001. サラ・バートン『あの人が誰だか知っていますか?』（野中邦子訳、角川書店）
- Chatterjee, Partha. *A Princely Impostor? The Strange and Universal History of the Kumar of Bhawal*. Princeton University Press, 2002.
- Cheesman, Clive & Jonathan Williams. *Rebels, Pretenders and Impostors*. St Martin's Press, 2000.
- Crichton, Robert. *The Great Imposter: The Amazing Careers of Ferdinand Waldo Demara*. Random House, 1959.
- Davis, Natalie Zemon. *The Return of Martine Guerre*. Harvard University Press, 1984. ナタリー・ゼーモン・デーヴィス『帰ってきたマルタン・ゲール――16世紀フランスのにせ亭主騒動』（成瀬駒男訳、平凡社ライブラリー）
- Dickson, Lovat. *Wilderness Man: The Amazing True Story of Grey Owl*. Pocket Books, 1999. ラヴァット・ディクソン『グレイ・アウル――野性を生きた男』（中沢新一・馬場郁訳、角川文庫）
- Gordon, Irene Ternier. *Grey Owl: The Curious Life of Archie Belaney*. Altitude Publishing, 2004.

- Gray, Geoffrey. *Skyjack: The Hunt for D. B. Cooper*. Crown Publishing, 2011.
- Hill, Fern J. *Charley's Choice: The Life and Times of Charley Parkhurst*. Infinity Publishing, 2008.
- Howard, Rod. *The Fabulist: The Incredible Story of Louis De Rougemont*. Random House Australia, 2006.
- Hume, Robert. *Perkin Warbeck: The Boy Who Would Be King*. Short Books, 2005.
- Keay, Julia. *The Spy Who Never Was: Life and Loves of Mata Hari*. Michael Joseph, 1987.
- Kurth, Peter. *Anastasia: The Life of Anna Anderson*. Fontana, 1985.
- Kurth, Peter. *Anastasia: The Riddle of Anna Anderson*. Little, Brown and Co, 1983.
- Macintyre, Ben. *Operation Mincemeat*. Bloomsbury, 2010. ベン・マッキンタイアー『ナチを欺いた死体——英国の奇策・ミンスミート作戦の真実』（小林朋則訳、中央公論新社）
- McWilliam, Rohan. *The Tichborne Claimant: A Victorian Sensation*. Hambledon Continuum, 2007.
- Middlebrook, Diane Wood. *Suits Me: Double Life of Billy Tipton*. Virago Press, 1998.
- Murphy, Yannick. *Signed, Mata Hari*. Abacus, 2007.
- Olson, Kay Melchisedech. *The D B Cooper Hijacking*. Compass Point Books, 2010.
- Raison, Jennifer and Goldie, Michael. *Caraboo: The Real Story of a Grand Hoax*. The Windrush Press, 1994.
- Ruffo, Armand Garnet. *Grey owl: The Mystery of Archie Belaney*. Coteau Books, 1996.
- Seal, Mark. *The Man in the Rockefeller Suit: The Astonishing Rise and Spectacular Fall of a Serial Imposter*. Viking Adult, 2011.
- Shipman, Pat. *Femme Fatale: Loves, Lies and the Unknown Life of Mata Hari*. William Morrow, 2007.
- Sparrow, Judge Gerald. *The Great Imposters*. John Long, 1962.
- Steinmeyer, Jim. *The Glorious Deception: The Double Life of William Robinson, aka Chung Ling Soo*. Da Capo Press, Carroll & Graf, 2006.
- Sullivan, George. *Great Imposters*. Scholastic US, 1982.
- Ternier, Irene. *Grey Owl: The Curious Life of Archie Belaney*. Altitude Publishing, 2004.
- Wade, Carlson. *Great Hoaxes and Famous Imposters*. Jonathan David, 1976.
- Welch, Frances. *A Romanov Fantasy: Life at the Court of Anna Anderson*. W. W. Norton & Co, 2007.

- Wells, John. *Princess Caraboo: Her True Story*. Pan Books. 1994.
- West, Nigel. *Counterfeit Spies: Genuine or Bogus? An Astonishing Investigation Into Secret Agents of the Second World War*. Little, Brown Book Group, 1999.
- Wheen, Francis. *Who Was Dr. Charlotte Bach?* Short Books, 2002.
- Wheen, Francis. *The Irresistible Con: The Bizarre Life of a Fraudulent Genius*. Short Books, 2004.
- Woodruff, Douglas. *The Tichborne Claimant: A Victorian Mystery*. Hollis and Carter, 1957.

参考文献

1　連続的犯罪者たち

妻にさえ正体を知られていなかった男――クリスティアン・カール・ゲルハルトシュライター

- Blankstein, Andrew and Richard Winton. Mar 15, 2011. “Elusive ‘Clark Rockefeller’ figure charged in 1980s slaying of San Marino man”. Los Angeles Times.
- Cramer, Maria. Jan 10, 2013. “Murder trial date set for man known as Rockefeller”. The Boston Globe.
- Deutsch, Linda. Jan 18, 2012. “Clark Rockefeller Trial: Christian Gerhartsreiter Used Pseudonym And Allegedly Committed Murder”. Huffington Post. (www.huffingtonpost.com/2012/01/18/clark-rockefeller-trial-c_n_1212606.html).
- Deutsch, Linda. April 11, 2013. “Christian Gerhartsreiter Guilty: Rockefeller Impostor Convicted in Cold Case. Huffington Post.
- Dillon, Nancy. Jan 24, 2012. “Wannabe Rockefeller tried to sell blood-stained rug for cash after two landlords went missing, witness testifies”. New York Daily News.
- Dillon, Nancy. Apr 10, 2013. “Wannabe Rockefeller found guilty of 1985 California murder”. New York Daily News.
- Feuer, Alan. Oct 3, 2000. “Hunted Man Is No Rockefeller. But Plays One in Hamptons, the Police Say”. The New York Times.
- Fisher, Greg. Mar 19, 2013. “Rockefeller impostor’s murder trial: Lawyer points finger at victim’s wife in 1985 Calif. Killing”. CBS News website. (www.cbsnews.com/8301-504083_162-57575111-504083/rockefeller-impostors-murder-trial-lawyer-points-finger-at-victims-wife-in-1985-calif-killing/). Fisher, Greg. Apr 1, 2013. “Rockefeller Impostor’s Murder Trial: Ex-wife of Christian Gerhartsreiter next to testify”. CBS News website. (www.cbsnews.com/8301-504083_162-57577348-504083/rockefeller-impostorsmurder-trial-ex-wife-of-christian-gerhartsreiter-next-to-testify/).

- Girardot, Frank C. Feb 7, 2012. “Missing couple in fake Rockefeller case disappeared 27 years ago”. San Gabriel Valley Tribune.
- Girardot, Frank C. Jan 24, 2012. “Judge rules fake Rockefeller must stand trial in death of San Marino man”. Pasadena Star-News.
- Girardot, Frank C. Jan 9, 2013. “March trial set for fake Rockefeller”. Whittier Daily News.
- Girardot, Frank C. Jan 10, 2013. “Fake Rockefeller to stand trial in 1985 killing”. Silicon Valley Mercury News.
- Kim, Victoria. Jan 25, 2012. “Rockefeller impostor ordered to stand trial in 1985 killing”. Los Angeles Times.
- Martinez, Michael. Jan 25, 2012. “Rockefeller impersonator ordered to stand trial for murder”. CNN. (http://edition.cnn.com/2012/01/25/justice/california-gerhartsreiter-rockefeller).
- McPhee, Michele. May 26, 2009. “Fresh Details on Mystery Man Clark Rockefeller as Trial Opens”. ABC News website. (http://abcnews.go.com/News/story?id=7672617&page=1#.UY5LUIIj7v4).
- “Rockefeller imposter and convicted felon born”. The History Channel website. (www.history.com/this-day-in-history/rockefellerimposter-and-convicted-felon-born).
- Schoetz, David. Aug 5, 2008. “Back to Boston for Con-Man Kidnap Suspect”. ABC News website. (http://abcnews.go.com/News/story?id=7672617&page=1#.UY5LUIIj7v4).
- Schultz, Zac. Jan 18, 2012. “Kidnapping Suspect-Madison Connection”. NBC15. (www.nbc15.com/home/headlines/26841999.html).
- Seal, Mark. *The Man in the Rockefeller Suit*. Viking, 2011.

躓いたランナー――ジェイムズ・ホーグ

- Barron, James. Mar 4, 1991. “Tracing a Devious Path to the Ivy League”. The New York Times.
- Goodman, Mark. Mar 18, 1991. “Bright and Athletic, He Seemed Perfect for Princeton, but This Paper Tiger’s Stripes Came from the Jailhouse”. People magazine. (www.people.com/people/archive/article/0,,20114695,00.html).
- Samuels, David. *The Runner*. The New Press, 2008.
- Tarbell, Marta. Jan 26, 2006. “Four Caches of Stolen Property 5,000-Plus Stolen Items, Worth an Estimated $100,000”.

The Watch.

カメレオンの物語――フレデリック・ブールダン

- Grann, David. Aug 11, 2008. "The Chameleon". The New Yorker.
- Grann, David. The Devil and Sherlock Holmes: Tales of Murder, Madness and Obsession. Simon & Schuster, 2010.
- O'Brien, Liam. Aug 23, 2012. "Page 3 Profile: Frederic Bourdin, serial imposter". The Independent.
- Samuel, Henry. Jun 13, 2005. "'Chameleon' caught pretending to be boy". The Telegraph.

退屈のない男――スタンリー・ジェイコブ・ワインバーグ

- "A Talented Phony is Again Unmasked". May 7, 1951. Life magazine.
- "Afghan Princess and 3 Sons Arrive". Jul 9, 1921. The New York Times.
- "Amir's Envoy Waits Answer from Hughes". Jul 18, 1921. The New York Times.
- Burton, Sarah. *Impostors: Six Kinds of Liar*. Penguin Books, 2001.
- "Dr Lorenz's Aid Proves an Impostor". Dec 3, 1921. The New York Times.
- "Fabulous Imposter Dies a Hero". Aug 28, 1960. Eugene, Oregon Register Guard.
- Grenier, Richard. Nov, 1983. "Woody Allen on the American Character". Commentary Magazine. (www.commentarymagazine.com/article/woody-allen-on-the-american-character/).
- Hynd, Alan. Mar 28, 1956. "Fabulous Fraud From Brooklyn". The Montreal Gazette.
- Hynd, Alan. Apr 13, 1956. "Grand Deception—'Fabulous Fraud From Brooklyn'". Spokane Daily Chronicle.
- "Jeweler Sues Princess". Dec 21, 1921. The New York Times.
- Maeder, Jay. Jan 2, 2002. "Not Wholly Symmetrical Stanley Weyman". New York Daily News.
- McKelway, St Clair. *Reporting at Wit's End: Tales from the New Yorker*. Bloomsbury Pub Plc USA, 2010.
- "Princess Fatima Not a Smuggler; Sails for Kabul". Mar 15, 1922. Schenectady Gazette.
- Sparrow, Judge Gerald. *The Great Impostors*. John Long, 1962.

教育衝動——マーヴィン・ヒューイット

- “Borrowed Name Causes Teacher’s Downfall”. Mar 9, 1954. Quebec Chronicle.
- Brean, Herbert. Apr 12, 1954. “Marvin Hewitt, Ph(ony) D.” Life magazine.
- “’Brilliant’ High School Grad Poses As University Physicist”. Mar 6, 1954. Daytona Beach Morning Journal.
- Burton, Sarah. *Impostors: Six Kinds of Liar*. Penguin Books, 2001.
- “Scientist Who Never Attended College Taught Higher Physics at University”. Mar 6, 1954. The Day.

オハイオ州の女王——キャシー・チャドウィック

- CBC Documentaries. “Great Canadian Liars”. (www.cbc.ca/documentaries/doczone/2009/truthaboutliars/canada.html).
- Women in History. “Cassie L. Chadwick”. (www.lkwdpl.org/wihohio/chad-cas.htm).

大詐称者——フェルディナンド・デマラ

- Burton, Sarah. *Impostors: Six Kinds of Liar*. Penguin Books, 2001.
- CBC Documentaries. “Great Canadian Liars”. (www.cbc.ca/documentaries/doczone/2009/truthaboutliars/canada.html)
- Crichton, Robert. The Great Impostor. Random House 1959.

スカイウェイマン——フランク・アバグネイル

- Abagnale, Frank W. with Stan Redding. *Catch Me If You Can*, Mainstream Publishing. 2001.
- Bell, Rachel. “Skywayman: The Story of Frank W. Abagnale Jr.” Tru tv crime library. (www.trutv.com/library/crime/criminal_mind/scams/frank_abagnale/index.html).
- Frank Abagnale. The Biography Channel (www.biography.com/people/frank-abagnale-20657335).

厚かましいハッタリ屋たち

バリー・ブレーメン

- “Barry Bremen dies at 64; prankster crashed All-Star games, Emmys”. Jul 7, 2001. Los Angeles Times.

- Karoub, Jeff. Jul 7, 2011. “Mich. Man who crashed Emmys. All-Star games dies”. Yahoo! News website. (http://news.yahoo.com/mich-man-crashed-emmys-star-games-dies-211930874.html).
- Schrock, Cliff. Jul 8, 2011. “Barry Bremen: The Impostor who crashed the U.S. Open”. Golf Digest.

ジェリー・アレン・ホイットリッジ

- “Bogus astronaut”. Jun 8, 1998. ABC News space page via James Oberg’s website. (www.jamesoberg.com/98jun08-abc-bogus_astronaut.pdf).
- Byars, Carlos. Dec 12, 1998. “Astronaut impersonator found fit to stand trial”. Houston Chronicle.
- Dyer, R.A., Kevin Moran and Ruth Rendon. June 4, 1998. “Friends describe bogus astronaut as down-to-earth”. Houston Chronicle.
- Tedford, Deborah. June 13, 1998. “Astronaut impostor allegedly incompetent”. Houston Chronicle.

2　性別変換者たち

オール・ザット・ジャズ——ビリー・ティプトン

- Burton, Sarah. *Impostors: Six Kinds of Liar*. Penguin Books, 2001.
- Ellingwood, Brook. Feb 24, 2012. “Writing His Own Tune: Billy Tipton’s Secret Surprised Even Those Who Knew Him Best”. KCTS9.(http://kcts9.org/im-not-les/writing-his-own-tune-billy-tipton-secret-surprise).
- Middlebrook, Diane Wood. *Suits Me: The Double Life of Billy Tipton*. Virago Press, 1998.
- Smith, Dinitia. “One False Note in a Musician’s Life; Billy Tipton Is Remembered With Love, Even by Those Who Were Deceived”.New York Times.
- “Tipton, Billy (1914-1989): Spokane’s Secretive Jazzman”. The Free Online Encyclopedia of Washington State History. (www.historylink.org/index.cfm?DisplayPage=output.cfm&File_Id=7456).

外科医の秘密——ジェイムズ・バリー

- Allen, Brooke. Feb 2, 2003. “All of the People Some of the Time”. New York Times.

- Burton, Sarah. *Impostors: Six Kinds of Liar*. Penguin Books, 2001.
- Encyclopedia of World Biography: James Barry. (www.notablebiographies.com/supp/Supplement-A-Bu-and-Obituaries/Barry-James.html).
- Fleming, Nick. March 5, 2008. "Revealed: Army surgeon actually a woman". The Telegraph.
- Moore, Victoria. March 10, 2008. "Dr Barry's deathbed secret sex secret: The extraordinary truth about a great war hero and medical pioneer". Daily Mail.

男ではない歩兵——アルバート・キャッシャー

- "An Irish Cailín Goes to War: Jennie Hodgers, Private, Co. G, 95th Illinois Infantry". Civil-War-Irish. (http://homepages.rootsweb.ancestry.com/~cwirish/Cashier.html).
- Blanton, DeAnne. "Women Soldiers of the Civil War". Prologue Magazine, Vol 25, no. 1, Spring 1993. (www.archives.gov/publications/prologue/1993/spring/women-in-the-civil-war-1.html).
- Hall, Andy. "The Uneasy Remembrance of Private Albert Cashier". Dead Confederates (From http://deadconfederates.com/2011/09/02/saunemin-illinois-remembers-private-albert-cashier/).
- Hicks-Bartlett, Alani. Feb 1994. "When Jennie Comes Marchin' Home". Illinois Periodicals Online. (www.lib.niu.edu/1994/ihy940230.html).
- "Jennie Hodgers: The Irishwoman Who Fought as a Man in the Union Army". Irish in the American Civil War. (http://irishamericancivilwar.com/2011/08/17/jennie-hodgers-the-irishwoman-who-fought-as-a-man-in-the-union-army/).
- Paul, Linda. May 24, 2009. "In Civil War, Woman Fought Like A Man For Freedom". NPR. (www.npr.org/templates/story/story.php?storyId=104452266).
- Paul, Linda. Sept 2, 2011. "Jennie's House: Part of a Civil War secret". WBEZ91.5. (www.wbez.org/story/jennies-house-preserving-partcivil-war-secret-91446).

戦時の家族——フランシス・クラリン

- Blanton, DeAnne. "Women Soldiers of the Civil War". Prologue Magazine, Vol 25, no. 1, Spring 1993. (www.archives.

gov/publications/prologue/1993/spring/women-in-the-civil-war-1.html).

やる気の無い兵士――サム&キース・ブラロック兄弟
- "Women in the Ranks: Concealed Identities in Civil War Era North Carolina". North Carolina Civil War Sesquicentennial website. (www.nccivilwar150.com/features/women/women.htm).

戦う女――ロレタ・ジャネタ・ヴェラスケス
- "Loreta Janeta Velazquez". Civil War Trust. (www.civilwar.org/education/history/biographies/loreta-janeta-velazquez.html).
- "Loreta Velazquez". KnowSouthernHistory.net (www.knowsouthernhistory.net/Biographies/Loreta_Velazquez/).
- Van Ostrand, Maggie. "A Confederate Solider in Texas: Full Metal Corset". TexasEscapes.com. (www.texasescapes.com/MaggieVanOstrand/Confederate-Soldier-in-Texas-Full-Metal-Corset.htm).

独立戦争の戦士――デボラ・サンプソン
- Burton, Sarah, *Impostors: Six Kinds of Liar*, Penguin Books, 2001.
- "Deborah Sampson". Utah State University Adele and Dale Young Education Technology Center (YETC) and Emma Eccles Jones College of Education and Human Services website. (http://teacherlink.ed.usu.edu/tlresources/units/byrnes-famous/sampson.htm).

秘密を持った工兵――デニス・スミス一等兵
- Lawrence, Dorothy. *Sapper Dorothy*. Leonaur, 2010.
- Newby, Jen. Jul 28, 2012. "Dorothy Lawrence: the Woman who Fought at the Front". Writing Women's History. (http://writingwomenshistory.blogspot.co.uk/2012/07/dorothy-lawrence-woman-who-fought-at.html).

私の船員生活
ハンナ・スネル
- Burton, Sarah. *Impostors: Six Kinds of Liar*. Penguin Books, 2001.
- "Hannah Snell". Royal Berkshire History website. (www.berkshirehistory.com/bios/hsnell.html).
- "Hannah Snell (James Grey)". The Royal Regiment of Fusiliers Museum website. (www.warwickfusiliers.co.uk/pages/pg-50-hannah_snell_james_grey_1723_-_1792/).
- Snell, Hannah & Anonymous. *The Female Soldier*. Leonaur, 2011.
- Stark, Suzanne J. *Female Tars*. Pimlico, 1996.
- "Unravelling the Story". The Hannah Snell Homepage website. (www.hannahsnell.com/biography.htm).

メアリ・アン・タルボット
- BBC History Trails – Wars and Conflict. Fact Files. (www.bbc.co.uk/history/trail/wars_conflict/home_front/women_at_war_fact_file.shtml).
- Burton, Sarah. *Impostors: Six Kinds of Liar*. Penguin Books, 2001.
- Stark, Suzanne J. *Female Tars*. Pimlico, 1996.

尼僧大尉——カタリナ・デ・エラウソ
- Brown, Roberta. "Catalina de Erauso" The Women of Action Network. (www.woa.tv/articles/hi_deerausoc.html).
- "Lieutenant Nun". Sparknotes (www.sparknotes.com/lit/lieutenantnun/context.html).
- Rapp, Linda. "Erauso, Catalina de". Encyclopedia of Gay, Lesbian, Bisexual, Transgender and Queer Culture. (www.glbtq.com/literature/erauso_c.html).

ペチコートの騎兵——シュヴァリエ・デオン
- "Charles, chevalier d'Éon de Beaumont". Encyclopedia Britannica.
- Conlin, Jonathan. "The Strange Case of Chevalier d'Eon". History Today, Vol 60, issue 4.

- Danielle. "Charles-Genevieve Deon De Beaumont". Beaumont Society. (www.beaumontsociety.org.uk/about_us/Public%20information/Biography.pdf)
- "George Dance, Chevalier D'Eon, Graphite with watercolour, bodycolour and red stump". British Museum. (www.britishmuseum.org/explore/highlights/highlight_objects/pd/g/george_dance,_chevalier_deon.aspx).
- Lang, Andrew. "The Chevalier d'Eon". The Literature Network. (www.online-literature.com/andrew_lang/historical-mysteries/11/).
- Langan, Michael. (April 21, 2012). "The Patron Saint of Transvestites". Polari Magazine.

騎兵の乙女――ナデジダ・ドゥローヴァ

- Brown, Rita Mae. Dec 18, 1988. "The Womanly Ways of War: THE CAVALRY MAIDEN by Nadezhda Durova; translation, introduction and notes by Mary Fleming Zirin". Los Angeles Times.
- Kamenir, Victor. Jun 12, 2006. "Nadezhda Durova: Russian Cavalry Maiden in the Napoleonic Wars". Military History magazine.

シルクハットの煉瓦積み職人――ハリー・ストークス

- Burton, Sarah. *Impostors: Six Kinds of Liar*. Penguin Books, 2001.
- "The remarkable man-woman "Harry" Stokes" Whitehaven News. Oct 27, 1859.

片目のチャーリー ――チャーリー・パークハースト

- Barriga, Joan. "Survival with style: The Women of the Santa Cruz Mountains". Mountain News Network. (www.mnn.net/cparkhur.htm).
- Burton, Sarah. *Impostors: Six Kinds of Liar*. Penguin Books, 2001.
- "Rough, Tough Charley Parkhurst – Stagecoach Driver". (www.mcguiresplace.net/Rough%2C%20Tough%20Charlie%20Parkhurst/).
- Righetti, Don. Oct 8, 2006. "1970: Charley Darkey Parkhurst had a secret". Santa Cruz Sentinel.

- Sams, Ed. "The Real Mountain Charley". Curious Chapbooks. (www.curiouschapbooks.com/).
- "The Strange Life and Times of Charley Parkhurst". Mar 5-12, 2003. Metro Santa Cruz.

自由への千マイル――ウィリアム&エレン・クラフト夫妻

- Holmes, Marian Smith. Jun 17, 2010. "The Great Escape From Slavery of Ellen and William Craft". Smithsonian Magazine.
- McCaskill, Barbara, University of Georgia. "William and Ellen Craft". New Georgia Encyclopedia. (www.newgeorgiaencyclopedia.com/nge/Article.jsp?id=h-622).

新たなダーウィン?――シャーロット・バック博士

- Wheen, Francis. *Who Was Dr. Charlotte Bach?* Short Books, 2002.

3　偽りの相続人たち

アレクシス・ブリマイヤー

- "I am the son an heir". July 28, 2006. London: Metro. (http://metro.co.uk/2006/07/28/i-am-the-son-and-heir-196881/).
- Sainty, Guy Stair. Jan 25, 2005. "Heraldry And Nobility In The American Context". The New York Genealogical & Biographical Society. (http://www.newyorkfamilyhistory.org/research-discover/research-tools/heraldry-and-nobility-american-context)

平民君主――第二クマル：ラメンドラ・ナラヤン・ロイ

- Chatterjee, Partha. *A Princely Impostor*. Permanent Black, 2002.

消えた王太子――カール・ヴィルヘルム・ナウンドルフ

- Bondeson, Jan. *The Great Pretenders: The True Stories Behind Famous Historical Mysteries*. W. W. Norton & Company, 2004.

- Burton, Sarah. *Impostors: Six Kinds of Liar*. Penguin Books, 2001.
- Cheesman, Clive & Jonathan Williams. *Rebels, Pretenders & Impostors*. British Museum Press, 2000.
- “Descendants of Maria-Theresa” The Learning Center. (www.genebase.com/learning/article/72).
- “Identification of the Son of Louis XVI and Marie-Antoinette”. Enotes. (www.enotes.com/identification-son-louis-xvi-marie-antoinettereference/identification-son-louis-xvi-marie-antoinette).
- Press conference Center for Human Genetics, University of Leuven, Institut for Rechtsmedizin, Universität Münster, Apr 19, 2000. (http://louis17.chez.com/english.htm).
- “The Mystery of Louis XVII!”. PBS (www.pbs.org/wgbh/masterpiece/lostprince/insider_louis.html).

国王擁立者の操り人形たち
ランバート・シムネル

- Burton, Sarah. *Impostors: Six Kinds of Liar*. Penguin Books, 2001.
- Cheesman, Clive & Jonathan Williams. *Rebels, Pretenders & Impostors*. British Museum Press, 2000.
- Sparrow, Judge Gerald. *The Great Impostors*. John Long, 1962.

パーキン・ウォーベック

- Burton, Sarah. *Impostors: Six Kinds of Liar*. Penguin Books, 2001.
- Cheesman, Clive & Jonathan Williams. *Rebels, Pretenders & Impostors*. British Museum Press, 2000.
- Sparrow, Judge Gerald. *The Great Impostors*. John Long, 1962.

偽ドミトリーたち

- Burton, Sarah. *Impostors: Six Kinds of Liar*. Penguin Books, 2001.
- Dunning, Chester, Norman Davies, Pawel Jasiencica, Jerzy Malec and Andrzrej Nowak. “Polish-Muscovite War (1605-1618)” (www.conflicts.rem33.com/images/Poland/Polish_Moscovite_wars_1605_18.htm).
- False Dmitri (http://everything2.com/index.pl?node_id=1399476).

- Naumov, Evgeny. “On the Anniversary of the Time of Troubles” Russkiy Mir Foundation. Oct 20, 2009. (www.russkiymir.ru/russkiymir/en/publications/articles/article0022.html).

画家の王女——オリヴィア・セレス

- Bondeson, Jan. *The Great Pretenders: The True Stories Behind Famous Historical Mysteries*. W. W. Norton & Company, 2004.
- Reynolds, K.D. “Serres, Olivia”. Oxford Dictionary of National Biography, Oxford University Press, 2004. (www.oxforddnb.com/view/article/25106).

ティチボーンの訴訟人——トーマス・カストロ

- Annear, Robyn. *The Man Who Lost Himself*. Robinson, 2003.
- Bondeson, Jan. *The Great Pretenders: The True Stories Behind Famous Historical Mysteries*. W. W. Norton & Company, 2004.
- Burton, Sarah. *Impostors: Six Kinds of Liar*. Penguin Books, 2001.
- Magnusson, Magnus. *Fakers, Forgers & Phoneys: Famous Scams and Scamps*. Mainstream Publishing, 2006.
- Sparrow, Judge Gerald. *The Great Impostors*. John Long, 1962.
- “The Tichborne Archive”. Hantsweb. (www3.hants.gov.uk/community-history/tichborne-claimant.htm).

アンナの災難——アンナ・アンダーソン

- “Anastasia arrives in the United States” The History Channel website. (www.history.com/this-day-in-history/anastasia-arrives-in-theunited-states).
- Burton, Sarah, *Impostors: Six Kinds of Liar*. Penguin Books, 2001
- “Discovery solves mystery of last Czar’s family”. Apr 30, 2008. CNN. (http://edition.cnn.com/2008/WORLD/europe/04/30/russia.czar/).
- Magnusson, Magnus. *Fakers, Forgers & Phoneys*. Mainstream Publishing, 2006.

- Tucker, William O. Jul 5, 2007. "Jack & Anna: Remembering the czar of Charlottesville eccentrics". The Hook. (www.readthehook.com/86004/cover-jack-amp-anna-remembering-czar-charlottesville-eccentrics).

4　法からの逃亡者たち

ジェイムズ「ホワイティ」バルジャー

- "James (Whitey) Bulger". Nov 11, 2012. The New York Times.
- "Revealed: The fake ID cards James 'Whitey' Bulger used to evade capture for 16 years". Aug 18, 2011. Daily Mail.
- "Whitey Bulger's Stash Revealed: Cash, Guns & Fake IDs". Huffington Post. (www.huffingtonpost.com/2011/07/15/whiteybulgers-stash-reve_n_900019.html#s309554).

クリッペン医師の追跡――ホーリー・ハーヴィ・クリッペン

- DrCrippen.co.uk website (http://drcrippen.co.uk/index.html).
- "Was Dr Crippen innocent of his wife's murder?" Jul 29, 2010. BBC News website. (www.bbc.co.uk/news/magazine-10802059).
- "History of the Metropolitan Police – Dr Crippen" Metropolitan Police website (www.met.police.uk/history/dr_crippen.htm).

ハイジャック男ダン――ダン・クーパーおよびD・B・クーパー

- "A Byte out of History – The DB Cooper Mystery". FBI website. (www.fbi.gov/news/stories/2006/november/dbcooper_112406).
- Beck, Kathrine. Aug 30, 2011. "Dan Cooper parachutes from skyjacked airliner on November 24, 1971." Historylink.org website.
- (www.historylink.org/index.cfm?DisplayPage=output.cfm&File_Id=1997).
- "D.B. Cooper Redux – Help Us Solve the Enduring Mystery". FBI website. (www.fbi.gov/news/stories/2007/december/dbcooper_123107).

- “In Search of D.B. Cooper – New Developments in the Unsolved Case”. FBI website. (www.fbi.gov/news/stories/2009/march/dbcooper_031709).
- Pasternak, Douglas. “Skyjacker at Large”. US News Mysteries of History. (www.usnews.com/usnews/doubleissue/mysteries/cooper.htm).
- Stevens, John. Jul 31, 2011. “Is the mystery of DB Cooper about to be solved? FBI reveals it has new suspect 40 years after America’s most elusive fugitive parachuted from a hijacked plane”. Daily Mail.

ブリーズノウル館殺人事件の謎——ジョン・リスト

- “A Sunday school teacher murders his family and goes undercover for 18 years”. The History Channel website. (www.history.com/thisday-in-history/a-sunday-school-teacher-murders-his-family-andgoes-undercover-for-18-years).
- “Killer John List, one of ‘America’s Most Wanted,’ dies behind bars”. Mar 24, 2008. New York Daily News.
- McCracken, Elizabeth. Dec 23, 2008. “Wanted – John List”. The New York Times magazine.
- Ramsland, Katherine. “John List” Trutv.com crime library. (www.trutv.com/library/crime/notorious_murders/family/list/1.html).
- Stout, David. Mar 25, 2008. “John E. List, 82, Killer of 5 Family Members, Dies”. The New York Times.
- Sullivan, Joseph F. Apr 3, 1990. “Concern Over ‘Moral Values’ Led To Family Murders, Lawyer Says”. The New York Times.

ジャッカルのコピーキャット——ジョン・ストーンハウス

- “1974: ‘Drowned Stonehouse found alive”. BBC On This Day website. (http://news.bbc.co.uk/onthisday/hi/dates/stories/december/24/newsid_2540000/2540557.stm).
- “1979: Disgraced ex-MP released from jail”. BBC On This Day website. (http://news.bbc.co.uk/onthisday/hi/dates/stories/august/14/newsid_2534000/2534073.stm).
- “John Stonehouse ‘shed his guilt by adopting a new identity’”. Dec 29, 2005. The Telegraph.
- Martin, Arthur. Oct 6, 2009. “Former Labour minister who faked his own death was Communist spy”. Daily Mail.

- Milmo, Cahal. Dec 29, 2005. “British political scandal: The man who faked his death”. The Independent.

われわれの中の殺人者——リノ・トレヴァー・ホグ

- Henderson, Paul J. Dec 20, 2010. “B.C. man living under fake identity charged with Saskatoon murder”. Chilliwack Times.
- Henderson, Paul J. Sept 13, 2012. “Allgood case now in court”. Chilliwack Times.

5　ペテン師と略奪者

ルイス・モーガン

- Boulware, Jack. Apr 29, 1998. “Fake It to the Limit”. SF Weekly News.
- Haring, Bruce. Mar 6, 1998. “Eagles Impersonator Caged”. Yahoo! Music website. (www.music.yahoo.ca/read/news/12046960).
- Haring, Bruce. Mar 19, 1998. “False Eagle Admits Guilt”. Yahoo! Music website. (www.music.yahoo.ca/read/news/12042541).
- “Morgan pleads guilty to charges” Mar 14, 1998. Kokomo Tribune.
- O’Brien, Payton. Feb 4, 2009. “Randy Meisner Imposter Still Conning at Super Bowl in Vegas”. Gambling 911 website. (www.gambling911.com/gambling-news/randy-meisner-imposter-stillconning-super-bowl-vegas-020409.html).
- Van Derbeken, Jaxon. Nov 21, 1997. “Impostor Still Touring As Ex-Eagles Guitarist”. San Francisco Chronicle.

エッフェル塔を売った男……しかも二度も！——ヴィクトル・ルスティヒ

- Eiffel, Marconi & Count Victor Lustig. Apr 6, 2002. ABC – The Science Show. (www.abc.net.au/radionational/programs/scienceshow/eiffelmarconi-count-victor-lustig/3508902#transcript).
- Sakalauskas, Tony. “The Man Who Sold the Eiffel Tower”. 3 AM Publishing website (www.3ammagazine.com/short_stories/nonfict/truetales/eiffeltower.html).
- “The Smoothest Con Man Who Ever Lived” Aug 22, 2012. Smithsonian Magazine.

- Vellinger, Jan. "Victor Lustig – the man who (could have) sold the world". Oct 15, 2003. (www.radio.cz/en/section/czechs/victor-lustig-the-man-who-could-have-sold-the-world).
- Victor Lustig. The Biography Channel website. (www.biography.com/people/victor-lustig-20657385).

バッファローを去る——デイヴィッド・ハンプトン

- Barry, Dan. Jul 19, 2003. "About New York; He Conned the Society Crowd but Died Alone". The New York Times.
- Burton, Sarah. *Impostors: Six Kinds of Liar*. Penguin Books, 2001.
- "David Hampton". Jul 22, 2003. The Telegraph.
- Fowler, Glenn. Oct 19, 1983. "Suspect in hoax is arrested here in rendezvous". The New York Times.
- Jones, Kenneth. Jul 20, 2003. "David Hampton, Con-Man Whose Exploits Inspired Six Degrees, Dead at 39". Playbill website. (www.playbill.com/news/article/80762-David-Hampton-Con-Man-Whose-Exploits-Inspired-Six-Degrees-Dead-at-39).
- Kasindorf, Jeanie. Mar 25, 1991. "Six Degrees of Impersonation". New York magazine.
- "Teenager Who Posed As Poitier 'Son' Guilty". Nov 20, 1983. The New York Times.
- Wadler, Joyce. Mar 18, 1991. "His Story Is a Hit on Broadway, but This Con Man Is in Trouble Again". People. (www.people.com/people/archive/article/0,,20114700,00.html).
- Witchel, Alex. Jul 31, 1990. "Impersonator Wants To Portray Still Others, This Time, Onstage". The New York Times.

フランスのロックフェラー——クリストフ・ロカンクール

- Bean, Matt. May 20, 2003. "Faux Rockefeller: 'I misled people'". CNN.com. (http://edition.cnn.com/2003/LAW/05/20/ctv.rocancourt/).
- Burrough, Bryan. "The Counterfeit Rockefeller". Jan, 2001. Vanity Fair.
- "Conman Rocancourt in Cannes with supermodel". May 23, 2008. CTV News. (www.ctvnews.ca/conman-rocancourt-in-cannes-withsupermodel-1.297655).
- Leung, Rebecca. Feb 11, 2009. "The Counterfeit Rockefeller". CBS News website. (www.cbsnews.com/8301-18560_162-

550070.html).
・Morton, Brian. Jun 15, 2002. "$150,000 fraud nets 1-day sentence". Vancouver Sun.

現実世界のモル・フランダーズ——メアリ・カールトン

・"Mary Carleton's false additions: the case of the 'German princess'". Kate Lilley.
・"Mary Carleton the German princess". The Newgate Calendar. (www.exclassics.com/newgate/ng34.htm).

ポヤイスの酋長——グレガー・マグレガー

・"Gregor MacGregor". Venzuela Tuya website. (www.venezuelatuya.com/biografias/gregor_macgregor.htm).
・"The Prince of Poyais". Clan Gregor website. (www.clangregor.org. Poyais - no longer available).

ケペニックの大尉——フリードリヒ・ヴィルヘルム・フォイクト

・"16.10.1906: The Captain from Köpenick". Today in History website. (www.today-in-history.de/index.php?what=thmanu&manu_id=1614&tag=16&monat=10&year=2012&dayisset=1&lang=en).
・Burton, Sarah. *Impostors: Six Kinds of Liar*. Penguin Books, 2001.
・"Der Hauptmann von Koepenick". Dec 5, 2008. h2g2 website. (http://www.h2g2.com/approved_entry/A44196375).
・"The Greatest Heist in History? The Captain of Kopenick". Strange History website. (www.strangehistory.net/2012/11/07/the-greatest-heist-in-history-the-captain-of-kopenick/).

任せなさい、私は医者だ!
ジェラルド・バーンバウム

・Fernandez, Elizabeth. Feb 18, 2001. "Bizarre Medical Masquerade/Determined con man steals Stockton doctor's identity for 20 years". San Francisco Chronicle.
・Kohn, David. Feb 11, 2009. "Double Life: The Imposter". CBS News website. (www.cbsnews.com/8301-18559_162-315999.html).

- "Man with long career of impersonating doctor sentenced to an additional 10 years in prison". May 18, 2004. News-Medical.Net website. (www.news-medical.net/news/2004/05/18/1641.aspx).

ヴィトミル・ゼピニク

- Caterson, Simon. Oct 16, 2010. "Hoaxes, lies and surgical tape". The Sydney Morning Herald.
- McClymont, Kate. Sept 27, 2010. "Fake doctor conned his way into a job at a top medical school". The Sydney Morning Herald.

バラジ・ヴァラトハラジュ

- Hainke, Nadja and Fiona McWhirter. Feb 28, 2010. "'Fake doctor' Balaji Varatharaju treated over 400 patients". News.com.au website. (www.news.com.au/national-news/fake-doctor-balaji-varatharajutreated-over-400-patients/story-e6frfkvr-1225835255318).

南アフリカの元性産業従事者

- Medley, Laea. Sept 7, 2012. "Bogus doctor sentenced". Iol News website. (www.iol.co.za/news/crime-courts/bogus-doctor-sentenced-1.1378229).

コンラード・デ・スーザ

- Bogus doctor: Lewisham PCT's Conrad de Souza jailed". BBC News website. (www.bbc.co.uk/news/uk-england-london-15438332).
- O'Doherty, Niamh. Dec 11, 2012. "Bogus doctor told to pay back £270,000 he 'earned' over 10 years while pretending to be a GP". Daily Mail.
- Sears, Nick and Jack Doyle. Oct 25, 2011. "Bogus doctor's web of deceit: Married love cheat faked DNA test so he could deny girlfriend's child was his". Daily Mail.

ウィリアム・ハンマン

- Carollo, Kim. Dec 15, 2010. "Cardiologists 'Shocked' That William Hamman Passed Himself Off as Doctor". ABC News Medical Unit.
- Marchione, Marilynn. Dec 12, 2010. "Fake doctor duped hospitals, universities, AMA". NBC News website. (www.nbcnews.com/id/40630166/ns/health-health_care/t/fake-doctor-duped-hospitalsuniversities-ama/#.UY2FX4Ij7v4).

6 偽インディアンたち

チーフ・ジェイ・ストロングボウ

- Mooneyham, Mike. Apr 4, 2012. "Pro wrestling great Chief Jay Strongbow dead at 83" The Post and Courier.
- Oliver, Greg. April 3, 2012. "Chief Jay Strongbow dies". Slam! Sports website. (http://slam.canoe.ca/Slam/Wrestling/2011/12/12/19113886.html).
- Slotnik, Daniel E. Apr 5, 2012. "Joe Scarpa, Who Gained Wrestling Fame as Chief Jay Strongbow, Dies". New York Times.

ロング・ランス――シルヴェスター・ロング

- Burton, Sarah. *Impostors: Six Kinds of Liar*. Penguin Books, 2001.
- Smith, Donald B. *Long Lance: The true story of an impostor*. Macmillan of Canada, 1982.

夜に飛ぶ男――グレイ・アウル

- Brower, Kenneth. "Grey Owl". The Atlantic magazine. Jan, 1990.
- Burton, Sarah. *Impostors: Six Kinds of Liar*. Penguin Books, 2001.
- Dickson, Lovat. *Wilderness Man: The amazing true story of Grey Owl*. Pocket Books, 1999.
- "Grey Owl" Parks Canada – Prince Albert National park of Canada website. (www.pc.gc.ca/eng/pn-np/sk/princealbert/natcul/natcul1/c.aspx).
- Smith, Cathy. Nov 13, 1999. "Canada: The long, strange flight of Grey Owl" The Telegraph.

落涙するインディアン――アイアン・アイズ・コウディ
- De Las Casas, Chadd. “Playing Indian: The Iron Eyes Cody Story”. Yahoo Voices. (http://voices.yahoo.com/playing-indian-iron-eyescody-story-588177.html).
- Florio, Gwen. “Creator of “crying Indian” Keep America Beautiful ad dies at 84”. The Buffalo Post.
- “Pollution Prevention: Keep America Beautiful – Iron Eyes Cody (1961-1983)”. Advertising Educational Foundation. (www.aef.com/exhibits/social_responsibility/ad_council/2278).

薬草酋長――チーフ・トゥー・ムーン・メリダス
- “Chief Two Moon Meridas”. Dec 9, 2010. National Heritage Museum website. (http://nationalheritagemuseum.typepad.com/library_and_archives/2010/12/chief-two-moon-meridas.html).
- Durrett, Deanne. “Meridas, Chief Two Moon”. Healers, American Indian Lives, New York: Facts on File. 1997.

7　途轍もない空想家たち
地球最大の大嘘つき――ルイ・ド・ルージュモン
- Burton, Sarah. *Impostors: Six Kinds of Liar*. Penguin Books, 2001.
- de Rougemont, Louis. *The Adventures of Louis de Rougemont As Told by Himself*. George Newnes, 1899.
- “de Rougemont, Louis” Australian Dictionary of Biography. (http://adb.anu.edu.au/biography/de-rougemont-louis-5961).
- Howard, Rod. *The Fabulist: The Incredible Story of Louis de Rougemont*. Random House Australia, 2006.

歩く死者――クリストファー・バッキンガム卿
- Falconer, Bruce. Mar, 2009. No.31. “Escape from America”. LOST Magazine.
- Freedland, Jonathan. May 12, 2006. “The talented Mr Stopford”. The Guardian.
- Laville, Sarah. Nov 9, 2005. “He lived as a bogus peer for 22 years. Now he’s in jail. But who is he?” The Guardian.
- Sapsted, David. Apr 3, 2006. “Dilemma over fake aristocrat”. The Telegraph.
- Sapsted, David & Anil Dawar. May 6, 2006. “Bogus lord who stole baby’s identity is former US seaman”. The Telegraph.

偽台湾人――ジョージ・サルマナザール

- Burton, Sarah. *Impostors: Six Kinds of Liar*. Penguin Books, 2001.
- “George Psalmanazar” The Biography Channel website. (www.biography.com/people/george-psalmanazar-20649983).
- Keevak, Michael. *The Pretended Asian*. Wayne State University Press, 2004.
- Museum of Hoaxes. “The Native of Formosa”. (www.museumofhoaxes.com/formosa.html)
- University of Delaware Library. “George Psalmanazar the Celebrated Native of Formosa”. (www.lib.udel.edu/ud/spec/exhibits/forgery/psalm.htm)

空想の王女――メアリ・ウィルコックス

- Burton, Sarah. *Impostors: Six Kinds of Liar*. Penguin Books, 2001.
- Haughton, Brian. “Bristol’s Princess Caraboo”. BBC Legacies website. (www.bbc.co.uk/legacies/myths_legends/england/bristol/article_1.shtml).
- Wells, John. *Princess Caraboo: Her True Story*. Pan Books, 1994.

トムの最後の戦い――ジョン・ニコルズ・トム

- “Thomas Mears and Others: The Canterbury Rioters, 31st May 1838”. The Newgate Calendar. (www.exclassics.com/newgate/ng623.htm).

階級を持たない軍人たち
ジョセフ・A・カファッソ

- Rutenberg, Jim. Apr 29, 2022. “At Fox News, the Colonel Who Wasn’t”. The New York Times.

ダグラス・R・ストリングフェロウ

- “Douglas R. Stringfellow”. Museum of Hoaxes website. (www.museumofhoaxes.com/hoax/archive/permalink/douglas_r._stringfellow/).

- Glass, Andrew. Sept 24, 2010. "Rep. Douglas Stringfellow is born. September 24, 1922". Politico. (www.politico.com/news/stories/0910/42633.html).
- Seegmiller, Janet Burton. "McCarthyism, Granger, and Stringfellow". Utah Historical Quarterly, 67 Fall. (http://historytogo.utah.gov/utah_chapters/utah_today/mccarthyismgrangerandstringfellow.html).
- "The controversial career of Representative Douglas Stringfellow of Utah". Office of the Clerk of the US House of Representatives website. (http://history.house.gov/HistoricalHighlight/Detail/36418).

ラファイエット・キートン

- "Bogus war hero pleads guilty". Sept 8, 2010. KATU Portland, Oregon. (www.katu.com/news/local/102490654.html).
- Tilkin, Dan. Mar 11, 2010. "War hero impostor falls to the facts". KATU Portland, Oregon. (www.katu.com/news/local/87413287.html).

ウォルター・カールソン

- Chozick, Amy. May 6, 2005. "Veterans' Web Sites Expose Pseudo Heroes, Phony Honors". The Wall Street Journal.
- "Man arrested for wearing military attire released on $10,000 bond". Apr 23, 2004. Unofficial Arlington national Cemetery website. (http://arlingtoncemetery.net/wkcarlson-imposter.htm).

ロジャー・D・エドワーズ

- "Navy Captain Found Guilty of Wearing Unearned Medals". Aug 2, 2004. Military.com website. (www.military.com/NewContent/0,13190,SS_080204_Medals,00.html).

偽飛行士たち

二〇〇七年・中国の偽パイロット

- "Chinese man fakes it as a pilot". Jun 7, 2007. BBC News website. (http://news.bbc.co.uk/1/hi/world/asia-pacific/6730783.stm).

二〇一〇年・スウェーデンの偽パイロット

・"Bogus pilot arrested just before take-off". Mar 5, 2010. Orange News. (http://web.orange.co.uk/article/quirkies/Bogus_pilot_arrested_just_before_take_off).

・"Fake pilot arrested moments before take-off". Mar 4, 2010. BBC News website. (http://news.bbc.co.uk/1/hi/world/europe/8549954.stm).

二〇一二年・イタリアの偽パイロット

・McKenna, Josephine. Sept 23, 2012. "Man fakes pilot credentials to fly for free". The Telegraph.

・Pisa, Nick. Sept 23, 2012. "Fake pilot who joined cabin crew in cockpit' is arrested in plot mirroring Spielberg's hit film Catch Me If You Can". Daily Mail.

8　工作員と刑事

ラリー・リー・リッサー

・"Fake CIA agent admits conning 2 out of $20,000". Dec 23, 2007. NBC News website. (www.nbcnews.com/id/22373749/ns/us_news-weird_news/t/fake-cia-agent-admits-conning-out/#.UY5UIlIj7v4).

・Glover, Scott. Dec 22, 2007. "Phony CIA 'operative' faces prison". Los Angeles Times.

・"Ventura county man pleads guilty to federal charges of impersonating CIA agent". Dec 21, 2007. US Attorney's Office, Central District of California press release. (www.justice.gov/usao/cac/Pressroom/pr2007/171.html).

アンネシュ・ベーリング・ブレイヴィク

・"Timeline: How Norway's terror attacks unfolded". April 17, 2012. BBC News Online. (http://www.bbc.co.uk/news/world-europe-14260297).

ロンドンの偽警官ブロガー

・Davenport, Justin. Jul 13, 2012. "Fake inspector conned real police officers and 3,000 Twitter followers". London Evening

Standard.

ケヴィン・バルフォア

- Cook, Jameson. Apr 11, 2012. "Impersonation case stemmed from New Baltimore tip". Macomb Daily.
- "Warren Man Accused of Posing as FBI Agent" Jan 23, 2010. myfoxdetroit.com.
- "Warren man gets three years for impersonating FBI agent". April 10, 2012. Daily Tribune.

パース警察署の偽警官

- Wynne, Grant. Jun 5, 2012. "Fake police officer works undetected". ABC News website. (www.abc.net.au/news/2012-06-04/security-breach-at-perth-watch-house/4051748).

日の眼――マタ・ハリ

- Noe, Denise. "Mata Hari". Tru tv crime library website. (www.trutv.com/library/crime/terrorists_spies/spies/hari/1.html).
- Shipman, Pat. *Femme Fatale.* Phoenix, 2008.

冷たい海から来たスパイ――ウィリアム・マーティン少佐

- Gladwell, Malcolm. May 10, 2010. "Pandora's Briefcase". The New Yorker.
- Lane, Megan. Dec 3, 2010. "Operation Mincemeat: How a dead tramp fooled Hitler". BBC News Magazine (www.bbc.co.uk/news/magazine-11887115).
- MacIntyre, Ben. "Operation Mincemeat" BBC History website (www.bbc.co.uk/history/topics/operation_mincemeat).
- "Operation Mincemeat – The Man Who Never Was". Jan 25, 2005. H2g2 website. (www.h2g2.com/approved_entry/A3031949).
- Wansell, Geoffrey. Jan 15, 2010. "The dead tramp who won World War II: A new book reveals the full astonishing story of The Man Who Never Was". Daily Mail.

詐欺の王――ロバート・ヘンディ＝フリーガード

- Bennett, Neil. "Conman held victims under spell". BBC News website. Jun 23, 2005. (http://news.bbc.co.uk/1/hi/uk/4070306.stm).
- "CPS convicts bogus spy" Crown Prosecution Service press release. Jun 23, 2005. (www.cps.gov.uk/news/latest_news/129_05/).
- "Fake spy guilty of kidnapping con". BBC News website. Jun 23, 2005. (http://news.bbc.co.uk/1/hi/england/4114640.stm).
- "It was every schoolboy's fantasy". BBC News website. Jun 23, 2005. (http://news.bbc.co.uk/1/hi/england/4124244.stm).
- "'MI5 agent' conman jailed for life". Sept 6, 2005. The Guardian.
- "New mystery about spy hero". Mar 18, 2000. The Press, York.
- Newling, Dan. Apr 26, 2007. "Victims in fear as MI5 conman in cleared". Daily Mail.
- Steele, Jon. Jun 24, 2005. "Conman who played with women's lives" The Telegraph.
- Weathers, Helen. Apr 28, 2007. "The conman who stole my life". Daily Mail.

暗殺団

- "An eye for an eye: The anatomy of Mossad's Dubai Operation". Jan 17, 2011. Der Spiegel Online website. (www.spiegel.de/international/world/an-eye-for-an-eye-the-anatomy-of-mossad-sdubai-operation-a-739908.html).
- "Britain expels Israeli diplomat over Dubai passport row". Mar 23, 2010. BBC News website. (http://news.bbc.co.uk/1/hi/uk/8582518.stm).
- Issa, Wafa. Feb 17, 2010. "The movements of the Dubai hit team suspects". The National. (www.thenational.ae/news/uae-news/themovements-of-the-dubai-hit-team-suspects#full).

シークレット・サークルの秘密スパイ――ジョゼフィーン・バトラー

- Butler, Josephine. *Churchill's Secret Agent*. Blaketon-Hall, 1983.
- "New mystery about spy hero" Mar 18, 2000. The Press, York.

- West, Nigel, *Counterfeit Spies*. Warner Books, 1998.
- Wiant, Jon A. Apr 14, 2007. “The Intelligence Officer’s Bookshelf– Intelligence in Recent Public Literature”. Central Intelligence Agency website. (https://www.cia.gov/library/center-for-the-studyof-intelligence/csi-publications/csi-studies/studies/vol46no2/article10.html).

ボンド・ライト——マイケル・ニューイット

- Britten, Nick. Oct 31, 2008. “Bankrupt posed as James Bond-style secret agent for two years”. The Telegraph.
- Dolan, Andy. Oct 31, 2008. “Jailed: The James Bond fantasist who fooled police and wife into thinking he was an MI5 agent”. Daily Mail.
- “Double life of 007 fantasist” Oct 31, 2008. This is Leicestershire.
- “James Bond Fantasist Gets 2 Years” Nov 1, 2008. Sky News website. (http://news.sky.com/story/644786/james-bond-fantasistgets-2-years).
- Soodin, Vince. Oct 31, 2008. “Crook Bond’s cover is blown”. The Sun.

スパイ警官——マーク・ストーン

- “Did married police spy use sex to infiltrate climate group? Activist felt ‘violated’ by relationship with undercover officer”. Jan 12, 2011. Daily Mail.
- Jones, Meirion. Jan 10, 2011. “Trial collapses after undercover officer changes sides”. BBC New website. (www.bbc.co.uk/news/uk-12148753).
- Lewis, Paul and Rob Evans. Jan 9, 2011. “Undercover officer spied on green activists”. The Guardian.
- Lewis, Paul and Rob Evans. Jan 10, 2011. “Mark Kennedy: A journey from undercover cop to ‘bona fide’ activist”. The Guardian.

ジェラルドの大掃除——ビル・ジェイコブ

- Davey, Monica. Jul 1, 2008. “Town Finds Drug Agent Is Really an Impostor”. New York Times.

- “Fake Cop’s Drug Busts Stir Missouri Town”. Feb 11, 2009. CBS News website. (www.cbsnews.com/2100-201_162-4227278.html).
- Moore, Matthew. Jul 18, 2008. “Fake FBI agent faces up to 105 years in jail”. The Telegraph.
- Patrick, Robert. Sept 30, 2008. “Court case untangles impostor’s web of lies”. St Louis Post-Dispatch.
- Patrick, Robert. Dec 20, 2008. “Man posing as federal agent is given five years in prison”. St Louis Post-Dispatch.
- Patrick, Robert. Mar 10, 2012. “Federal jury gives small victories to victims of phony officer”. St Louis Post-Dispatch.
- Zagier, Alan Scher. Jun 24-Jul 1, 2008. “Residents Outraged Over Fake Cop’s Antics. ABC News website. (http://abcnews.go.com/TheLaw/wireStory?id=5236713#.UY5HA4Ij7v4).

9　その他の詐称者たち

息子のフリをして試験を受けた日本人

- “Dad impersonating son in exam arrested”. Jan 15, 2009. CNN.com/asia website. (http://edition.cnn.com/2009/WORLD/asiapcf/01/15/japan.man.cheating.test/).
- “Man caught impersonating son for company entrance exam” Jan 15 2009. Japan Today website. (www.japantoday.com/category/national/view/man-caught-impersonating-son-for-company-entrance-exam).

アルチュール・バティスタ・ダ・シルバ

- “Clarification of alleged UNDP spokesperson in Portugal” United Nations Development Programme press release. (www.undp.org/content/undp/en/home/presscenter/articles/2012/12/27/clarification-of-alleged-undp-spokesperson-in-portugal.html).
- Fotheringham, Alasdair. Jan 20, 2012. “The fraudster who fooled a whole nation: Portuguese media pundit exposed as conman”. The Independent.

蓮蘇という少年――ウィリアム・エルズワース・ロビンソン

- “Bullet Catch – the most dangerous feat in magic”. Bullet Catch website. (http://bulletcatch.com/).

- "Chung Ling Soo". Magic – The Science of Illusion website. (www.magicexhibit.org/story/story_chungLingSoo.html).
- Gardner, Lyn. Jun 9, 2006. "How not to catch a bullet". The Guardian.
- Steinmeyer, Jim. *The Glorious Deception.* Carroll & Graf Publishers, 2006.

モンティの影武者――クリフトン・ジェイムズ

- James, Clifton. Aug 17, 1946. "I Doubled for Montgomery". Sydney Morning Herald.
- James, Clifton. Aug 19, 1946. "Gibraltar Welcomed A False British Commander". Sydney Morning Herald.
- James, Clifton. Aug 20, 1946. "The General Went Home As A Lieutenant". Sydney Morning Herald.
- James, Clifton. Aug 31, 1946. "How I Played General "Monty" –In the "Limelight of Suspicion". The Age.
- James, Clifton. Sept 7, 1946. "How I Played General "Monty" –Rehearsal and Departure". The Age.
- James Clifton. Sept 14, 1946. "How I Played General "Monty" –Official Reception at Gibraltar". The Age.
- James, Clifton. Sept 21, 1946. "How I Played General "Monty" –Experiences in Africa". The Age.

二人のマルタン・ゲール――アルノー・デュ・ティル

- Burton, Sarah. *Impostors: Six Kinds of Liar*. Penguin Books, 2001.
- Davis, Natalie Zemon. *The Return of Martin Guerre.* Harvard University Press, 1983.

ワシントンの乳母―― ジョイス・ヘス

- "Joice Heth". Museum of Hoaxes website. (http://www.museumofhoaxes.com/joiceheth.html).
- "The Life of Joice Heth". 1835. Documenting the American South website. (http://docsouth.unc.edu/neh/heth/summary.html).

尊大さに拍車
アルビン・アヴゲール博士

- Carroll, John. May 9, 2001. "The genetic basis of jerkitude". San Francisco Chronicle

- Carroll, John. May 10, 2001. "Charlie Varon's amusing prank". San Francisco Chronicle.
- "Creative speechwriting tactic displayed at California conference". Health Care Communication News website. (www.healthcarecommunication.com/Main/Articles/Speechwriters_in_the_News_5072.aspx).
- "Genome Out of the Bottle". Charlie Varon's website. (www.charlievaron.com/genome.html).
- McKee, Mike. May 21, 2001. "What Do MDs and JDs Have in Common? Gullibility". Law.com website. (www.law.com/regionals/ca/stories/edt0521c.shtml - no longer available).

パーヴェル・ジェルダノヴィッチ

- "The Disumbrationist School of Art". Museum of Hoaxes website. (http://www.museumofhoaxes.com/hoax/archive/permalink/the_disumbrationist_school_of_art).

スタンリー・キューブリックになる――アラン・コンウェイ

- "Alan Conway". The Biography Channel website. (www.biography.com/people/alan-conway-20653827).
- Anthony, Andrew. Mar 14, 1999. "The counterfeit Kubrick". The Guardian.

生き残りの物語?
ビンヤミン・ヴィルコミルスキー

- Eskin, Blake. *A Life in Pieces*. Aurum Press, 2002.
- Eskin, Blake. Feb 29, 2008. "Crying Wolf – Why did it take so long for a far-fetched Holocaust memoir to be debunked?" Slate magazine website. (www.slate.com/articles/arts/culturebox/2008/02/crying_wolf.html).

ミーシャ・デフォンスカ

- Shields, Rachel. Mar 1, 2008. "Adopted by wolves? Best-selling memoir was a pack of lies". The Independent.

ヘルマン・ローゼンブラット

- "Holocaust 'greatest' love story a hoax". Dec 30, 2008. CNN. (http://edition.cnn.com/2008/US/12/30/holocaust.hoax.love.story/).
- "Holocaust 'love story' was fake". Dec 29, 2008. BBC News Online. (http://news.bbc.co.uk/1/hi/7802608.stm).

タリバンの指導者

- Baer, Robert. Nov 28, 2010. "Taliban Imposter: The U.S. Doesn't Know Its Enemy". Time.
- Boone, Jon. Nov 23, 2010. "Fake Taliban leader 'dupes Nato negotiators'. The Guardian.
- Filkins, Dexter and Carlotta Gill. Nov 22, 2010. "Taliban Leader in Secret Talks Was an Impostor". New York Times.
- Gibbons, Fiachra and Stephen Moss. Oct 15, 1999. "Fragments of a fraud". The Guardian.
- "Karzai aide blames British for Taliban impostor" BBC New website. (www.bbc.co.uk/news/world-south-asia-11845217).
- Partlow, Joshua. Nov 23, 2010. "Negotiator for Taliban was an impostor, Afghan officials say". Washington Post.
- Yousafzai, Sami. Dec 8, 2012. "Afghanistan: The Taliban to Assassinate Karzai". The Daily Beast. (www.thedailybeast.com/articles/2012/12/08/afghanistan-the-taliban-plot-to-assassinate-karzai.html).

谷開来の奇妙な事件

- "Body double" blocked in online searches; Gu Kailai imposter at trial?". Aug 22, 2012. China Daily Mail
- Davies, Lizzy. Aug 7, 2012. "The Gu Kailai trial – timeline". The Guardian.
- Garnaut, John. Aug 17, 2012. "Impostor claims in Chinese trial". The Sydney Morning Herald.
- "Knowles, Hazel. Aug 26, 2012. "Wife of Chinese Premier 'hired body double' in Heywood murder trial because she feared real suspect would reveal damaging secrets about corruption". Daily Mail.
- Morse, Felicity. Aug 21, 2012. "Neil Heywood Murder: Gu Kailai 'Hired Body Double To Serve Her Prison Sentence". The Huffington Post. (www.huffingtonpost.co.uk/2012/08/21/gu-kailai-lookalikemurder-body-double-bo-xailai_n_1816468.html).
- Urwin, Rosamund. Aug 21, 2012. "Seeing double… is that really Gu Kailai". London Evening Standard.

- Wu, Yuwen. Aug 24, 2012. “Gu Kailai and the body double debate”. BBC News Magazine website. (www.bbc.co.uk/news/magazine-19357107).

電話詐欺師
キャプテン・ジャンクス
- Dougherty, Robert. Feb 24, 2010. “Brian Westbrook ESPN Prank Latest Strike by ‘Captain Janks’”. Yahoo! Voices website. (http://voices.yahoo.com/brian-westbrook-espn-prank-latest-strike-captain-5535211.html?cat=49).
- “‘SportsCenter’ Fooled by Club Fan Impostor”. Oct 17, 2003. Los Angeles Times.

イラン大統領ハシャミ・ラフサンジャニのなりすまし
- Friedman, Thomas L. Mar 9, 1990. “Bush Was Duped on Hostage Call, U.S. Says”. The New York Times.
- Ibrahim, Youssef M. Mar 10, 1990. “Iranian Leader Mocks Bush Over Hoax”. The New York Times.

ピエール・ブラサール
- MacKinnon, Ian and Nick Cohen. Oct 29, 1995. “Can the Queen laugh it off? The Independent.

フィデル・カストロのなりすまし
- “Palin, Chavez, Castro in best radio pranks ever”. Dec 6, 2012. The Courier-Mail.

メル・グレイグ&マイケル・クリスチャン
- Bond, Anthony. Dec 7, 2012. “‘It was a low, lazy and artless prank’: International backlash against sick jokers who boasted as tragedy of suicide nurse unfolded”. Daily Mail.
- Duell, Mark and Emily Andrews, Sam Greenhill, Richard Shears and Rebecca English. Dec 10, 2012. “We’re both shattered. My first thought was: Is she a mother? Radio hosts at centre of prank give self-pitying interviews”. Daily Mail.
- Evans, Natalie. Dec 7, 2012. “Kate Middleton hospital nurse found dead in suspected suicide days after falling for radio

prank call". Daily Mirror.
- Nolan Steve. Dec 9, 2012. "More than two thirds of Australians don't think DJs were to blame for nurse's death, new poll reveals". Daily Mail.
- "Royal Prank Call DJs Mel Greig and Michael Christian Will Not Face Charges". Jan 2, 2013. Huffington Post. (www.huffingtonpost.co.uk/2013/02/01/royal-prank-call-djs-katemiddleton_n_2597318.html).
- "UK considers charges against hoax DJs Mel Greig and Michael Christian." Dec 23, 2012. Courier.mail.au. (www.couriermail.com.au/news/world/uk-considers-charges-against-hoax-djs-mel-greigand-michael-christian/story-fnd12peo-1226542477413).

フラッシュ、突然のインパクト

- "Flash mob history". Flashmob 101 website. (http://iml.jou.ufl.edu/projects/fall07/Picataggio/history.html).
- "What is a flash mob" Wisegeek website. (www.wisegeek.com/what-is-a-flash-mob.htm).

二〇〇九年ロンドンの独身女性たちによるフラッシュ・モブ

- "100 Single Ladies Flashmob On Piccadilly Circus". Apr 29, 2009. BuzzFeed Community website. (www.buzzfeed.com/silvans/100-single-ladies-flashmob-on-piccadilly-circus-7xp).
- "Flash Mob 100 Girls Dance in Piccadilly Circus to Beyonce Single Ladies. YouTube. (www.youtube.com/watch?v=qgguEZCE3Dk).

二〇一二年『グリー』ファンによるフラッシュ・モブ

- "Glee Flash Mob 2012". Apr 23, 2012." Sept 24, 2012. Seattle Weekly News website. (www.seattleweekly.com/slideshow/glee-flash-mob-2012-36642512/).
- "Glee Flash Mob & Marriage Proposal (Seattle – 2012)". Apr 26, 2012. You Tube. (www.youtube.com/watch?v=nZqsVk4XYKk).

二〇〇九年アントワープ中央駅のフラッシュ・モブ

・"Centraal Station Antwerpen gaat uit zijn dak!". Mar 23, 2009. YouTube. (www.youtube.com/watch?v=0UE3CNu_rtY).

・Leo, Alex. May 13, 2009. "Sound of Music" Train Station Dance: Why Is It So Popular?" Huffington Post. (www.huffingtonpost.com/2009/04/12/sound-of-music-train-stat_n_186016.html

二〇一〇年シドニー中央駅のフラッシュ・モブ

・"Flash mob at Central Station Sydney". Jun 28, 2010. YouTube. (www.youtube.com/watch?v=Jf97asCKfeA).

二〇〇九年リヴァプールストリート駅のフラッシュ・モブ

・"making of t-mobile dance" Feb 3, 2009. YouTube. (www.youtube.com/watch?v=xWz9meMpUhs).

・Sweney, Mark. Mar 11, 2010. "T-Mobile flashmob win TV ad of year". The Guardian.

・"T-Mobile Liverpool St Flash Mob Dance Advert High Quality". Jan 17, 2009. YouTube (www.youtube.com/watch?v=6-3kkqXX85c).

・Wrenn, Eddie. Jan 15, 2009. "Dance Of The Commuters: 400-strong 'flash mob' gets funky at Liverpool Street Station". Daily Mail.

サイバー影武者

パキスタン人民党総裁ビラワル・ブット・ザルダリのなりすまし

・"Facebook disables Facebook profiles, says not genuine". Jan 3, 2008. AFP. (http://afp.google.com/article/ALeqM5iKINCBGEIO3siDfNq1vZ9FiUCQA).

・"Facebook tackles Bhutto hoaxers". Jan 3, 2008. BBC News Online. (http://news.bbc.co.uk/1/hi/world/south_asia/7170329.stm).

オーストラリア連邦銀行上級取締役のなりすまし

・Boyd, Tom. Aug 28, 2012. "CBA's Twitter nightmare highlights anonymity risk". Financial Review.

在シンガポール香港上海銀行取締役のなりすまし

- Tan, Andrea. Aug 13, 2012. “HSBC Banker Sues Yahoo Singapore for Impostor’s Identity”. Bloomberg website. (www.bloomberg.com/news/2012-08-13/hsbc-banker-sues-yahoo-singapore-for-impostors-identity.html).

ラブリーン・タンダンのなりすまし

- Kamra, Diksha. Sept 1, 2010. “Neil falls for online impostor” The Times of india.
- Kamra, Diksha. Sept 4, 2010. “Loveleen’s fake account deleted”. The Times of India.

俳優ダニエル・ロウチのなりすまし

- Leake, Christopher and Alex Marunchak. Jan 20, 2011. “Just William star targeted by stalker on Facebook … but when parents complained about fake page, internet giant and Scotland Yard fail to act”. Daily Mail.
- “Outnumbered/CBBC star Daniel Roche’s Facebook impostor”. Feb 7, 2011. BBC CBBC Newsround website. (http://news.bbc.co.uk/cbbcnews/hi/newsid_9390000/newsid_9390000/9390071.stm).

ジェイムズ・スタヴリディス海軍大将のなりすまし

- Lewis, Jason. Mar 10, 2012. “How spies used Facebook to steal Nato chiefs’ details” The Telegraph.

訳者あとがき

どんな人間にも、大なり小なり、今の自分とは違う別人になってみたいと思うことがある。仕事で失敗したり、何か意に沿わないことが起きたりすると、今の自分が嫌になる。あるいは特にこれと言った理由はなくとも、自分ではない他人の人生を生きてみたいと漠然と願ったりする。逆に、今の自分にどこかしら違和感を感じ、寧ろ他人としての生き方こそが本来の自分なのだ、と思い込んだりする人もいる。いずれにせよ、今までの自分をきれいさっぱり棄て去って、全く別の、理想的な誰かとして生まれ変わることができたら——そんなことをほんのちょっとでも夢想したことのない人など存在しないだろう。

だが中には、それがただの夢想だけで終らない人もいる。そういう人は、実際に自分の現在の人格を棄て、他人になりすますのだ。その動機は、大別して四つのE——羨望、エゴ、逃亡、スパイ行為——であると著者は言う。

本書には、ここ数世紀の間に、そうやって他人になりすまして生きてきた百人を越える人間たちの実話が収録されている。一口に「なりすまし」と言っても、その実情は様々だ。ジャワの王女になりすました「二〇世紀最大の女スパイ」マタ・ハリは、単にその時代の荒波を、彼女なりの才覚によって乗り切ろうとした一人の女性に過ぎない。かと思えば、残虐な殺人事件を起し、その罪に問われるのを免れるために他人の顔を纏うという狡猾な卑怯者もいる。あるいはまた、かのパリの名物エッフェル塔を売り払うという奇想によって一度は大儲けしておきながら、さらに柳の下の泥鰌を狙って失敗するという、頭が切れるのか間抜けなのかよく判らない人物もいる。戦場での血湧き肉躍るスリルを求めて男装する女がいるかと思えば、舞台での喋りが苦手なあまりに英語のできない中国人になりすましたアメリカ人手品師もいる。しかし彼らが何者であれ、何をしでかした人物であれ、その人生が一様に魅力的に感じられるのは、われわれ自身もまたそのような変身願望を持ち合わせる存在であるからに他ならない。

著者も言うように、本書に登場する詐称者たちは、いずれも最後にはその詐称が露見し、正体が暴かれる。その点において彼らはいずれも敗者である。そもそもそうでなければ、本書に採り上げられることもなかったはずだ。つまり、本当に生涯にわたってその正体を隠し続け、他人になりすますことに成功した者は、本に載ることもなく、誰に知られることもない。本書に登場する失敗者たちに対して、そうした「成功者」がどの程度の割合で存在するのかは誰にも判らない。読者諸賢の身近にいる人が、実際には全く別の正体を隠し持つ詐称者であるかもしれないのだ！

指紋や虹彩スキャナ、DNAプロファイリングなど、さまざまな科学技術の発達によって、現代では他人になりすますなんて事実上、不可能なことだ――と多くの人が信じている。だが逆に、ある意味では技術の発達によって、これまでは想像もできなかったような新たななりすましの手法が登場することもありうるのだ。サイバー空間で頻繁に用いられる偽名や別人格は、その一端に過ぎない。そういう意味では、本書は確かに世に警鐘を鳴らすものでもある。が、そう堅苦しく考え過ぎず、読者諸賢にはとりあえず、本書に登場する詐称者たちの、実に多彩で奇妙な人生を楽しんで頂きたい。そこには涙あり笑いあり、恐怖あり苦悩ありの、極上の人間ドラマが繰り広げられている。

本書はイアン・グレイアム著『詐称者に関する究極の本』(Ian Graham: The Ultimate Book of Impostors)の全訳である。翻訳の際、底本として用いたのはロンドンのThistle Publishingから出版されたハードカヴァー版であるが、その後同書はアメリカのSourcebooksという出版社からペーパーバック版として出版された。そしてこのペーパーバック版では、かなり内容に変更が加えられている。幾つかのエピソードが削除されたり、冗長と思われる記述が章末に箇条書きに縮約して纏められるなど、ある意味では読者にとってはより「読みやすい」ものとなっているのだ。しかし書籍としての質感はどうにも拙劣で、日本で言う「コンビニ本」のような体裁である。また訳者はしっかり確認はしていないが、アマゾンで販売されているKindle版もどうやらこのペーパーバック版に基づくものであるようだ。しかしオリジナルのハードカヴァー版の方が、質感の問題はともかく、何と言っても収録されているエピソードが多く、また記述も詳細である。どうせ読むならオリジナル版の方だという訳者の判断にはご賛同戴けるであろう。

著者であるイアン・グレイアムは英国の著述家で、ポピュラー・サイエンス、テクノロジー、歴史などの分野を得意としている。その幅広い知識と取材力は、本書においても遺憾なく発揮されている。生まれは北アイルランドのベルファストで、シティ大学ロンドンで応用物理を専攻した後、同大学院でジャーナリズムを学んだ。雑誌のライター兼編集者を経て、フリーランスに転向、著述に専念する。既に著述歴三十年以上のベテランである。特に専門としているのは宇宙探査、航空技術、交通輸送、科学、歴史、そして軍事技術などで、主として若者向けのノンフィクションで健筆を揮っている。本書も、その題材・内容こそ一般向けであるが、敢えて晦渋な表現を避け、文章自体も非常に読みやすいものとなっているので、是非若い読者にも手にとって御覧戴きたい。

さて過日、本書の日本語版の表題が『詐欺と詐称の大百科』に決定したと告げられた。勇ましい表題ではあるが、本書のヴォリュームと構成から考えて、「大」百科を名乗るのは些か烏滸《おこ》がましいものがあると感じるのもまた事実である。言うならば詐称である。だが、詐称を扱った本の表題そのものが既に詐称というのも、なかなかに皮肉が効いていて面白い、と言えなくもない、と訳者は思うことにした。

二〇一四年夏

訳者識

詐欺と詐称の大百科

2014 年 8 月 28 日　第 1 刷印刷
2014 年 9 月 10 日　第 1 刷発行

著者　イアン・グレイアム
訳者　松田和也

発行者　清水一人
発行所　青土社
東京都千代田区神田神保町 1-29　市瀬ビル　〒 101-0051
電話　03-3291-9831（編集）　03-3294-7829（営業）
振替　00190-7-192955

印刷所　双文社印刷（本文）
方英社（カバー、表紙、扉）
製本所　小泉製本

装幀　高麗隆彦

ISBN978-4-7917-6813-4　Printed in Japan